# 供给侧结构性改革视角下的中国财税改革

China's Finance and Taxation from the Perspective of Supply Side Structural Reform

刘尚希／主编

# 认清形势，贯彻稳中求进工作总基调*（代序）

◇楼继伟

党的十八届三中全会把财政定位为国家治理的基础和重要支柱，意味着我们必须从全局和长远角度设计改革方案、制定政策措施。形势清才能方向明，只有对大势了然于胸，才能为中心工作服好务。

## 一、全面认识当前国内外经济大势

在2016年12月召开的中央经济工作会议上，习近平总书记发表重要讲话。会议对2016年经济工作及十八大以来的经济工作做了总结，进一步深化了对“认识新常态、适应新常态、引领新常态”的认识，指出新常态下我国经济周期性矛盾和结构性矛盾交织，但根源是重大结构性失衡，“新常态”是十八大以后提出来的。在“新常态”之前，党中央作出“三期叠加”的重大判断，即：“经济增长速度换档

* 本文是全国社会保障基金理事会理事长、中国财政学会会长楼继伟同志2017年4月在中国财政学会2017年年会暨第21次全国财政理论研讨会上的讲话，收入本书时部分内容做了删节。

期、结构调整阵痛期和前期刺激政策消化期三期叠加”。“新常态”作为一种常态，不是短期现象，而是一种长期趋势，可能今后 5～10 年都处于这种常态中。在“新常态”下仍有需求方和供给方的矛盾，但这种矛盾是结构性的，因此要在适度需求管理的情况下，着力进行供给侧结构性改革。这是符合实际、实事求是的。过去，我们在结构性调整方面也做了很多努力，但效果不是很好，因为经济中扭曲的方面太多，对校正扭曲重视不够。这次结构性改革，我们做了很大改进，效果非常好。在去年 G20 财长会议上，我转引了 IMF 常务副总干事利普顿跟我说的一句话“中国结构性改革的效果，大于其他所有国家效果的总和”，没有任何人有不同意见。想象一下，如果不是供给侧结构性改革，在经济增速降到 7% 以下之后，是很难维持城镇 1400 万人的新增就业的。

十八大以来，党中央对经济形势做出的重大判断，对经济工作做出的重大决策，对经济工作指导思想做出的重大调整，经过时间的考验，证明是符合实际情况的。特别是对经济走势是“U”型还是“L”型，以及“U”型底部有多长的判断，从经济学上理解，就是经济发展从投资和出口拉动，转向更多依靠消费驱动，这样增长速度比较平稳，周期性波动就会少一些。在我国人口老龄化的大背景下，人们对增长质量要求更高，高质量的经济增长需要付出成本。以“减霾”为例，治理雾霾短期内不仅可能推高经济发展成本，而且可能还会降低经济增长速度。综合来看，未来一段时期我国经济增长速度将维持在中高速增长的区间。

当前经济形势，总的特点是缓中趋稳、稳中向好，经济发展出现更多积极变化。供给侧结构性改革取得初步成效。经济结构加快调整，消费在经济增长中发挥主要拉动作用，服务业增加值占国内生产总值比重继续上升。主要领域“四梁八柱”性质的改革主体框架基本确立。

同时也要看到，我国经济运行仍存在不少困难和问题，经济增长内生动力仍需增强，部分行业产能过剩严重，一些企业生产经营困难较多，地区经济走势分化，金融风险隐患不容忽视，环境污染形势依然严峻，特别是一些地区严重雾霾频发，治理措施需要进一步加强。

眼前威胁最大的是过度杠杆化以及去杠杆过程中可能产生的系统性风险。目前，我国的整体杠杆率达到250%，非金融部门企业杠杆率为160%，居民的杠杆率也上升到接近50%。过去中国人的习惯是不借贷消费，但80后的思维改变了，借贷消费成为一种趋势。贷款买房，也使得居民的杠杆率攀升。至于金融部门的杠杆率，很难精确计算，因为金融部门的杠杆率和非金融部门的杠杆率往往有重合。需要关注的是金融部门之间互相加杠杆的部分，包括银行间特别是小银行之间的互相拆借。这些银行的维持在很大程度上不是依靠存款，而是依赖拆借，短线长用。拆来拆去，多层次加杠杆维持运转，使得风险定价不断提高。当适度紧缩压杠杆的时候，过不去的就是这些拆借，这是一个大问题。一些地方国有企业债务违约现象的出现，警示了市场人士，只要是债务，不管是私企的债务还是政府关联的债务，都有可能违约。只要是违约，市场主体就必须自行承担风险和损失，不会有人去救你。国家已经反复强调了这一点，但是这些违约事件的发生才能让市场长记性。这也是教育市场，明白过去形成的泡沫会破灭，这未必是一件坏事，至少避免泡沫越捂越大。

对上述问题，我们必须高度重视，防止这些问题演变成扭转经济大势的不可抗力。从市场经济运行规律看，这些问题不是小毛病，需要综合施策去治理，而且要有耐心，不能毕其功于一役。还应看到，中国的经济问题不是孤立的。中国作为世界第二大经济体，在经济全球化中的地位举足轻重。近年来中国经济对全球经济增长贡献率高居榜首，我们必须认真分析、把握全球经济形势，积极参与全球经济治理。

当前，世界经济面临重大挑战，进入新常态，近中期不确定性较强。一是复苏乏力。全球经济增长率低位徘徊已有十年。其原因有全球总需求不旺，更重要的是由于劳动力供给减少和劳动生产率增幅放缓并存，潜在经济增长率下降。人口老龄化等因素导致了发达经济体和部分主要新兴经济体的劳动力供给减少。劳动生产率增速下降主要由全球有效投资不足和全要素生产率增长缓慢引起。国际金融危机后，受融资约束、经济和政策环境不确定性以及投资壁垒的影响，各国投资尤其是私人投资增速放缓。投资放缓不仅对短期经济增长产生负面影响，还造成了单位劳动使用的资本增长放慢，并降低了劳动生产率提高速度。当前存在的突出问题是金融脱实向虚，即金融机构脱离为实体经济服务。在美国比较典型的是 CDO 等，完全是金融产品的花样翻新，导致风险不断积累。一些银行本来是为实体经济服务的，例如美国的一些社区银行，都是为中小企业服务，摩根大通本来也有很多好的为小企业服务的分支机构，但加强金融监管之后，这些机构也遭到错杀，逐渐萎缩。这使得劳动生产率进一步下降，投资出现不足。其实我国也存在这个问题，投资错配较为严重，脱实向虚的情况也很突出。二是金融脆弱性加大。全球债务水平持续上升增大了金融市场的脆弱性。全球低利率以及部分央行的负利率政策也对金融市场产生了负面影响。全球金融的脆弱性可以从美联储带来的各国紧缩资产负债表的压力测试中看出来。过去虽然也有压力测试，但都是在松货币的情况下做的，这次完全不一样，是在真紧的情况下做的紧测试，这种测试反映出包括欧美各国在内的全球金融系统都存在较大的问题。三是反全球化趋势日益突出。英国脱欧、欧美贸易保护措施频频出台、贸易谈判进展不力、贸易投资规则碎片化以及美国特朗普政府最近的一些举措等，均是反全球化趋势的表现。反全球化运动会带来国际市场相互割裂、封闭及以邻为壑，最终阻碍世界经济的繁荣。

金融危机对各国造成的冲击，一定程度上反映了相关国家总供给一侧的脆弱性，同时也表明全球化把大家联系在一起，没有一个国家能够逃脱全球性冲击。总供给一侧脆弱性的主要成因是，过度管制、过高福利、民粹化倾向造成了劳动力市场流动性、灵活性不足，基础设施建设动员能力不足和技术创新不足。应对金融危机应当适度加杠杆，事实上各国都在适度加杠杆，例如货币政策降低利率阶段性增加总需求。但是，货币政策加杠杆给出了经济稳定的幻觉。据此，人们容易产生放弃或推迟改革的观念，试图规避改革的阵痛。这是一个危险的信号。必须看到，宏观政策买来的时间应该用于改革，如果浪费掉了，以后就只能在紧货币、紧财政的条件下进行改革，那样的话，阵痛会更加剧烈，更难凝聚共识，容易滑向左倾或者右倾的民粹主义。

## 二、坚持稳中求进工作总基调

中央经济工作会议强调，必须坚持稳中求进工作总基调，坚持以推进供给侧结构性改革为主线，同时适度扩大总需求。稳中求进工作总基调是治国理政的重要原则，也是做好经济工作的方法论。2017 年是实施“十三五”规划的重要一年，也是供给侧结构性改革的深化之年，我们党将召开第十九次全国代表大会。显然，2017 年贯彻稳中求进工作总基调具有特别重要的意义。稳是主基调，稳是大局，要在稳的前提下在关键领域有所进取，在把握好度的前提下奋发有为。我国经济运行仍然面临不少突出矛盾和问题，解决的根本途径是深化改革。要完善使市场在资源配置中起决定性作用和更好发挥政府作用的体制机制，深化行政管理体制改革，打破垄断，健全要素市场，使价格机制真正引导资源配置。要加强激励、鼓励创新，增强微观主体内生动力，提高企业盈利能力，提高劳动生产率，提高全要素生产率，提高潜在增长率。这几条都是针对当前我国经济面临的突出问题，包括劳动生产率增长缓慢或下降、无效投资等。应该看到，资源配置效率能否提高，劳动生产率能否提高，决定着潜在生产率和全要素生产率能否提高。这些核心问题能否解决好，将决定未来经济增长态势。

中央经济工作会议和政府工作报告强调，2017 年要继续实施积极的财政政策，财政政策要更加积极有效。这是党中央、国务院综合研判国际国内形势、驾驭经济社会发展全局过程中对财政工作提出的具体要求，也是发挥财政在国家治理中的基础和重要支柱作用、推进供给侧结构性改革的重要举措。所谓“积极”就是要积极主动发挥治理作用，而不是被动应付。积极财政政策已实施 9 年。在当前背景下，财政要更加积极主动应对国内外各种不确定性，化解经济社会发展中面临的各种风险，防患于未然，绝不能等到风险放大甚至危机产生后仓促应对。实施积极的财政政策要抓住主要矛盾，采取有针对性的政策措施去化解。当前，特别要发挥“定海神针”作用，持续不断地为经济社会发展注入“确定性”，推进供给侧结构性改革，确保稳增长、促改革、调结构、惠民生、防风险各项措施联动互补。

在应对国际形势方面，2017 年 1 月，习近平主席在达沃斯论坛上发表题为“共担时代责任、共促全球发展”的主旨演讲，正是表达了中国领导人加强全球协调的意愿和诚意。中国决心做好自己的事，负起应当承担的外部责任。同时，作为一个负责任的大国，还应积极参与全球治理，推动国际协调。这是我们应对国际形势的主基调。目前来看，有几个方面值得关注：一是加强国际税收协调，避免引发全球性相互报复格局；二是加强国际金融监管的协调与合作，维护全球金融体系的安全，促进金融体系以适宜的成本支持实体经济，要加强短期跨境资本流动的分析和风险监控的协调；三是加强全球减贫与应对气候变化合作。当前全球收入不平等达到了非常危险的程度，要加强多边开发机构的作用，动员各种力量包括私人部门去加强基础设施建设，特别是加强薄弱、脆弱地区的基础设施建设。

## 三、聚焦现实重大问题，提升学会新型智库建设水平

党的十八届三中全会明确指出，“全面深化改革的总目标是完善和发展中国特色社会主义制度，推进国家治理体系和治理能力现代化”，而“财政是国家治理的基础和重要支柱”。所以，我们一定要摒弃“小财政”思维，真正从国家治理的全局和高度来看待问题、分析问题，并提出具有系统性、协同性的理论观点和政策建议。

第一，做好宏观调控的框架、机制和手段研究。一是开展积极财政政策与稳健货币政策的搭配策略和运行机制研究，特别是要把稳中求进工作总基调与宏观调控政策体系的搭配说清楚。二是开展如何实施更加积极有效财政政策的研究，特别是财政赤字管理和经济结构调整重点措施相互关系的研究。三是开展财政支持金融稳定、防控金融风险和转变货币供应方式的研究，特别要关注政府融资与市场融资的关系和政府债券收益率变动。四是开展财政加大一般性转移支付和压减一般性支出研究。

第二，继续深化供给侧结构性改革研究。一是做好财政政策在供给侧结构性改革中的地位和作用的研究。二是以新情况、新问题为重点，做好“三去一降一补”的研究。

第三，研究如何适度扩大总需求并提高政策有效性。一要做好促进消费稳定增长的研究，特别是财政支持服务消费、增加高品质产品消费、加强消费者权益保护的研究工作。二要做好积极扩大有效投资的研究。三要做好推进新型城镇化的研究。

第四，加强贯彻新发展理念的政策研究。一是开展财政政策振兴实体经济研究。二是做好农业供给侧改革研究。三是推进对外开放的研究。四是支持绿色发展的研究。五是促进房地产市场平稳健康发展的研究。六是推进以保障和改善民生为重点的财政政策研究。

第五，继续深化预算管理、税收制度和政府间财政关系的研究，推动现代财政制度的建设和发展。一是在已经取得重大进展的基础上，探讨如何进一步细化中央与地方财政事权和支出责任划分改革，着力在共同事权领域取得新突破，并加强权责匹配机制和手段的研究工作。二是以“有利于科学发展、社会公平、市场统一的税收制度体系”为基准，深入开展健全地方税体系方案的研究。三是以打破支出固化和盘活资金存量为重点，深化预算管理研究，推动改变支出项目只增不减固化格局，统筹盘活财政存量资金。

第六，以精算平衡为重点，开展养老保险制度改革研究。党的十八届三中全会提出，基本养老保险制度要健全多缴多得激励机制，坚持精算平衡原则。在研究中应注意，精算平衡体系在测算中不应包括财政投入。在坚持精算平衡、完善国家治理的基础上，确定合理的养老保险参数水平和管理要求，并对财政补贴的手段、规模、方式、理念提出平稳有序的综合推进方案。

# 前 言

2017年4月21日至22日，中国财政学会2017年年会暨第21次全国财政理论研讨会在北京隆重召开。中国财政学会第九届理事会会长、全国社保基金理事会理事长楼继伟同志出席大会并发表了题为《全面加强学会建设，扎实推进理论创新》的重要讲话。会议围绕“供给侧结构性改革下的财税改革与财政政策”开展理论研讨。

楼继伟会长指出，党的十八届三中全会把财政定位为国家治理的基础和重要支柱，意味着我们必须从全局和长远角度设计改革方案、制定政策措施，全面认识当前国内外经济大势。要坚持稳中求进工作总基调，特别要发挥财政的“定海神针”作用，持续不断地为经济社会发展注入“确定性”，推进供给侧结构性改革，确保稳增长、促改革、调结构、惠民生、防风险各项措施联动互补。楼继伟会长对中国财政学会未来发展提出了希望，要求学会聚焦现实重大问题，提升学会新型智库建设水平。

第21次全国财政理论研讨会，中国财政学会继续探索创新交流方式，在学术界反响热烈，赢得了广泛好评。研讨会分别举办了主题为“供给侧结构性改革下的财税改革与财政政策”的总论坛和“预算管理、财政体制改革、税制改革、财政政策、财政基础理论与学科建设”五个平行分论坛。来自国家部委、地方政府、国家高端智库第一批试点单位、中国财政学会会员单位、科研机构、财政理论界和实务界的代表等400余人参会并展开热烈讨论。与会代表们热情高涨，围绕相关议题畅所欲言，在充分交流中碰撞出思想和智慧的火花。

中国财政学会秘书处根据会议现场速记整理了全国财政理论研讨会主论坛各位专家的主旨发言和各分论坛专家的交流发言，经请发言人确认和修订后，遴选部分内容编纂成册。根据出版要求，编者对部分专家发言内容做了删改。

谨以此书向参加中国财政学会2017年年会暨第21次全国财政理论研讨会的同志们致敬。此书凝结了各位与会专家对于财政理论研究创新的思考和求索。

尽管书中内容已经过反复推敲，但因编者水平有限，编纂过程中难免有纰漏，敬请批评指正。

刘尚希

2018年12月

# 目录

# 目录

## ◆ 财政基础理论与学科建设

# 供给侧结构性改革背景下财政理论与实践的创新发展

# 2017：财政政策配置的深刻变化

◇ 高培勇

人们对于财政政策的期望值不断攀升是一个可以观察到的基本现象。然而，期望值的攀升是一回事，如何让财政政策更加积极有效则是另一回事。

说到2017年的宏观经济政策，人们对于财政政策的期望值不断攀升是一个可以观察到的基本景象。然而，期望值的攀升是一回事，如何让财政政策更加积极有效则是另一回事。毕竟我们已经做出了经济发展进入新常态的重大判断，新常态相对于旧常态，毕竟环境变化了。进一步说，毕竟我们已经形成了以新发展理念为指导、以供给侧结构性改革为主线的政策体系，新的政策体系相对于旧的政策体系，毕竟有着诸多的不同之处。这些，当然会体现在2017年财政政策的配置格局上。

不妨由2017年与财政政策相关的几个数字加以观察。

第一，23800亿元。这是财政赤字预算规模。可以立刻发现，23800亿元并非一般公共预算收支平衡的结果，而是倒算出来的。其基本的程序是以2016年国内生产总值74.4万亿元为基数，按照6.5%的增速计算出2017年的预期国内生产总值79.4万亿元，再以79.4万亿元为基数，按照3%的比率计算财政赤字的预算规模，其结果便是23800亿元。财政赤字预算规模不是由一般公共预算收支差额得出，而是通过占国内生产总值的3%倒算而来，这绝对是一个非常重大的变化。

第二，3%。这是财政赤字率。不难看出，23800亿元占2017年预期国内生产总值的比率恰好为3%。这说明，我们是按照财政赤字占GDP比重不超过3%这一传统的控制线来安排2017年的财政赤字预算规模的。它也表明，我们对财政赤字是心存敬畏的，我们对财政风险是高度戒备的。

第三，2000亿元。这是财政赤字增量。2016年的财政赤字决算规模是21800亿元，在此基础上增加2000亿元，便是2017年的财政赤字预算规模23800亿元。注意到财政政策的扩张力度决定于财政赤字的增量而非总量，它表明，我们并未因扩张社会总需求的强大压力而放松对于财政风险的防守。我们在关注经济增长的同时，并未放松对经济风险的警惕。

第四，8000亿元。这是地方专项债券的发行规模。相对于2016年4000亿元的发行规模，2017年的地方专项债券发行规模增加了4000亿元。注意到地方专项债券发行收入并不列入一般公共预算范畴而属于政府性基金预算收入，它所对应的，系23800亿元预算赤字规模之外的政府性基金预算赤字。这实际上表明，倘若以包括一般公共预算、政府性基金预算、国有资本经营预算和社会保险基金预算在内的所谓全口径预算口径加以计算，那么，2017年的全口径财政赤字至少要在23800亿元的基础上添增8000亿元，而为31800亿元。如此，全口径财政赤字占国内生产总值的比重为4%多一点。名义财政赤字率不突破3%，增加财政赤字的需求通过实际财政赤字率的适当扩大加以解决，从而防范财政风险与实施财政扩张目标相兼容，这也是一个值得关注的重要政策走向。

第五，3500亿元和2000亿元。分别为企业减轻税负和减少收费的规模。这两个数字加起来总共为5500亿元，与2016年所减少的涉企税费规模5700亿元大致相当。这是在财政收入增速呈断崖式下降的背景下所作出的安排，它说明，2017年的财政政策仍旧是以减税降费为主线索的。它也说明，在经济下行态势基本未变且仍趋严峻的情势下，相对于扩大投资、增加支出的传统积极财政政策操作，减税降费当然是最契合于经济发展新常态和供给侧结构性改革的选择。

第六，5%。这是中央政府一般性支出的压缩幅度。将其同2000亿元的财政赤字增量和5500亿元的减税降费规模联系起来，同时注意到政府工作报告中有关“压缩非重点支出，减少对绩效不高项目的预算安排。各级政府要坚持过紧日子，中央部门要带头，一律按不低于5%的幅度压减一般性支出，决不允许增加‘三公’经费，挤出更多资金用于减税降费，坚守节用裕民的正道”的表述，可以认为，2017年计划实施的减税降费，并未沿袭以往主要通过增加财政赤字提供财源的套路，而是在增加财政赤字的同时着力于削减政府支出。认识到只有削减政府支出与减税降费同时并举，才是本来意义上的降低企业税费负担之举。应当说，我们越来越转向于契合经济发展新常态和供给侧结构性改革主线的减税降费操作。

作者简介：高培勇，中国社会科学院学部委员、副院长，中国社会科学院研究生院经济教学部主任，中国财政学会常务理事、副会长。

# 与时俱进地丰富完善中国特色社会主义财政理论

◇ 邓力平

中国特色社会主义财政，就是要体现中国特色社会主义道路、理论、制度和文化对财政发展的基本要求，体现在党的领导下全国各族人民努力实现全面建成小康社会和实现中华民族伟大复兴“中国梦”宏伟目标的基本要求。

第 21 次全国财政理论研讨会论坛的主题是“供给侧结构性改革下的财政改革与财政政策”，从题目看，其本身就是一个具有鲜明中国特色制度体制安排和丰富时代特征的财政课题。我国的供给侧结构性改革跟西方供给学派的政策主张不一样，我国积极的财政政策也跟西方扩张性的财政政策在很多方面存在着很大的不同。所以我们需要自己的理论，这是中国特色社会主义财政的实践需要，中国特色社会主义财政理论的发展也是沿着这一实践方向始终在不断向前的。

参加这次学会年会，至少有两个内容让我们财政学界深受鼓舞：一是楼继伟会长基于历史和现状的结合，从贯彻党的十八大以来的方针政策，从在以习近平同志为核心的党中央领导下财政战线取得的成绩，阐明了从财政体制改革到财政政策运用的许多内容，立足财政、走出财政，给了中国财政学会以及财政学界同仁们殷切的希望与鼓励，激励我们继续把这项工作做下去。二是中国财政学会给85岁以上健在的老一辈财政学家颁发了中国财政理论研究终身成就奖，这本身就是对中国特色社会主义财政理论研究的肯定，老一辈财政学家们为我们树立了楷模。我也特别想到已经逝去、受人尊敬的一批老财政学家，这些财政学家们毕生就是想探寻中国自己的财政理论。我们要始终向他们学习，处在当前这个时代的我们有义务、有责任、也要有担当把这个事情做好。基于这一点，笔者主要从三个方面就与时俱进地丰富完善中国特色社会主义财政理论，谈些认识与体会。

## 一、必须始终把握时代特征，不断丰富中国特色社会主义财政理论体系

中国特色社会主义财政，就是要体现中国特色社会主义道路、理论、制度、文化对财政发展的基本要求，体现在党的领导下，全国各族人民努力实现全面建成小康社会和实现中华民族伟大复兴“中国梦”宏伟目标的基本要求。当我们对中国特色社会主义充满道路自信、理论自信、制度自信和文化自信时，同样应对中国特色社会主义财政的发展充满道路自信、理论自信、制度自信和文化自信。

回顾改革开放以来的我国财政的发展历程，可以这样旗帜鲜明地判定，中国特色社会主义财政是一个伴随着中国特色社会主义发展实践而与时俱进、丰富完善的动态体系，是中国特色社会主义事业的重要组成部分。我们从事的事业是中国特色社会主义，所对应的财政就必然是中国特色社会主义的财政。因此，用“中国特色社会主义财政”这一词汇来描述我国财政的本质特征，或者说来归纳对我国财政发展

的基本要求，应该说是历史期盼与时代必然，是一种正确的选择。

改革开放以来，笔者和国内财政理论界同仁一道，一直不断坚持对中国特色社会主义财政分析框架与主要特征的探索。1996 年回国后，笔者认定的研究方向就是努力从“共性”与“个性”“一般”与“特殊”相结合的角度来认识中国财政的发展进程与基本特征。所谓“共性”或“一般”，强调的就是我国财政，应该和世界上其他国家的财政一样，体现着现代国家对财政的一般要求，体现着现代国家对财政职能发挥的主要期待，而当我们采用市场经济作为主要资源配置方式后，也必须体现着现代市场经济资源配置方式对财政发展形式的基本要求。而所谓“个性”或“特殊”，强调的就是对于任何特定国家在特定发展阶段上的财政表现形式，一定还要考虑该国的特定国情、国体政体、发展阶段、对所选择资源配置方式的把握与运用、对外开放的程度等独特因素，来理解特定国家财政的发展进程，来揭示特定国家财政的主要特征。笔者始终认为，在我国社会主义制度不断自我调整、自我完善的整个改革开放进程中，当我们把马克思列宁主义基本原理的共性要求与中国具体国情、特定要求、特定阶段特征等加以结合时，当我们在坚持社会主义方向与采用现代市场经济配置方式相结合时，产生的就是伟大的中国特色社会主义的理论与实践。而当我们在中国特色社会主义旗帜下来指导我国财政发展，当我们同样基于共性与特色相结合的研究思路来看待我国财政之发展时，必然也会逐步形成中国特色社会主义的财政，必然也会产生无愧于时代的我国财政理论体系与实践运作。

以对供给侧结构性改革的认识为例，有些学者将这次改革与发达国家所经历的，特别是美国 20 世纪 80 年代以供给学派为背景推进的税制等改革相比较。对此，笔者的基本态度是，不宜轻易地将我国当前的供给侧财税体制改革拿来和发达国家供给学派财税体制改革相比较。我们从来都相信一分为二。一方面，对于发达国家可用的宏观管理与财税体制改革经验，无论是基于需求端管理的，还是基于供给侧发力的，都可以参考借鉴。但另一方面，我们要看到我国供给侧结构性改革与发达国家曾经的供给学派实践是有着重要的本质区别，这些本质区别来源于我国所拥有的不同制度与体制性安排，来源于我国所处的不同发展阶段，来源于包括历史文化传统在内的各种国情要求，更来源于当前的我国供给侧结构性改革是在新发展理念引领下所做的主动调整与重大创新，而不是西方国家当年的被动所为。同为供给侧，性质大不同，则相对应的财税体制调整与减税降费作用必然也有许多不同。同样，当我们谈减税降费时，也必须考虑我国与西方国家在税制结构、税费比例、经济行为主体、反应程度等方面的显著不同。因此，我们任何时候都不适宜做简单类比，任何时候都不能生搬硬套。

20 世纪 80 年代，笔者在介绍美国加拿大供给学派税制改革做法时，就强调了税制改革国际比较与借鉴应持有的基本观点。今天，当我国经济发展实现了全面跨越、进入了新常态、正在进入全面建成小康社会决胜阶段时，当党中央决定在多年以需求为主促进发展转入重点以供给入手保证可持续发展时，笔者更对中国特色供给侧税制改革政策实践的前景表示高度的自信。笔者 1991 年就撰写了《美国加拿大税制改革比较研究》一书，介绍并评论了上一轮美国、加拿大等西方国家的供给学派改革，今天重温这本专著，又有了新的体会，结合我国当前还在进行的供给侧结构性改革，结合对形成中国特色财政税收理论体系与政策实际，又有了新的启示，可以总结为三个方面：一是必须把握当前我国供给侧结构性改革主线下财政改革与当年发达国家供给学派基础上财政改革的根本区别；二是有必要分析当年发达国家供给学派财政改革与当前发达国家财政改革方案的异同；三是切实研究当前我国深化财政改革所面临的国际环境，加快新形势新常态下的财政改革。

## 二、紧紧围绕供给侧结构性改革这条主线，做好当前财政工作

如何在当前对接供给侧结构性改革主线的政策要求下，做好财政工作，笔者将其归为四句话，即“佐证政策运行，提供理论支持，构建框架体系，服务国家大局”。

当前我国经济社会发展，最主要的特征就是三个“新”。一是经济发展“新常态”，特征是“速度换挡，结构调整，动力转换”，这是党中央的重大时代判断。二是“新理念”，即创新、协调、绿色、开放与共享的五大新发展理念是党中央在面对经济社会发展“新常态”提出的发展新思路，是党中央的重大理论创新。三是“新主线”，即供给侧结构性改革，这是党中央把握当前经济形势与做好全面决胜阶段经济发展工作做出的重大战略抉择。什么是供给侧结构性改革，习近平总书记明确指出，“供给侧结构性改革，重点是解放和发展社会生产力，用改革的办法推进结构调整”，一句话就把供给侧结构性改革的切入要点、相互关系、施策重心、运作目标讲得很清楚。供给侧结构性改革的提出，是适应与引领经济发展新常态的重大创新，是综合国力竞争新形势的主动选择，是适应我国经济发展新常态的必然要求，是在发展新思路下寻求发展新空间、新动能、新机遇的有效抓手。我们应该准确地把握供给侧入手、结构性调整与改革推动这三个方面，从整体的角度加以理解，这对我们理解财政对接供给侧结构性改革有着重要意义。

笔者对供给侧结构性改革的主要理解有四。一是无论从理论与实践上看，要认识到多年来以投资、消费、出口“三驾马车”从“需求侧”拉动经济发展是做出了贡献，为我们顺利来到全面建成小康社会

决胜阶段起到了重要的作用，但主要以总量为主、对结构发力略显不足的需求端政策，在经济发展新常态下已经出现效应递减，甚至可能延缓结构调整的进程，因此，传统的需求刺激为主政策需要调整，从供给侧、生产端、要素端入手来促进经济发展的政策取向是一种必然。二是结构性矛盾是我国经济发展长期积累的重要问题，当前经济困难的主要原因也主要源于结构性失衡，主要在于供给方面，而改革是中国经济在新常态下突破结构性矛盾的根本方法，则结合起来，就是力图以结构性改革来创造有效的新供给，以适应需求结构的变化，在更高层次上满足总需求，给经济增长恢复动力，保持经济可持续发展。从一定意义上说，这也是采用的是“供给侧结构性改革”（supply - side structural reform），而不是一般意义上的“供给侧管理”（supply - side management）的重要原因。三是供给侧结构性改革的主要内容是“去产能、去库存、去杠杆、降成本、补短板”五大举措，对应的五大政策支柱是：宏观政策要稳、产业政策要准、微观政策要活、改革政策要实、社会政策要托底。我们要全面理解这些政策导向的内涵与运作目标。四是强调从供给侧入手并没有否认需求侧的作用，在新发展理念引领下的供求新平衡是我们追求的目标。我们要认真领会习近平总书记所强调的，“我们讲的供给侧结构性改革，既强调供给又关注需求”，要研究的是在“在适度扩大总需求的同时，着力加强供给侧结构性改革”。

作为国家治理的基础和重要支柱的财政，在当前经济社会发展新时期中，特别是在供给侧结构改革下应该如何准确定位，如何精准发力、发挥作用，这是重要的理论与现实问题。财政部门要做到这一点首先要正确理解、全面把握、积极贯彻党中央在新时期提出的重要判断，重要理念、重大部署，自觉地将自己摆进去，努力在当前全面决胜大逻辑中找到中国财政服务大局、支持全局的切入点，特别是通过预算改革与执行、税收制度改革、财政政策运用等方面的新举措来为全面建成小康社会战略目标的实现做出贡献。回顾中国特色社会主义建设与改革开放进程，在每一个关键阶段与特定时点上，中国财政都是这样努力找准定位并积极发挥作用的。笔者认为，这一过程既体现了我国税收在现代市场经济框架形成与国家治理体系构建中不断提升的能力与水平，更体现了财政在中国国情条件下独有的“围绕中心、服务大局”的体制性安排与政策优势，对此我们必须充满自信、必须始终坚持。

基于这样的认识，财政所要对接供给侧结构性改革的思路就是比较清晰的。一是要运用财政政策全力推进供给侧结构性改革，目标是要通过积极的财政政策，以及减轻税负产生的导向作用来减少对特定要素的供给抑制，来提高有效供给的效率，来降低供给成本，来增加新动能，推动新发展。二是财政政策作用的重点是要促进经济结构性调整、转型与升级，取向是既要有利于整体经济的结构性改革，又要同时实现与结构性改革相适应的财政改革。三是财政政策要具体研究对接“五大举措”的措施。去产能是除去的是低端无效供给，这是应对危机的有效办法，也是经济新旧动力转换的必然结果。去库存主要针对的是房地产等库存积压的企业，通过房地产税推迟等多种办法进一步释放需求潜力，从而化解相关企业的已有库存，减轻其转型升级的包袱。去杠杆既包括企业降低杠杆率，进而降低资本市场的过高杠杆，也包括降低政府的杠杆，即降低政府的债务规模。可以通过财政政策以及减税行为缓解企业和政府降低杠杆带来的负面作用。降成本是综合运用财政政策等手段降低企业的生产成本、流通成本和销售成本，财政运用和降低税负的作用显而易见。补短板，是补齐全面建成小康社会的短板，特别是民生和发展的短板。在补短板过程中，民生财政和发展财政是主要途径，而特殊税收优惠政策又可以促社会进慈善扶贫形成规模，进一步保障民生。四是财政政策要在“五大政策支柱”中找到自己的定位，同时能够协调与其他政策的关系。五是财政在主要作用于供给侧的同时，也要继续运用财政手段来适度扩大总需求。

## 三、在供给侧结构性改革主线下，加强对现实问题的研究

笔者提出六个方面的问题，其中既有大家都关心的，也有本人新带团队正在做的，供财政学界一起研究。

第一个问题是研究积极的财政政策在供给侧结构性改革中的作用。笔者认识有四：其一是长期坚持的观点，扩张型的财政政策在发展中国家的长期频繁使用，从来都是一种常态。这个常态在我们社会主义国家的集中力量办大事的条件下，过去运用于扩大总需求，今天同样可以用于供给侧结构性改革，不仅使用更要注重效率，把财政政策用好。

其二，必须始终把握短期赤字财政应用和长期财政平衡地位的关系。2014 年新修订的预算法的一个重要方面就是对中央赤字和地方债务给予全新解读和标准，这实际是多年来实现“短期赤字财政可以用、长期财政平衡要坚持”的观点得到了充分认识。在这一新的预算管理模式下，我们还要继续把握好短期赤字财政应用和长期财政的平衡关系。

其三，要在新的宏观调控模式下来研究赤字财政的用法。在年度平衡方面，新修订的预算法将年度预算的重点由平衡状态、赤字规模向支出预算和政策拓展。这一财政平衡内涵新拓展传达的信息是明确的：一方面，年度预算的重点已经是支出预算，不再拘泥于年度收支平衡，因此，政府编制年度预算、人大审查与监督年度预算的重点都不再是收支平衡，而应是体现政策运用的支出预算。另一方面，收支

平衡依然必须关注，但是在动态的、拓展的时空中来把握平衡。就年度预算而言，强调的是“由”支出状态、赤字规模“向”支出预算和政策的“拓展”，而不是一种“彻底的转向”。年度收支平衡虽然不是重点，但依然是“规范政府收支”之新预算法必须整体考虑的重要因素。

其四，要积极防范财政风险，特别是地方的风险。我们看到，2008 年金融危机后的一些债务，特别是地方债务在总体上与原预算法中不允许地方列赤字、不允许地方发债的法律规定不吻合，“其中一些举借方式不尽规范”，且在不同程度上存在财政风险问题。因此，对于这些债务，要承认其过去有、现在有、在可以预见的将来还要有其对经济社会发展的重要作用，就是承认发展财政在现阶段的重要作用。我们就是要在法律的框架内对其规范、控其风险、扬其作用。因此，在新修订的预算法对地方债务有了新的明确规范、在法律上赋予了地方债务合法地位的前提下，“这些账必须认”，通过“认账”的方法将现有债务余额“合法化”，以继续发挥好地方债务的积极作用。同时，我们要在工作中特别注重防范相关的风险，笔者现在在地方人大常委会工作，我们在目前预算审查、批准、调整和监督过程中就特别注重防范地方各种类型的财政风险。

第二个问题是正确理解企业当前减税降费这个政策的要求。回顾一路走来的中国税制改革进程，笔者的观点始终是，我国税制改革始终要考虑到我国国体政体、发展阶段和发展目标的要求。我国税改始终要为民族复兴增添动力，为党的长期执政夯实经济基础，为国家的经济发展注入活力。从这一基点出发，笔者认为我国税制结构未来仍将以间接税为主，同时适当提高直接税比例。在这种中国国情决定的“双主体”税制结构中，企业将长期是重要纳税主体，这点必须明确。而这种间接税将长期占重要地位的税制结构，在经济上行区间时企业税负感觉不重，但在经济下行过程中则会容易产生矛盾，导致税负问题凸显，这就是当前税负问题特别引起关注的制度与阶段背景。

应该说，在错综复杂的2016年，我国财政部门推出的一系列税制改革动作与减税降费措施，正是统筹内外两个大局、坚持中国国情与考虑国际变动因素的具体体现，并为2017年的税制改革与政策运用奠定了良好的基础。结合今年三月在全国人大会上通过的《政府工作报告》，笔者这里就国际环境与中国税改提出一些看法。总体上看，我们应该在关注和适应国际政治经济格局变化的条件下，逐步探索中国特色税改的最优进程，研究中国特色关税税政等时代问题，以临时性税费减免应对下行压力和新一轮减税浪潮带来的税负问题。具体来看则应注意做好以下六个方面。

其一，要把中国税改和减税降费放在应对错综复杂国际形势背景下看待。目前我们面临的是世界经济和贸易增速持续放缓、国际金融市场波动不断加剧、地区和全球性挑战频繁多发，前述国际经济和政治新问题又使得不稳定、不确定因素明显增加。在这种形势下，中国经济要继续保持持续健康发展，市场主体的活力很重要，企业竞争力很重要，则所需的公开透明、更加公平的之税收环境更显重要。只有深刻理解当前这一国内外背景，才会更充分地认识到中国税改的迫切性与必要性。

其二，应充分看到我国2016年减税降费取得的成绩。2016年积极财政政策产生的财政赤字主要用在对企业的减税降费上。以当年全面推开的“营改增”为例，就为企业降低税负5736亿元，所有行业实现税负只减不增。对于这一减税降费成绩，应该予以充分肯定。可以说，正是减税降费的多措并举才能有力促进供给侧结构性改革初见成效。

其三，要充分认识进一步减税降费在2017年我国经济工作大局中的重要作用。今年我国将以推进供给侧结构性改革为主线，适度扩大总需求，加强预期引导，深化创新驱动，全面做好稳增长、促改革、调结构、惠民生、防风险各项工作。减税降费作为今年财政政策的主要手段，是推进供给侧结构性改革的重要政策，也是调整需求侧的重要一环。对于《政府工作报告》中确定的各项减税降费措施，从中央到地方都要认真执行，落实到位，让市场主体有更多切身感受，真正做到轻装上阵。

其四，要认识企业在形成我国竞争新优势中的作用和“涉企税费”在我国制度性安排下的重要特征，从而明确面对复杂环境、加快降低涉企税费负担的迫切性。今年，国家明确要通过对企业降负来增加经济活力。当前“涉企负担”的矛盾集中在税费水平偏高上，迫切需要适当降低，从而激励企业形成竞争新优势。

其五，本轮“涉企减税”同时兼顾制度性安排与现实政策作用。在制度性安排方面，主要是将简化增值税税率结构，由四档税率简并至三档，进而落实和完善营改增试点政策，这也为税收法定原则下最终出台增值税法创造条件。而在现实政策运用方面，主要是将继续扩大小微企业享受减半征收所得税优惠的范围，其衡量标准将由年应纳税所得额上限 30 万元提高到 50 万元；除此之外，涉企减税还重视创新企业发展，今年科技型中小企业研发费用加计扣除比例将由 50% 提高到 75% 。

其六，在“涉企降费”方面，重点要解决“涉企收费多”的问题。《政府工作报告》明确指出“名目繁多的收费使许多企业不堪重负，要大幅降低非税负担”。从目前企业诉求来看，涉企负担的相当部分并非来源于税收，而是源于非税。今年已明确要全面清理规范政府性基金、取消或停征部分中央涉企行政事业性收费、减少政府定价的涉企经营性收费、适当降低“五险一金”有关缴费比例、完善相关政策等。我们期待沿着上述路径进行的“涉企收费”治理，能有效减轻企业负担，激发市场活力，助力我国经济稳步前行。

第三个问题是关于对税收任务存在与表现形式的理解。税收收入任务在我国必须长期存在。在我国特有的“经济税收观”与“集中力量办大事”等体制特征下，税收收入任务从来都不是可有可无，无论采取何种形式，无论是强制性的还是预测性的，税收收入任务的存在都是必然的、长期的。并且，预测性税收收入任务一经人大批准，就是法定的任务，执行预算确定的法定收入任务指标就是依法治税。这一观点是理解当前依法征管与税收任务的关键。作为预算收入征收部门与单位的税务机关，必须全力完成具有法定要求的预测性税收收入任务。

在这里，通过对新修订的预算法第三十六、五十五与六十二条的全面解读，有助于我们把握依法治税与税收任务并存的法律依据。首先，预算法第三十六条指出，“各级预算收入的编制，应当与经济社会发展水平相适应，与财政政策相衔接。”这里讲的是编制包括税收任务在内的收入预算时，一是应该考虑与经济社会发展水平相适应，即经济决定税收；而这次修订时新增加的“与财政政策相衔接”的要求，强调的就是新预算管理体制对税收任务存在特征的新要求。而将这种“相适应”与“相衔接”的要求考虑在内后，一旦各级人大对收入预算予以表决通过，就形成了“预算确定的税收收入任务”这一事实。其次，预算法第五十五条，专门对包括税务部门在内的预算收入征收部门提出了明确要求。该条指出，“预算收入征收部门和单位必须依照法律、行政法规的规定，及时、足额征收应征的预算收入”。这里强调的就是税务部门必须全力完成预算确定的税收任务。再次，预算法第六十二条对各级政府提出了要求，“各级政府应当加强对预算执行的领导，支持政府财政、税务、海关等预算收入的征收部门依法组织预算收入”。将预算法的这三个条款联系起来看，结论是清楚的。落实预算确定的税收收入任务就是贯彻执行预算法，预算收入指标（任务）经本级人大批准后，就应按照批准的预算执行，这就是依法治税。而在实践中，也就是落实国务院依法制定的《关于深化预算管理制度改革的决定》，税务部门要努力做到“应收尽收”，全力做好“依法组织预算收入”的工作，而各级政府要全力支持依法治税工作的开展。

第四个问题是要在处理好政府与市场的关系中重视财政民生支出运用的制度化建设问题，努力践行这些年来事实上不断运用的“花钱买机制”的重要理念。该理念强调的是，财政用于改善民生的支出，不能满足于简单的一次性支出，而是要把民生支出与逐步建立民生提供的机制结合起来，努力形成可持续的民生提供机制。具体说来，这一机制有四层含义：其一，要靠定位。该机制的核心就是把握政府（财政）与市场机制在改善民生中的地位、比例与作用。在现阶段，首先应分清基础性民生与非基础性民生的关系，前者主要应该由政府（财政）来提供，而后者则主要应交给市场。只有动态把握这些差异的疆界，财政才可能有效且可持续地做好保障和改善民生工作。这里讲的“保障”，就是对基本公共产品与服务提供的保障，讲的“改善”，就是“积极有为并量力而行”地去努力扩大基本民生的提供能力，但对于非基础性民生，还是应该让市场部分乃至基本地加以提供。

其二，要靠改革。如此定位的“保障和改善民生”机制，要在把握政府提供与市场提供关系的基础上，在公共财政与发展财政结合的基础上，通过深化改革来建立与完善。具体说来，就是要将教育、就业、住房、医疗、养老等多项当前民生要求予以分类梳理，找出政府提供与市场提供（或补充）的疆界，把这一“双元”民生提供机制建立起来。

其三，要靠发展，就是要继续坚持“有发展才有民生”与“民生工程就是发展重要组成部分”的理念，通过发展来实现民生的最大改善。在政府提供方面，这一发展体现为通过对市场机制的尊重来持续地做大“经济蛋糕”；而在支持市场提供方面，要通过各种政策引导来支持民营经济参与对部分公共产品与服务的提供。

其四，要靠持续。就是要通过机制的建立使民生的改善可持续地进行下去，从根本上说就是要靠民生提供乃至整个经济发展方式的转变，即民生提供方式的转变要内在地成为经济发展方式转变的一个重要方面，将对民生与发展、短期与长期、市场与政府、阶段与持续等重大关系的把握内在于经济发展方式转变之中。

第五个问题是在探讨中国特色财政道路时，要特别关注税收法定原则的实施。当前，按照“落实税收法定原则”与加快法治税收建设的要求，我们在落实税收法定方面又迈出了新的步伐，其标志性成果有四：其一，是在 2015 年十二届全国人民代表大会第三次会议对《中华人民共和国立法法》进行了修订，对原来已有所体现的税收法定原则进行了重申与强化，对全国人大及其常委会的税收专属立法权做出了单列细化规定，使之更加明确。其二，有关方面就“力争到 2020 年前全面落实税收法定原则”目标达成了共识，形成了与深化税制改革步伐相协调、将现有税收条例逐步上升为法律的时间表。其三，全国人大与国务院财政部门各尽其责，做到税收立法与税收执法的有效分工与合理衔接，在税收法定条件下有效地发挥国家税收职能。其四，财政理论工作者继续探索落实税收法定的中国道路，尽管在具体观点上还存在分歧，但探索税收法定原则落实之中国模式的方向是一致的。

第六个问题是持续研究新时期我国财政的统筹性（涉外性），其中主要体现就是大国财政的理论与实践。中国特色社会主义财政的统筹性（涉外性）是与我国经济社会的涉外程度相联系的。我们必须在国力不断强大、对经济全球化参与程度不断加深的条件下考虑我国财政的内涵，研究财政为统筹内外两个发展大局服务的问题，研究努力推进国家财政治理现代化与参与国际财政治理体系建设的关系。长期以来，笔者一直在关注我国财政发展的涉外层面，关注我国财政服务国家内外两个大局、逐步走向世界的问题。归纳起来，笔者多年提出或坚持的基本观点有两个方面，一是要在中国特色社会主义财政发展的框架内研究涉外财政；二是要在“统筹内外两个大局”的时代背景下研究涉外财政，特别是要在“两个构建”的目标任务下研究涉外财政。站在今天这个时点上，我们对这两个方面的研究都需放在当前实现“两个一百年”奋斗目标和中华民族伟大复兴中国梦的新进程中来把握，来拓展。

党的十八大以来，我国已经进入了推动构建以合作共赢为核心的新型国际关系的新时期。党的十八届三中全会的《决定》提出了“构建开放型经济新体制”的战略目标，也对财政在“推动对内对外开放相互促进、引进来与走出去更好结合，促进国际国内要素有序自由流动、资源高效配置、市场深度融合”方面发挥作用提出了新要求，国家对外战略更加清晰，对财政发展的要求也越来越高。党的十八届五中全会提出了“积极参与全球经济治理和公共产品供给，提高我国在全球经济治理中的制度性话语权，构建广泛的利益共同体”，这再次点出了新时期中国特色社会主义财政统筹性的作用方向，值得我们对相关问题进行研究。

近年来，顺应着国家总体战略布局的要求，跟踪着国内外大势的变化，笔者始终坚持对中国特色统筹财政的研究与思考，始终围绕着服务国家“推动构建以合作共赢为核心的新型国际关系”战略目标来发挥国家财政政策职能来展开研究，特别是认真考虑在“中国特色大国外交”实施背景下的我国涉外财政发展。总体上看，结合财政部门提出的“大国财政”理念，笔者重点研究了迈向世界舞台中央的我国大国进程对涉外财政发展的要求，这些研究在新形势下还有继续深化和拓展的空间。

作者简介：邓力平，全国人大常委会委员，福建省人大常委会副主任，厦门大学闽江学者特聘教授、博士生导师，厦门国家会计学院教授。中国财政学会顾问（第八届）、副会长（第七届），中国税务学会副会长（第七届、第八届）、中国国际贸易学会常务理事、中国国际税收研究会常务理事。

# 好于预期

## ——2017 年一季度国民经济运行的关键词

◇ 李晓超

第一季度的经济指标显示，国民经济运行总体好于预期，延续了去年下半年以来稳中有进、稳中向好的发展态势。

### 一、一季度国民经济运行总体好于预期

第一季度的经济指标显示，国民经济运行总体好于预期，延续了去年下半年以来稳中有进、稳中向好的发展态势。这些判断不仅从我们的统计数据上能够加以印证，而且最近我也关注到，美国有三个经济学家，通过观察中国区域夜间灯光的亮度来去判断中国经济形势，我觉得这个也有一定依据。因为只有经济发展到一定程度，可能我们的灯光夜间亮的时间才长，才广。当然这一结果是在以习近平同志为核心的党中央的坚强领导，各地区各部门积极努力的结果，是坚持稳中求进工作的总基调，深入推进供给侧结构性改革，适度扩大总需求等一系列政策措施落实的结果。结构性改革很重要，但是我们大家都知道，供给如果没有需求的配合，也实现不了持续性的增长。所以供

给侧结构性改革，还要和适度需求的扩大相匹配。

**（一）主要经济指标稳中向好，整体运行好于预期**

国内生产总值同比一季度增长6.9%，这一增长速度快于去年四季度6.8%的速度，也快于去年同期的6.7%。从这个数据我们可以看到，中国经济运行表现出较强的稳定性，这些年我们的经济发展稳定性非常好，避免了经济的大起大落。从掌握的情况来看，一季度的经济增长速度也是世界上目前各主要经济体经济增长速度比较快的一个经济体。当然西方的统计相对来说比较慢，美国的GDP在季后一个月才能公布，像日本可能在一个半月，更慢，我们相对来说基本上是在季后的半个月之内就可以公布。

**（二）居民消费价格同比上涨1.4%**

居民消费价格涨幅比去年四季度回落了0.8%，比去年同期回落了0.7%。因为我们一般来说，不仅要和上一季度比较统计数据，实际上反映了我们动态的变化，而且还要反映和去年同期的变化，从这两个方面来看都是回落的。从结构上看，服务价格的上涨要快于商品价格的上涨，就是目前我们价格的变化，商品的价格相对来说涨幅就比较慢，近一个时期，近几年来上涨比较快的主要还是集中在服务价格上，这实际上和供需关系都是密切相关的。这些走势和结构的特征充分说明总供给和总需求保持了基本的平衡，因为价格从根本上来说是反映总供需关系的一个重要指标。但是服务供给，特别是教育、文化、医疗、保健供给仍有较大的空间，价格上涨快了，往往反映出需求大，也可以说我们的供给没跟上，这实际上从价格领域也看到我们经济发展的空间和短板到底在哪里。

**（三）居民收入同比增长8.5%**

居民收入增速虽比去年全年高0.1%，比去年同期低0.2%。但是我们看出，一方面我们看现价增速，同时我们还要关注居民的可比价的增速。也就是说，同比不变价的增速。但是扣除价格因素，一季度的居民收入实际增长 7%，比去年全年高 0.7%，比去年同期要高 0.5%。也就是说，从现价上来看，居民收入好像似乎还回落了一点，但是由于价格涨幅没那么高，我们的居民收入实际增速增长还是比较快的。从这个数据的结果看，居民收入增长略快于 GDP 的增速，比 GDP 的增速快 0.1%，我说的是不变价的增长，居民生活不变价增长是 7%，一季度我们经济增速是 6.9%。通常我们在比较居民收入和 GDP 增长的时候，实际上和人均 GDP 相比较更科学一些，因为我们这个居民收入是人均的居民收入。从城乡看，农村居民收入还要快于城镇居民收入，大概快了 0.9%。这几年来，我们农村居民收入增速一直快于城镇居民。从结构看，居民收入的稳定增长主要来自劳动收入和转移收入。过去曾经有一段时间我们的居民收入来自资本收入增长比较快，但是从今年一季度看，主要还是我们的劳动收入，就是工资收入，这也反映了今年以来我们的就业相对还是比较稳定的。同时还有来自于转移收入增长比较快，当然转移收入相对比重比较低，这主要是来自于政府向低收入群体的转移性收入。

**（四）货物出口同比增长 40.8%**

货物出口同比增速比去年同期下降 2%，货物的出口去年、前年实际上是下降的，去年一季度也是下降的，但是今年增长了 40.8%。当然我需要说明的是，我们在货物进出口的数据上，往往有一个现象，当然今年价格因素影响也比较大，特别是我们大进大出的主要是一些原材料，而今年价格上涨比较快的主要是一些原材料价格，例如钢材、煤炭涨幅比较高。从进口对比看，进口增速快于出口 15.3%。也就是说从进出口来看，进口增速更快。这也反映出我们国内需求还是比较旺盛的。所以有时我们判断国内需求，还有各方面的指标，尽管反映出我们国内的需求是旺盛的。从出口减进口看，货物顺差达到 4500 亿元。对于部分“一带一路”沿线国家进出口保持较快增长，对俄罗斯、巴基斯坦、波兰、哈萨克斯坦和印度等进出口分别增长37%到27%，最高的达到近70%。也就是说，“一带一路”这个战略在我们进出口方面也得到了充分的反映。

## 二、结构继续转型升级，传统动能和新动能融合发力

### （一）服务业同比增长7.7%

服务业同比增速比第一产业要快4.7%，比第二产业快1.3%，服务业占国内生产总值比重为56.5%，比第二产业高了17.8%。就目前来看，我们的经济增长主要是服务业第三产业占大头，占的比重已经达到了56.5%，年度的可能还要更高一些，当然工业还是起到了很重要的作用。在第一产业里，冬小麦长势良好，播种面积达到84.8%。我们这几年经济之所以能够稳定，跟农业的稳定增长，跟粮食产量和肉类稳定增长都有很大的关系。因为一个经济体如果说连吃饭都保证不了，是很难以维系的。包括我们的价格之所以稳定，农业生产稳定是一个基本的前提。在第二产业中，高技术产业同比增长13.4%，装备制造业增加12%。这是一些新兴的增长比较快的，这些行业的增长比整个工业增长都好。

### （二）消费对经济增长的贡献达到77.2%

消费对经济增长的贡献率比去年同期提高了2.2%，其中升级类商品消费增长较快，特别是文化、通信、家居、建材等这些产品消费的增长更快，当然建材和房地产都密切相关，这都是原动能。如果房子销售不好，相对来讲房子增长就会比较慢。投资对经济增长的贡献达到18.7%，其中民间投资增长7.7%，今年以来的民间投资出现了回升。比1到2月份加快了1%，并且民间投资占整个投资的比重达到了61%，基本上也是一个大头。基础设施投资增长23.5%，基础设施投

资很大程度上是来自我们财政有关的支持，基础设施基本上是公共投资。高技术产业投资增长22.6%，重点领域的投资还是保持了比较快的增长。市场主体仍保持较快的增长。全国日均新登记企业增加1.4万户，去年是1.2万户，今年每天登记的企业达到1.4万户。新产品、新服务快速增长，工业机器人产量增长55.1%，光电子器件增加51.2%，运动型乘用车增长25.5%。也就是说，和这些新技术有关的一些产品，增长还是比较快，当然这些产品也有需求。另外服务业的增长也比较快，信息传输软件和信息基础服务业增长19.1%，网上零售同比增长32%。当然我们的消费零售是一个转移的过程，过去在实体店，现在可能很多在网上销售。

**（三）企业利润和财税收入快速增长**

2017年1到2月份，全国规模以上工业企业实现利润同比增长31.5%，比去年同期快23%。这里我需要说明的是，企业利润增长和价格上涨有很大的关系。当然企业利润增长对于活跃企业、增加投资都有很重要的影响作用。全国一般公共预算收入同比增长14.1%，比去年同期也加快了9.6%，这实际上和价格都是密切相关的。

**（四）生产利用率提高**

规模以上工业产能利用率为75.8%，比上年四季度提高了2个百分点。原煤产量同比下降0.34%，这里也有去产能的结果。3月末，商品房待售面积同比下降6.4%，降幅比上年末扩大3.2个百分点，商品房的去库存也是比较有成效的。另外我们短板领域加强，生态保护和环境治理，公共设施管理，农业、水利管理投资分别增加48%到18%这个区间之内，也是保持了较快速度的增长。

从上面各方面来看，我们可以说，从去年以来，我们的整个经济运行状况总体是稳定的，而且局部一些领域出现了好转的迹象。今年一季度实际上是延续了去年以来的基本走势，某种程度上好于原来的一些预期。当前经济发展仍面临着较好的条件，世界经济呈现复苏态势，最近国际货币基金组织也发布了最新的预测报告，上调了今年对世界经济的预期。凭借我们的综合实力和国际影响力，对我们国家经济有利的国际环境的争取也取得了积极进展。

国内经济界稳步向好，积极因素增多，发展潜力仍比较大。看发展潜力：去年我国人均 GDP 按照美元计算是 8000 多亿美元，今年可能向 1 万亿美元冲刺。但是我们和发达国家相比，差距还是比较大的。日本 4 万多美元，美国 5 万多美元，这个差距实际上我们都一致认为是经济发展的潜力。百名经济学家调查显示，预期景气指数今年一季度超过了去年同期大概 20%，就是经济学家普遍认为，我们未来的经济景气指数开始大幅度的提升。

但是异常复杂的国际环境并未改变，不稳定、不确定的国际环境形势特征仍比较突出，国内结构性矛盾尚未根本好转，制约经济发展的体制性、机制性障碍还不少，经济稳中向好的基础仍不够牢固。下一阶段，我们要切实贯彻落实中央经济工作会议精神和《政府工作报告》的总体部署，坚持稳中求进工作总基调，以推进供给侧结构性改革为主线，适度扩大总需求，深化创新，驱动发展，努力实现经济持续向好平稳健康发展。

作者简介：李晓超，国家统计局副局长、党组成员。

# 降低企业税费负担的几点思考

◇ 杨灿明

从长期来看，减税降费的根本之策在于：落实税收法定原则、改革和完善现有财政体制以及有效转变政府职能。但短期来看，这还需要逐步创造一些具体条件。

经过2016年企业税费负担之争，当前理论界对降低企业税费负担，基本上已经达成共识，而且政府业也出台了一些措施。从财政政策的角度上说，减税降费，其实质是政府在实施积极的财政政策，下一步可以分别从短期和长期措施上来考虑。长期来看，减税降费的根本之策在于：落实税收法定原则、改革和完善现有财政体制以及有效转变政府职能。但短期来看，这还需要逐步创造一些具体的条件。

长期来看，减税降费要立足于：

第一，严格落实税收法定原则，减少人为治税干预。长期以来，地方政府享有较大的税收裁量权，加之税收任务的层层加码以及税收增长的“惯性逻辑”，导致大量企业过度负税，甚至部分地区出现“过头税”现象，企业实际税率与名义税率存在一定偏差。因此，严格落实税收法定原则，不仅是民主法治建设的根本要求，更是减轻企业税收负担的长远举措。

第二，改革和完善现有财政体制，构建减税降费的长效机制。一方面，当前我国以流转税为主、以企业为纳税主体的税制结构是导致企业负担过重的重要诱因；另一方面，地方政府财权与支出责任不匹配的现实情况促使地方政府谋求各项非税收入。同时，以“土地财政”为依托成立的地方融资平台，挤占企业信贷资金，提高企业信贷成本。因此，根本上实现企业减税降费还必须从财政体制改革入手。

第三，进一步转变政府职能，简政放权，降低企业制度性交易成本。政府在推进简政放权的过程中，要特别注意关联性中介服务机构对企业的收费问题，对中介服务收费，特别是垄断性中介服务收入要进行全面清理规范，中介服务机构要与审批部门彻底脱钩，原政府职责范围内的事项严禁交由事业单位或中介组织承担并收费，切实降低企业的交易成本。

短期来看，减税降费可以从以下几个方面入手。

第一，进一步清理政府性基金和非税收入。由于历史原因，土地出让金一时还难以退出历史舞台，但其他政府性基金的清理，应该不存在太多障碍，例如财政部决定 2017 年 4 月 1 日开始取消的城市公用事业附加、新型墙体材料专项基金的征收。其实还有一些政府性基金，如地方水利建设基金、地方水库移民扶持基金、国家电影事业发展专项资金、废弃电器电子产品处理基金等也应逐步纳入取消的范围。其原因在于：一方面，它们收入规模不大，在政府性基金中的比例有限；另一方面，理论上，这些政府性基金本来就不是一种规范的收入形式，实践中，它也确实是一种变相收费。因此，应该将它们与公共预算中的收费项目一起清理归并，让政府基金预算变成资本预算，统一管理政府资本性收支。

第二，加大降低社保缴费的政策力度，降低企业用工成本。我国社保采用的是部分积累制，有个人账户。当年的论证依据是可以避免赤字。现在看来，这是一个明显错误的理论。社保基金有没有赤字，与缴费、给付水平（如替代率）、老龄化水平的精算有关，与筹资模式无关。保险的性质就是分担风险，个人账户根本就是一种强制储蓄，不能体现风险共担原则，所以应该取消。至于统筹费率，可以适当降低，这样就能起到降低企业负担的作用。但精算时，要考虑剔除转制缺口（减持国有资本补充），避免由企业来承担转制成本。

第三，取消住房公积金制度。住房公积金制度，也是一种强制储蓄。当年借鉴新加坡经验，对住房制度转型起到了历史作用。但这项改革已经基本完成，事实上，除了增加企业的雇用成本、加剧分配矛盾外，已经没有什么积极意义，国际上也少有国家实行这种制度。

第四，站在国家税收竞争的角度，适度降低企业税负水平。当今社会，全球化趋势明显。一个国家，不可能像以前一样，可以独立设计自己的税收制度。必须考虑国家税收竞争这个大背景，既不能过度追求税收优势，造成恶性竞争，也不能不顾周边税收环境，拱手让出税收优势。因此，可以在综合比较的基础上，适当降低一些关键税种的税率，如增值税和企业所得税，达到降低企业税负，增强竞争优势的目的。

第五，增强减税降费政策的精准性、针对性，更好地服务于供给侧结构性改革。一方面，加大对中小微企业、科技型企业的财税政策倾斜力度，助力实体经济发展，推动产业结构升级；另一方面，减税降费的关注点要从生产领域延伸至流通领域，切实降低企业物流成本。合理确定高速公路收费标准，规范机场、铁路、港口的收费项目。同时，通过落实“营改增”等政策，完善第三方物流配送体系，鼓励专业化物流企业发展，提高物流效率。

作者简介：杨灿明，中南财经政法大学党委常委、校长，中国收入分配研究中心主任，二级教授，博士生导师。第二批国家“万人计划”领军人才，首批“新世纪百千万人才工程”国家级人选。享受国务院政府特殊津贴专家，中宣部文化名家暨“四个一批”人才工程人选，教育部“新世纪优秀人才支持计划”人选，财政部“跨世纪学科带头人”培养对象，湖北省有突出贡献的中青年专家。

# 新常态下供给侧改革财政治理的三个突破口

◇ 丛树海

新常态下供给侧改革财政治理的三个突破口：减轻企业税费、降低生产成本、促进企业创新。

## 一、近期经济发展态势解读

李克强总理在2017年政府工作报告中说，“回顾过去一年，走过的路很不寻常”。“经济能够稳住很不容易，出现诸多向好变化更为难得”。观察我国2016年经济发展态势，我们可以借用总理讲话的描述，用三个“很不容易”和两个“更为难得”来形容2016年的经济发展和态势。

三个“很不容易”体现在反映经济发展态势的三个基本指标GDP（国内生产总值）、CPI（居民消费价格指数）、PPI（工业生产者出厂价格指数），在经济发展新常态的2016年都达到了预期目标，在经济整体下行压力之下取得这一成绩非常不易。

观察近年来经济增长率，2008年后跌入10%（2010年反弹为

10.6%），2012 年开始跌入 8%；2015 全年国内生产总值 67.67 万亿元，同比增长 6.9%，自 1990 年来首次跌破 7%；到了 2016 年国内生产总值 74.4 万亿元，增长 6.7%，经济增长率呈现出“持续下行—下行趋缓—缓中趋稳”态势。

CPI 在 2015 年有 1.4% 的涨幅，为近五年最低；2016 年涨幅略有扩大，分月看，2016 年各月 CPI 同比涨幅在 1.3% ~2.3% 波动；整体来看 CPI 呈温和上涨态势。

2016 年，PPI 月度环比、同比结束历史最长时间下降后，相继转正。PPI 环比连续 26 个月下降，于 2016 年 3 月份由负转正；PPI 同比连续 54 个月下降，于 2016 年 9 月份由负转正，而后涨幅逐月扩大，12 月份上涨 5.5%，创 2011 年 11 月份以来月度同比涨幅新高。

2016 年两个“更为难得”，体现在经济下行压力之下企业和投资层面的企稳见好。2016 年，全国规模以上工业增加值比上年实际增长 6%，增速较上年回落 0.1 个百分点。分季度看，第一季度同比增长 5.8%，第二、三、四季度均增长 6.1%，工业生产增速基本维持在 6% 左右小幅波动，企稳态势明显。1 ~ 11 月份，工业企业实现利润总额 60334.1 亿元，同比增长 9.4%，而 2015 年规模以上工业企业利润总额比上年下降 2.3%，企业效益较上年明显改善；全年完成固定资产投资（不含农户）596501 亿元，同比增长 8.1%，增速比上年回落 1.9 个百分点；2016 年 9 月份制造业投资增速出现企稳回升，结束连续 15 个月下滑态势，11 月后回升步伐明显加快；2016 年民间投资 365219 亿元，比上年增长 3.2%，随着企业效益的持续改善以及相关政策效应的逐步显现，民间投资增速自 9 月份起已连续 4 个月回升。这些数据表明，在近几年经济下行压力之下企业的效益、企业的投资以及后续增加投资的动力都有所增强、有所好转，在发展态势上有了比较积极的改善。

进一步观察 2017 年第一季度的经济情况，可以说延续了去年三季度以来的良好势头，保持了稳中有进、稳中向好的发展态势。一些实物量指标和先导指标回升转好，一季度全社会用电量约 1.45 万亿千瓦时，同比增长 6.9%；铁路货运量增长 15.3%；3 月份制造业 PMI 为 51.8%，连续 6 个月保持在 51% 以上。结合去年企业投资企稳见好的表现以及今年第一季度衡量经济发展重要的实物量指标稳中向好的态势，今后一段时期经济整体向好的态势可期。

应当看到，当前我国经济发展在稳中有进、稳中向好中仍然面临着一些问题，其中最大的问题就是经济发展的内生动力不足和经济结构失衡的问题。经济发展的内生动力特别是民间投资还缺乏强有力的发展动力。房地产仍然是经济投资的主力军，而且在房地产投资这一产业链当中，税收和土地出让收入所占比重大，依赖程度高，风险大；资本净流出的态势也反映着我国经济发展内生动力不足的问题。与此同时，在经济结构方面实体经济与虚体经济发展不协调，实体不实、虚体过虚的局面仍然存在，各类贷款大部分流入房地产，对房地产市场依赖大、杠杆大；虚体经济自我循环、泡沫也相对比较大的状况都反映出结构失衡的问题。

## 二、转型发展中存在问题的应对之策

如何解决发展过程中的问题和困难？应从几个方面来应对。

首先，通过转型发展和创新驱动实现动力转化。新常态下转型发展是一个很重要的目标，过去依靠投入人力、资源、资本、环境等都是不可持续的做法，今后应通过科技投入和提升产品质量，来实现经济社会环境的协调均衡发展。与此同时，以科技创新和制度创新为驱动力的创新驱动也是动力转化的重要构成，但科技创新有赖于科学家们长时间的基础研究和应用研究，并将研究成果转化为产业这样一个探索过程，我们注意到国家在这方面已经有了很大的动作，例如，实施《中国制造 2025》，部署启动面向 2030 年的科技创新重大项目，在北京、上海建设具有全球影响力的科技创新中心，新设 6 个国家自主创新示范区。同时，制度创新方面也有一些探索，包括放松管制、政府职能的转变，围绕处理好政府和市场关系这一经济体制改革的核心问题，持续推进简政放权、放管结合、优化服务改革。取消 165 项国务院部门及其指定地方实施的审批事项，清理规范 192 项审批中介服务事项、220 项职业资格许可认定事项，以及在上海、广东、福建、天津等地开启的“1 +3 +7”的自贸区建设格局。通过自贸区探索政府职能转变的“清单管理”模式，通过打开自贸区实现市场机制决定资源配置的经济运行方式，更好地发挥市场在经济中的决定性作用。

其次，从已有的宏观政策来看采取的主要措施表现为“三去一降一补”，去产能、去库存应该说已经取得了相当的效果也付出了相应的代价，从政府工作报告释放的信号来看，以钢铁、煤炭行业为重点去产能，2016 年全年退出钢铁产能超过 6500 万吨、煤炭产能超过 2. 9 亿吨，成效显著，但是在“三去”的过程中主要依靠行政手段，尽管见效快，但也存在不少问题，例如，市场机制没有充分发挥作用、有可能会出现回潮的现象。“一降”主要是指降低企业的成本，现在从企业的生产来看，电价明显高，用工的成本随着人口红利的逐渐减弱在逐年上升，能源的耗费也比较大，总体来看科技含量低；从统计来看，工业企业百元主营业务生产成本中，物流成本占 30% ~40%，而从发达国家来看，物流成本在企业生产成本当中一般占 15% 左右，因此，如果我们也有很好的降低物流成本的措施，将会推动企业整个生产成本的降低。在“补短板”上，一方面我们在中低端存在严重过剩的情况，另一方面在中高端供给又存在不足的情况，去年我国出国人数达 1. 2 亿人次，消费巨大，应当说在中高档市场我们也有很大潜力；此外在医疗、教育、养老服务等方面也要进一步扩大有效供给，落实“补短板”。

最后，要着力把握供给侧改革方面转型发展的要点。结构调整上要坚持去产能、坚持产业升级、坚持技术创新；在放松管制上要切实转变政府职能，落实市场配置资源的决定作用，提高资源配置效率；在减税降费层面通过调整国民收入分配占比、推进财税体制改革，减轻企业负担；在扩大内需上要以中高端需求为导向，促进企业创新升级，不断扩大内生动力。与此同时应注意转型过渡时期易出现的问题或潜在风险：一是经济发展速度下降与经济结构质量尚未调整到位、发展方式尚未转变等问题并存；二是社会发展和环境改善、注重人本的要求还有较大距离；三是应注意防范发展速度降下来的同时固有矛盾未解决反而可能引发新问题的风险。

## 三、财政治理的三个突破口

财政治理突破口之一：减轻企业税费。

从现在企业缴税和社保情况来看，我国现行增值税税率17%，低税率11%、6%；企业所得税的基本税率25%；企业缴纳五险一金大约40%的比重；而随着人口红利消失，劳动力成本也在大幅上升，事实上，80后、90后、00后人口表现为减少趋势，16～59岁劳动力正以年均300万人的速度在减少，这都给企业的用工成本提出严峻的挑战。因此，减税减负已经成为供给侧改革不可回避的话题。我们关注到特朗普政府在税制改革方面给出的承诺是：企业所得税减税，最高税率由35%降至15%，以刺激投资，促进实体经济发展，不管其能否做到，即使降到30%、25%左右，对其他国家也有一定借鉴意义，可以说为国际经济竞争拉开一个序幕；个税方面，特朗普承诺由7级调整为3级，标准扣除额由6350美元和12700美元调整为15000美元和30000美元，以促进消费。因此从美国税改可能引发的国际环境变化来看，提高中国企业的竞争力和供给侧改革都对减负提出要求；同时，降低个人所得税税负可以作为辅助措施，从需求方给供给侧改革以有力支持。

我们注意到，2017 年 4 月 19 日，国务院常务会议决定推出进一步减税措施，包括简化增值税税率、扩大所得税优惠的小微企业范围、提高科技型中小企业研发费用税前扣除比例、对创投企业种子期初创期可享受税收优惠、个人健康保险税前抵扣、部分税收优惠政策由 2016 年到期延长至 2019 年等 6 项减税措施，并提出“论证推出进一步减费措施”，应该说这些政策都是为企业减负增利的利好举措，结合政府工作报告中提出预计全年可再减轻企业税负 3800 亿元的承诺，企业今年在税费层面的负担减轻可期。

财政治理突破口之二：降低生产成本。

企业生产成本难以在短期内改变基于以下两个事实：由生产技术水平和科技水平决定的物耗能耗短期难以改变，需要通过科技革命和技术创新逐步实现，这是一个长期才能实现的任务。此外，由经济发展和收入分配政策决定的人工成本表现为逐步增长，加之人口红利的逐步减弱，以及在全面建成小康社会的目标下，基于收入倍增计划的实施，人工成本仍会有稳定增长，这是基于中期态势的判断。那么当前降低企业成本可从以下两方面着手。

一是降低企业物流费用。根据相关资料，2014 年全国社会物流总费用 10.6 万亿元，社会物流总费用占 GDP 的 16.6%，其中运输费用占社会物流总费用的 52.9%，保管费用占社会物流总费用的 34.9%，管理费用占社会物流总费用的 12.2%。据发改委网站消息，2016 年社会物流总费用为 11.1 万亿元，比上年增长 2.9%，增速比上年提高 0.1 个百分点，但明显低于社会物流总额、GDP 增速。其中，运输费用 6.0 万亿元，增长 3.3%，提高 0.2 个百分点；保管费用 3.7 万亿元，增长 1.3%，回落 0.3 个百分点；管理费用 1.4 万亿元，增长 5.6%，提高

0.6 个百分点。2016 年社会物流总费用与 GDP 的比率为 14.9%，比上年下降 1.1 个百分点。总体上，物流费用仍然过高，物流费用过高侵蚀着企业的利益。因此采取相关措施降低企业物流费用将是降低企业生产成本的重要突破口之一。

二是企业减负重点应从公开领域转向隐蔽领域。据浙江省政协网站 2017 年 4 月 11 日题为《浙江省政协开展企业减负担降成本调研》的报道，浙江省政协研究室与经济委牵头的调研组，组织 3 个小组，实地走访 36 家企业，书面问卷 210 家企业，与 76 家企业负责人面对面座谈交流，开展对企业减负担降成本调研，调研过程中某机电企业反映，一些中介收费项目虚高，尤其是中介论证的项目，动辄几万元，2016 年该企业仅中介项目就支出 110 多万元。某铸造企业反映，现在的学会、协会很多，每年都会接到不少要求订报、订刊、订书电话，有的要求企业出资编写目录、大全、画册等，该企业加入了 16 个行业协会，每年会费支出 91.5 万元，是一笔不小的开支。某高新企业反映，国家提倡创新，企业由于创新产品多，每年发明专利申请多，但养专利吃不消，每年仅专利维护费需 20 万 ~30 万元。三种不同类型的企业反映了三个方面的问题，中介费用、会费支出、专利维护费用等看上去并不是企业重要的支出项目，但对中小企业来说累积下来也是一笔不小的支出。调研组认为，目前针对企业的乱收费、乱罚款、乱摊派现象已经很少，但规费问题仍然是企业反映问题最多、意见最大的项目，其中一些隐性的收费项目，加重了企业负担。

因此企业减负的重点不仅要关注公开的领域，一些隐蔽领域的成本负担也应成为治理关注的重点。企业家急切的心声，折射了对减负工作的希冀。

我们关注到，2017 年 5 月 17 日，国务院常务会议确定进一步减少涉企经营服务性收费和降低物流用能成本，为企业减负助力再推新政。

在降低企业物流成本方面，取消电网公司向铁路运输企业收取的电气化铁路还贷电价，等额下浮铁路货物运价；将货运车辆年检和年审依法合并，减轻检验检测费用负担；取消多省（区）政府还贷二级公路收费；加大鲜活农产品绿色通道政策实施力度。在减少经营服务性收费方面推出的新举措有：行政审批部门开展技术性服务一律由其自行支付费用；取消行业协会商会不合理收费项目，对保留的项目降低偏高收费标准等。这些都是在前期已出台涉企减负政策的基础上，再推出的一批新的降费措施。对进一步降低企业生产成本、减轻企业负担、优化营商环境、增强企业活力等都将起到积极的作用。

财政治理的突破口之三：促进企业创新。

从我国企业创新能力来看，根据中国人民大学今年四月份发布的《中国企业创新能力百千万排行榜》及研究报告，对国内80000多家高新技术企业创新能力进行评价，得出以下结论：第一，从专利数量看，企业间极不均衡，少数企业占据绝大多数专利，绝大部分企业专利数量少，创新能力弱。第二，从专利质量看，企业发明专利占比显著低于美日欧发达国家，表明中国企业专利质量并不高。第三，从行业分布看，主要集中于传统制造业，与目前初步达成共识的第四次工业革命的重点行业有较大差异，可见在中国第四次工业革命的迹象并不明显。第四，从地区分布看，中国的高新技术企业主要集中在广东、北京、江苏、浙江、上海等经济发达地区。

从我国企业研发投入来看，我国企业与国际上的高科技成长型等发展良好的企业相比仍有一定差距。欧盟官网相关数据显示，在全球研发投入最多的前2500家企业中，我国有327家企业入选，企业数量和研发投入金额（在排行榜中占全球投入金额7.2%）在世界上排名第四；有六家企业进入全球前100名，分别是华为、中兴通讯、中国石油、中国中铁、百度、中国中车。中国企业研发投入增长率已经为世界第一，但整体研发投入强度仍然较低，根据欧盟统计标准，5%以上属于高研发强度，此类企业一般被认为具备充分的研发竞争力优势；2%以下属于中低强度，不足1%则属于低强度；上榜的我国企业中有61.2%的企业在5%以下，反映出我国企业研发投入强度不足、仍具有发展中国家的特点。

因此，不论从企业创新能力还是企业研发投入来看，我国企业都还有很大的提升空间，国家也在不遗余力地推进创新驱动发展。今年政府工作报告特别强调对科技型中小企业实施税收优惠支持，提出将其研发费用扣除比例由50%提高到75%。税收优惠政策激励作为企业创新的动力和保障，应为企业所用，通过对相关优惠政策的应知尽知、应享尽享，不断加大研发投入和研发强度，进而提升企业创新能力和竞争力。

应当认识到，促进企业创新能力的提升是供给侧改革成功的关键，国务院总理李克强在政府工作报告中指出要“以创新引领实体经济转型升级。实体经济从来都是我国发展的根基，当务之急是加快转型升级，要深入实施创新驱动发展战略，推动实体经济优化结构，不断提高质量、效益和竞争力”；中国企业家俱乐部理事长马蔚华在今年的中国发展高层论坛上也指出，“我们现在最大的矛盾，不是我们创新的意愿和创新的态度，而是要培养我们创新的能力。”因此，笔者认为，通过相关政策措施为企业注入创新的活力，将会给企业的中长期发展带来取之不竭的动力，也会为巩固我国经济发展稳中向好势头、促进结构升级不断加力。

作者简介：丛树海，上海财经大学公共经济与管理学院教授，中国财政学会常务理事，中国社会保障学会副会长，主要研究领域为财政学和社会保障学。

# 需求管理和供给侧结构性改革背景下的财政政策辨析

◇ 白重恩

为了解释为什么会有现在这样的财政政策，它的起点到底是什么，这样的财政政策带来的问题是什么，我给大家引进一个我自己杜撰的概念，叫作“新二元陷阱”。

为了解释为什么会有现在这样的财政政策，它的起点到底是什么，这样的财政政策带来的问题是什么，我给大家引进一个我自己提出的概念，叫作“新二元陷阱”。“新二元陷阱”是为了论证可能有一个陷阱：几个事件形成一个循环，从事件甲导致事件乙，事件乙导致事件丙，丙再到丁，丁又导致甲，甲乙丙丁形成这样一个循环，这样一个循环的背景使目前我国经济增长受到很大压力。下面给大家介绍一下甲乙丙丁这四个事到底是什么，为什么它们之间会有一个互相增强的逻辑关系，为什么它们可能形成一个陷阱，其中财政在起什么作用。

## 一、政府投资与劳动力成本上升

当前我们面临经济下行的压力，尤其是2008年底国际金融危机对我们造成了很大的冲击。面临经济下行的压力，首先一个很自然的反应就是做财政刺激，而我们做财政刺激最得心应手的手段就是做财政主导的投资，即政府驱动的投资。甲是受到了经济下行的压力，乙就是我们做财政刺激性的投资。这样的投资产生什么样的后果呢？如果说经济中有大量的失业，这样的投资可能产生非常正面的效果。例如，投资用来去修桥、修路、修港口和建机场，这些除了要用资本以外，还要用劳动力，所以这些投资会创造大量的就业，来帮助我们解决失业的问题。可是在 2009 年开始 4 万亿投资计划时基本上是充分就业，失业率只有百分之四点多，几乎没有结构性的失业。在这种情况下，这样的刺激投资产生的效果使要素价格变得很高，除了资金成本比较高以外，还有一个很重要的后果就是劳动力的成本增长得很快。

有人说劳动力成本增长得快不是由于我们投资造成的，是由于我们的劳动供给减少造成的。的确，适龄劳动人口每年以 300 万人到 500 万人的速度在下降，劳动力供给增加的速度在减慢，这确实会导致劳动成本的上升。但是我们的研究表明，劳动力成本上升这么快和刺激性投资还是有关的。

首先，有这样一个衡量劳动力成本是否上升过快的方法，即看每 1 元的 GDP 所要花的劳动成本。2008 年以来，我国每生产一个单位的产出所用的劳动成本相对于美国生产一个单位产出所用的劳动成本在不断地增加，这也就说明我们在国际竞争中，至少是劳动力成本上的竞争优势在不断地丧失。有人说这是自然的，但是其实不是自然的，我们的劳动力成本肯定会增加，问题是增加的速度有多快。如果劳动力成本增加的速度远远快于劳动生产率增长的速度，那么就会带来问题。中国的每单位 GDP 所花的劳动成本跟美国比的比值在上升，就说明我们的劳动成本增长的速度要快于劳动生产率的增长速度。

那么劳动力成本在加快是否是由于投资造成的呢？我们政府引导

的投资主要是投在基础设施建设上，基础设施建设主要创造的就业是低端劳动力的就业。再来看这些年不同教育水平劳动力的工资增长速度：2008 年前，教育水平越高的人工资增长速度越快，2008 年之后，完全调过来了，从 2009 年开始，教育程度越低的人，工资增长的速度越快。这是我们根据城镇居民的调查数据得出来的结论，而且我们还做了很多其他的分析，总的结论就是，我们劳动力成本增加得快，不仅仅是由于我们劳动力供给减少造成的，还有是由于政府的刺激性投资造成的。

## 二、政府投资的挤出效应

经济下行压力到来的自然反应就是要做刺激性的投资，刺激性投资造成的后果是要素成本上升。当要素成本上升的时候，市场中这些没有政府背景的企业运营就很困难，所以我们经常听到企业抱怨成本增加得快，成本过高，所以现在供给侧改革的五项任务之一就是降成本。当企业面临着成本增加得很快的时候，对企业投资的盈利就产生了负面影响，因此对企业投资的积极性就减弱了。尤其是去年和今年，我们发现民间投资增长的速度远远落后于总投资的平均增长速度，而总投资的平均增长速度又远远落后于基础设施投资的增长速度。今年前两个月我们的投资增速平均大概是 10%，但是基础设施的投资增长速度是 27%，民间投资增长的速度大概是百分之五点多。去年基础设施投资增长的速度是 18% 左右，总投资的增长速度是 9% 左右。总的来说，政府主导投资占的比重越来越大，民间投资占的比重越来越小，其中一个原因就是政府引导的投资增加了要素的成本，使得民间投资的空间压缩了。这在经济学中叫作挤出效应，除了在资本渠道的挤出效应，在劳动力渠道也有挤出效应。

挤出效应造成的后果要看民间投资效率和政府驱动投资效率相对

的比较，虽然很难得到特别好的数据来证明政府投资的效率低，但是我们到万德数据库中把所有发债的企业都找出来，挑出政府融资平台，经过计算，政府融资平台的企业投资回报率在2016年大概是1.5%，这是一个非常低的资本回报率，而这些企业向银行借钱最优惠的利率也远远高于1.5%，所以这些融资平台投资效率至少从资本回报的角度来说是非常低的。

全要素生产率的增长和投资增长的速度也是负相关的。财政刺激使得政府驱动的投资占的比重越来越大，挤出了民营的投资，导致了效率降低。效率降低了，又进一步产生经济下行的压力。所以从经济下行的压力，到政府驱动的投资，到挤出投资，到效率下降，到进一步的经济增长下行压力，形成这样一个循环，这是我担心我们要落入的一个陷阱。

## 三、只有促进竞争的产业政策才对企业效率有正面作用

对于如何走出“新二元陷阱”，大家都提出了很多好的方案，例如，能不能减少一些财政刺激性的投资，用腾出来的资源帮企业减轻负担。财政政策仍然是积极的财政政策，但是积极的财政政策不是体现于政府过多的投资，而是政府用资源来降低企业的负担。如果政府不去做这些投资了，我们能不能转向投资别的，例如，加强产业政策，加强对企业的扶持。产业政策面临的问题众说纷纭，重要的是用数据说话。我想给大家介绍两个成功的要素，一个哈佛大学的教授，他和几个学者一起用中国工业企业的数据来分析产业政策对于企业效率产生的影响。他们因为受到数据的限制，只看四个方面的产业政策，包括税收优惠、政府直接补贴、政府补贴投资和关税保护，对于企业的效率产生什么样的影响。他们发现，只有当这些产业政策是促进竞争的时候，才对企业效率有正面作用，怎么来衡量产业政策是不是促进

竞争，就是看其是否普惠于行业中所有企业。普惠的程度越高越能促进竞争，对效率提高的正面作用越大。我们做了进一步的研究，工业企业的数据告诉我们，产业政策对效率没有产生正面的影响。

给定刚才可能出现的恶性循环，要好好思考一下应采取什么样的财政政策。用刺激性的投资拉动需求的政策会带来越来越多的问题，我们需要给企业减负，需要重新思考产业政策怎么设计，需要重新思考政府各项支出怎么能够更好地来帮助企业具有更强的竞争力。

作者简介：白重恩，清华大学经管学院弗里曼经济学讲席教授、常务副院长，清华大学中国财政税收研究所所长。美国加州大学圣地亚哥分校数学博士、哈佛大学经济学博士。研究领域为制度经济学、经济增长和发展、公共经济学以及中国经济。目前担任全国政协委员、中国人民银行货币政策委员会成员、“十三五”国家发展规划专家委员会专家委员、中国经济50人论坛成员、中国金融40人论坛成员以及国际经济学会执行委员会成员。

# 我国经济发展与财政政策取向

◇ 祝宝良

按照适应经济发展新常态的经济政策框架引导经济持续健康发展。

党的十八大以来，以习近平同志为核心的党中央，及时作出经济发展进入新常态的重大判断，形成以新发展理念为指导、以推进供给侧结构性改革为主线的政策框架，我国经济社会发展稳中有进。但经济运行过程中也出现了实体经济结构性供需失衡、房地产出现投机和泡沫现象、金融风险积累和民间企业增长动力不足等问题，必须坚持用新常态的大逻辑研判经济形势，不断适应、把握、引领经济发展新常态，坚定不移推进经济结构战略性调整，保持国民经济持续健康发展。

## 一、我国经济社会发展稳中有进

十八大以来，我们不断适应把握引领经济发展新常态，以新发展理念为指导、以推进供给侧结构性改革为主线，以稳中求进为工作总基调，我国经济社会发展取得辉煌成就。

一是经济始终运行在合理区间。经济保持中高速增长。2013～2016年，国内生产总值年均增长7.2%，高于同期世界2.5%和发展中国家4%的平均增长水平。就业形势稳定，城镇新增就业连续四年保持在1300万人以上，31个大城市城镇调查失业率基本稳定在5%左右，农民工总量年均增长1.8%。价格涨势温和，2013～2016年居民消费价格年均上涨2.0%。在经济增长7.2%的情况下，保持2%左右的通胀率和5%左右的失业率，是世界各国梦寐以求的宏观调控目标，符合经济发展的内在要求。

二是结构调整稳中有进。服务业持续较快发展，对经济社会发展的支撑带动作用与日俱增。2013～2016年，服务业增加值年均增长8.0%，自2013年首次超过第二产业后成为国民经济第一大产业。装备制造业和高技术产业增长明显快于传统产业，2016年，装备制造业和高技术产业现价增加值占规模以上工业增加值的比重分别达到32.9%和12.4%，比2012年提高4.7%和3%。城镇化水平不断提高，2016年末，常住人口城镇化率为57.4%，比2012年末提高4.8%。节能减排成效显著，2016年单位国内生产总值能耗比2012年下降17.9%。

三是创新驱动发展战略深入实施。持续推进大众创业、万众创新，全社会的创新活力和创造潜能得到激发，新的经济增长点不断涌现，新旧动能有序转换。科技创新不断取得重大突破，一批具有标志性意义的重大科技成果涌现，载人航天、探月工程、量子通信、射电望远镜、载人深潜、超级计算机等实现重大突破。2016年，我国创新指数名列全球第25位，比2012年提高9位，在中等收入国家中排名首位。大众创业万众创新蔚然成风，2014～2016年，全国新登记市场主体超过4400万户，其中新登记企业1362万户，年均增长30%。新产业、新业态、新模式层出不穷，网络购物快速增长，平台经济、分享经济、协同经济等新模式广泛渗透，线上线下融合、跨境电商、智能交流等新业态方兴未艾。

四是一些重点领域和关键环节改革取得突破。供给侧结构性改革迈出实质性步伐。以“三去一降一补”为重点任务的供给侧结构性改革初见成效。推动简政放权、放管结合、优化服务，市场在资源配置中的决定性作用和政府有效作用得到更好发挥。财税金融体制改革稳步推进，营改增等税制改革基本完成，全面放开贷款利率管制，取消存款利率浮动上限。国企改革不断深化，公司制股份制改革步伐加快，大多数央企建立了规范的董事会制度，央企子企业公司制改制面超过90%。投融资体制改革全面展开，政府和社会资本合作项目落地加快。

五是民生事业持续改善。居民收入保持较快增长，全国居民人均可支配收入年均实际增长7.4%，农村居民收入增速已连续7年高于城镇居民，城乡居民收入差距持续缩小。精准扶贫成效卓著，按照每人每年2300元（2010年不变价）的农村贫困标准计算，2016年农村贫困人口4335万人，比2012年减少5564万人。

## 二、我国经济仍存在一些突出矛盾和问题

我国经济运行和经济发展暴露了不少突出矛盾。除了传统人口红利逐渐减少、资源环境约束强化、科技创新能力不足、部分领域体制机制改革滞后等老问题外，又遇到了许多新情况新问题。

一是实体经济结构性供需失衡。我国的供给体系产能虽然十分强大，但是大多数还只能满足中低端、低质量、低价格的需求，与投资和出口主导的需求结构相适应。现在，一方面，支撑中国经济高速增长的外需环境发生巨大变化，2008年国际金融危机以来，世界经济呈现出总量需求增长相对缓慢、经济结构深度调整的特征，使得我国的外部需求出现常态性收缩。另一方面，我国进入中等偏上国家后，中

等收入群体扩大，人口结构中老年人口比例上升，消费结构加快升级，但供给体系没能同步跟进，结果是传统行业产能过剩，高技术产业和教育、文化、健康养老、旅游、科技服务等行业发展不足，难以满足公众日益升级的多层次、高品质、多样化的消费需求。

二是金融体系自我循环风险不断积累。近年来，我国货币超经济增长发行，宏观杠杆率不断上升，投资回报率不断下降，超发货币资金没有进入实体经济，而是在金融系统自我循环，大量游资寻求快速致富，再加上金融监管滞后，先后出现了股市异常波动、债市暴跌、汇率贬值、资金外逃等金融动荡的问题。金融市场乱象丛生，银行资产质量持续下降，商业银行不良贷款率和关注类贷款的不良率持续上升。企业债违约事件不断增多，违约主体开始向国企和央企蔓延。地方政府盲目举债的冲动有所抬头，政府投资基金、PPP 等明股实债，形成隐性地方政府债务。互联网金融等领域非法集资风险暴露，违约跑路事件频发。一旦金融出现一些问题，我们往往通过行政手段停止交易或实行刚性兑付，导致金融市场难以出清，市场配置资金的效率低下。

三是房地产出现投机和泡沫现象。房子是用来住的，而不是用来炒的。如果房子是用来住的，那么房地产就属于实体经济，同时也是支柱产业。如果用杠杆的手段进行房地产投机，那么房地产产业就被虚拟化了。在实体经济盈利下降和货币超发的情况下，由于缺乏投资机会和投资渠道，加上土地、财税、金融、公共服务等政策不配套，城镇化有关政策不到位，致使大量资金涌入房地产市场，投机需求旺盛，带动部分大城市房地产价格大幅度飙升。房地产投资收益进一步诱发资金脱实向虚，导致我国经济增长对房地产的依赖不断提高，并推高实体经济的生产经营成本。

四民间企业投资活力不足。目前，我国民间投资增速仍然低于全国固定资产投资增速。民间投资滑落是民间资本应对经济转型、市场需求偏弱、产能未出清的理性反映，但也反映出更深层次问题：一是企业税费、能源原材料、房租、物流费等成本依然较高，增加了制造业生产成本。二是加强金融去杠杆过程中流动性不时出现紧张状况，企业融资难、融资贵问题再次凸显。三是产权保护、法制建设等制度方面的问题仍然存在，民间企业投资信心不高。

## 三、按照适应经济发展新常态的经济政策框架引导经济持续健康发展

第一，必须坚持用新常态的大逻辑研判经济形势。经过 30 多年的发展，我国物质技术基础日益增强，产业体系完整，基础设施比较完备，国民储蓄率仍然较高，人力资本和科技创新对经济增长的贡献逐步提高；消费结构升级、城镇化不断推进和城市群崛起、“一带一路”倡议等孕育巨大需求，我国经济长期向好的基本面没有改变。但国际金融危机发生以来，世界经济出现了缓慢增长的特征，我国的人口结构、资源环境、生产条件、需求结构等都发生了重大变化，我国经济进入了增长速度换挡期和结构调整阵痛期，必须从规模速度型粗放增长转向质量效率型集约增长，必须由要素驱动投资驱动转向创新驱动，不能经济一减速就采取需求扩张措施，不搞量化宽松的货币政策和大水漫灌式地强刺激做法。

第二，必须以供给侧结构性改革为主线。供给侧结构性改革的最终目的是满足人民群众的物质文化需求。主攻的方向是减少无效供给，扩大有效供给，着力提高供给体系对需求的适应性。根本途径就是深化改革，包括行政管理、国有企业、财税、金融、价格、土地、社会保障等领域的改革，完善市场在资源配置中起决定性作用的体制机制，增强企业内生动力，提高全要素生产率和潜在经济增长水平。当前，

要抓好“去产能、去库存、去杠杆、降成本、补短板”的五大任务，实行严格的环保、能耗、安全、技术、质量标准，化解过剩产能，推进企业兼并重组、债务和解、破产重整乃至破产清算，着力降低制度性交易成本等。

第三，实施积极的财政政策。提高经济增长内生动力，最重要举措之一是加快财税体制改革和加大减税力度。加快以财税为基础的国家治理体系的改革，应适当降低增值税税率和企业所得税率，切实减轻企业特别是中小微企业税费负担，提振企业信心。相应扩大个人所得税和财产税的税收比例，尽快推进个人所得税改革和房地产税，缓解收入分配和财富差距。进一步实施好积极财政政策。财政要支持去产能、去杠杆、补短板，支持振兴实体经济。优先保障民生投入，保障困难群众基本生活，落实精准扶贫、精准脱贫要求，建立健全稳定脱贫长效机制。鼓励民间资本参与政府和社会资本合作（PPP）项目。中央基建投资支出等专项转移支付要尽早细化，切实提高资金使用效率。进一步防范和化解政府债务风险。严格按照预算法、担保法等有关法律规定，规范地方政府性债务管理，不允许以任何形式或者变通办法突破人大批准的债务限额。定期向社会公布地方政府债务限额、余额，强化市场刚性约束。加快推进融资平台公司市场化转型，剥离政府融资职能。摸清各级政府设立的投资基金以及管理的实际情况，研究进一步严格规范基金设立、使用和管理等问题。

第四，把防控金融风险放在重要位置，坚决守住金融风险的底线。要重点对金融机构的表外业务和同业业务实施“穿透式”监管，在将表外业务纳入宏观审慎评估（MPA）的基础上进一步打破对资管业务、代客理财等业务的刚性兑付。在金融机构集团化、金融业务混业化的趋势愈加明显的情况下，许多金融产品经过层层包装和通道转移进行监管规避和套利，单一机构的监管难免存在疏漏，必须加强“一行三会”的信息共享，开展联合监管，消除监管真空。

作者简介：祝宝良，国家信息中心经济预测部主任、研究员，国务院特殊津贴专家。1994～1995 年，在日本国际东亚经济研究中心做访问研究员。2000～2003 年，任中国驻欧盟使团经济组组长、一等秘书。

# 全面推开“营改增”实现三大效应

◇ 李万甫

“营改增”试点自 2016 年 5 月 1 日起全面推开后，在课税机制的转换、减税的政策诉求以及助力供给侧结构性改革三大方面，均初步实现了改革目标，产生了巨大的改革红利。

“营改增”试点自 2016 年 5 月 1 日起全面推开后，在课税机制的转换、减税的政策诉求以及助力供给侧结构性改革三大方面，均初步实现了改革目标，产生了巨大的改革红利。

## 一、税制结构转换已经完成

### （一）建立了符合国际规范的现代增值税制度

2012 年 1 月 1 日，酝酿已久的“营改增”试点正式实施，从“3 + 7”行业到 2016 年 5 月 1 日开始的四大行业，全面“营改增”试点实现了对货物和服务的全覆盖，并在棘手的房地产和金融领域全面铺开。特别是金融业“营改增”，标志着我国从制度上突破世界增值税禁区，解决了国际上对金融业征收增值税的难题。得到了国际社会的广泛关注和积极评价。在全国建立了统一规范的增值税管理和运行体系，我国当前基本上完成了现代“消费型增值税”制度的构建。增值税在覆盖范围和运行机制上将更好地与国际惯例接轨。

**（二）抵扣机制贯穿所有行业**

抵扣机制是增值税的灵魂。2016 年 5 月 1 日，全面“营改增”的施行，将应税服务和新增不动产纳入抵扣范围，使得增值税的抵扣链条在三次产业间得以打通，并将抵扣机制贯穿全行业，营业税重复征税的弊端也从制度上得以消除。制造业企业外购服务的进项可以抵扣，激发了制造业购买服务的热情，实现了制造业和服务业的融合发展、互促提高，有力推动了现代服务业与制造业等实体经济的对接，使增值税的中性作用充分发挥，为培育经济发展新动能提供了税制保障。

**（三）营业税改增值税税制转换平稳有序**

在全面“营改增”试点过程中，增值税发票管理、纳税申报和纳税服务等工作进展平稳有序。试点之初，四大行业企业均进行了财务系统改造和内部相关流程梳理，以适应增值税“以票管税”运行机制。为了顺利推进全面“营改增”试点工作，各地税务部门还围绕“开好票”“报好税”“分析好”“改进好”和“总结好”五个阶段的工作，有针对性地制定了一系列征管服务措施。目前，四大行业营业税改增值税平稳有序，没有出现税制转换带来的一系列问题。

**（四）营改增助推财税体制重构**

全面“营改增”动摇了以税种划分收入的分税制财政体制。目前，地方税已无主体税种，增值税一税独大。因此，增值税对营业税的全面替代，现行中央与地方的分税格局难以为继，必将引发新的财税体制调整。与全面实施“营改增”同步推出的中央、地方收入划分过渡方案，将增值税作为共享税按 75∶25 分成，调整为按 50∶50 分成，并将中央从地方上划收入通过税收返还方式给地方，以确保地方既有财力不变。这种具有过渡性的财税体制改革的制度性安排，不仅解决了“营改增”试点下增值税的分成比例问题，也使困扰地方政府的财力保障问题终于有了暂时性的解决方案，为确保“营改增”的顺利推行奠定了制度基础。

## 二、“只减不增”的税改目标得以实现

### （一）精准研判“只减不增”

基于“营改增”试点改革的内容，应辩证地拓展和审视“只减不增”的思维空间。2016 年 5 月 1 日开始的“营改增”试点改革，将最后四大行业纳入试点范围，以及新增不动产所含增值税可以抵扣。这两部分改革的内容既包括“扩围”的特征，也包含“转型”的属性，二者共同构筑了“确保所有行业税负只减不增”的政策底线。然而，在实践中如果过分关注“扩围”改革所带来的行业税负变化，而忽略了增值税“转型”改革所具有的全面减税价值追求，必然导致在“营改增”效应评价的考量上出现部分偏颇。从某种意义上讲，任何改革都不足以保证每个企业均能够实现减税，况且减税机制不是直接性地减除，而是通过税制转换所带来的。为此，全面“营改增”试点改革所释放出来的“减税红利”，并非我们传统意义上所说的税收直接减免，而是通过税种的替代以及课税机制的转换等重大改革举措来逐步实现。全面“营改增”试点，既实现了营业税和增值税课税机制的有效转换，又达到了“只减不增”的政策目标，几乎所有行业均受惠于“营改增”试点改革，这就是本次试点改革的最大亮点和价值所在。

### （二）全面“营改增”阶段性减税效果显著

为了达到“税负只减不增”的改革目标，试点方案从顶层设计上，既承袭了原营业税税制要素中较好的优惠政策和措施，又制定出切实可行的过渡措施，税负存量格局没有被打破，基本上维持了税负在各个环节既有的分配格局。所有行业特别是“营改增”试点行业的税负，均不会因试点改革的施行而有所增加，并可以享受改革所带来净减税负的红

利。2016 年 5 月 1 日至 2017 年 4 月 30 日，全面“营改增”试点一周年，共减税 6993 亿元。其中，金融业、建筑业、房地产业、生活服务业四大行业减税 2419 亿元，前期“3 + 7”行业减税 2162 亿元，原增值税行业减税 2412 亿元。随着时间的推移，“营改增”减税效应会越来越大。

**（三）个别企业税负上升应正确对待**

全面“营改增”之后，税负总体下降，所有行业“税负只减不增”，但并不意味着每个企业都必然减税，这样既不现实，也不科学。其实改革本身就是利益的调整，就有可能存在个体利益受损的情况。对于个别企业出现的税负上升问题，尽管范围不大，税负上升增幅不高，但也要认真进行分析和研究。从前期试点的经验来看，个别企业在“营改增”试点初期，往往是难以适应税制转换所带来的诸多变化，加之对增值税抵扣政策的了解和把握不够到位，以及多档税率差所带来的征抵不一致等原因，引起企业税负的短期上升，应属于正常现象。具体解决的办法是简并税率、明确政策边界，以及税务部门加大“营改增”政策辅导力度，引导企业更好地适应新税制，充分享受试点改革所带来的减税红利。

## 三、助力供给侧结构性改革基本到位

**（一）全面推开“营改增”有利于促进经济结构进一步优化**

“营改增”通过优化税制结构进一步促进产业结构转型升级，加快形成以科技创新引领的新经济增长极。同时，“营改增”本身也属于结构性调整政策，有利于破解由于营业税与增值税并存所带来的经济结构失衡问题，有效解决营业税重复征收以及增值税抵扣机制不完整导致的税负偏重问题。

**（二）全面推开“营改增”有利于降成本、强结构、强动能**

“营改增”所释放的减税红利，契合了供给侧结构性改革的紧迫要求，为供给者提供了较大的发展空间，也为刺激消费、促进消费升级产生积极影响。全面“营改增”试点一周年，共减税约7000亿元，有效降低企业成本，激发市场活力，增加有效供给。“营改增”消除了服务业发展的税收制度障碍，为服务业的发展创造了更好的环境，对于形成以服务经济为主体的产业结构起到了重要作用。虽然“营改增”会减少财政收入，但是在给企业减负之后，市场活力进一步激发，将给未来经济培育新的动能，带来新的增长点。

**（三）全面实施“营改增”有利于营造公平竞争的市场环境**

由于增值税具有“中性”特征，相对于营业税而言，对市场主体的行为扭曲较低、效率损失小，对价格信号的扭曲效应不甚明显；同时，增值税具有“税价分离”的形式特征，从而可使价格真正反映市场供求状况，引导资源配置方向。“营改增”的推行，将改变在生产流通领域不同行业面临着两套税制而带来的税负不公平状况，促进市场主体规范化管理，推动形成公平竞争的市场环境。

目前，全面“营改增”试点整体进展顺利，试点成效明显，但是增值税改革仍然任重道远。增值税的多档税率问题，有碍公平竞争，不利于其中性作用的发挥。过多的营业税优惠政策平移问题，一定程度上截断了增值税的抵扣链条，影响了税制的完整性和公平性。今后，应进一步简并税率，逐步清理增值税优惠政策，妥善处理好改革与立法的关系，等条件成熟即进行增值税立法。

作者简介：李万甫，国家税务总局税收科学研究所所长，教授，享受国务院政府特殊津贴（1999年）。中国法学会理事，中国财政学会常务理事，北京大学法治发展研究院特聘高级研究员，北京大学、北京国家会计学院兼职教授和专硕导师。主要研究领域为财税经济与税收法治。

# 从整体观和风险观认识降成本

◇ 刘尚希

高成本的根本原因是制度变迁滞后，降成本的关键是要降广义的制度性成本。

“三去一降一补”是供给侧结构性改革的重要内容，其中的“一降”是指降成本。需要政府推动降成本，自然是当前成本太高了。从去年到今年，国务院及地方都出台了降成本的政策措施。那怎么理解成本太高？为什么成本会高？这些问题搞不清楚，可能无法真正实现降成本。从去年到今年本人一直在调研成本问题，在调研中思考，在思考中调研，从现有的理论中没找出一个可以解释上述问题的答案，尝试着从理论与实际的结合上做出新的解释。

## 一、降成本是整体性问题

过去我国的发展是低成本、低附加值，现在变成高成本，但依然是低附加值。一些地方当年的经济增加值已经低于当年的总投资，经济发展的成本越来越高。为什么从低成本变成了高成本？很显然，这个高成本不能说是税收导致的，因为这些年来都在不断减税，我国并没有整体地进行制度性加税，这只能从其他方面来解释。直观地从会计成本的角度来看，成本高就是原材料成本高、能源成本高，还有销售费用、管理成本、财务费用高，这些都构成企业的成本。严格来说，在会计核算上的成本和费用还有区别，我们不那么严格区分。

单从一个企业的角度来看，降成本是很难的，因为企业之间的成本，以及企业的各项成本之间都是相互关联的，这是一个整体性的问题。当然，企业内部成本控制则是另外一回事。其实成本问题，还是一个分配问题。例如，人工成本对企业来说是成本，对劳动者来说就是收入；原材料成本对下游企业来说是成本，对上游企业来说又是收入；融资的成本，对实体经济企业来说是财务费用，无疑地属于成本，而对金融企业来说是收入。

所以，从整体来看，降成本同时也是利益分配关系的调整。这边降了，那边就少了。例如，降了工资，人工成本虽然下降了，但是劳动者的收入也会减少，这就涉及分配的比例关系。如果仅仅是从财务会计的角度去看待降成本，就很可能形成一个跷跷板，按下葫芦浮起瓢。因此，降成本要整体考虑，统筹施策，很难针对局部去降成本。

## 二、高成本形成的直观原因

从我国发展阶段以及经济社会发展这个整体来看，以下六个方面导致成本趋势性上升。

### （一）产能过剩、杠杆率高、库存多

“三去一降一补”的“三去”都是和成本关联在一起的。产能严重过剩意味着有大量的无效成本，无效成本不能带来增值；杠杆率很高意味着财务费用很重，成本就上去了；库存多显然导致资金周转慢，成本也上去了，这些都会带来高成本。从经济学的角度来说，由这些问题导致的成本是经济成本，是资源错配的成本。僵尸企业就是典型的资源错配现象，大量宝贵的社会资源消耗在这些企业里，产能不能

有效发挥出来；杠杆率高实际是资金的配置出了问题。从经济成本的角度来说，这还带来很高的机会成本。社会资源是有限的，不能用在合适的用途上，实际上就是资源错配，经济运行成本就会很高。

当前企业成本高，与资源错配密切关联，与市场扭曲有深刻联系。

**（二）研发投入不足**

研发的短缺会导致成本的增值效率低。试想一下，企业如果没有新技术、新产品、新工艺、新模式，长期一贯制，一方面，生产过程消耗就会很高，单位产品的原材料消耗、能源消耗、管理费用等等，都会居高不下；另一方面，成本的增值率，或者说转化率低，带来的附加值低。这样的成本是低效成本，甚至可以说是无效成本。这同时产生两个结果：企业成本高、产品附加值低。因此，企业技术进步缓慢导致的这种高成本、低利润，是研发不足的结果，是长期跟随、模仿形成路径依赖而产生的结果。

靠跟随、模仿而生存、发展的时代已经从整体上结束了。没有研发，没有创新，企业成本就会越来越高，利润越来越薄，直至被淘汰而退出市场。从现实来看，越是重视研发的企业，日子越是好过；相反，陷入困境的企业，都是不重视研发的企业。这也证实了研发与企业成本的相关性。

**（三）人口老龄化**

人口老龄化也会带来高成本。我国在不到20年的时间之内就进入了老龄化社会，而发达国家进入老龄化社会，一般用长达几十年至一百多年的时间。我们在还没有富起来的时候就进入老龄化社会了，而这些养老的成本是由全社会来负担的，最终是由企业来承担的。不仅如此，老龄化的另一面是适龄劳动力减少，劳动力市场发生逆转，从买方市场变为卖方市场，企业雇工不愁的时代结束了，人工慌时常发生，工价越来越贵。当这种现象变为一种普遍现象时，不只是企业雇工成本上升，而且还会衍生扩大，使各项企业成本同时上升。如人工贵导致物流成本上升、原材料成本上升、销售费用上升，等等。缺少劳动力，一切都会变得更贵。

从社会加持到企业身上的成本与从市场加持到企业身上的成本，两者叠加在一起，致使企业的人工成本快速上升，并连带引发各项成本上升。

**（四）资源匮乏**

我国已经成为世界第二大经济体，生产、生活所需的资源不断增扩，我国自有资源已远远满足不了发展的需要。相对于我国的生产规模和生活水平，我国已经成为一个资源匮乏的国家。当资源供应越来越依赖于国际市场时，这不能不导致资源成本上升。

例如，我国石油、铁矿石对外依存度超过60%，国内的资源不够，要到国际市场上去购买，这不仅决定于国际市场供求状况，还取决于国际政治格局以及国与国之间的关系。其中既有市场风险，也有国际政治风险，充满了各种不确定性。国内资源不足，国际资源争夺加剧，全球风险水平上升，整体导致资源使用成本提高。而地球上的资源许多是不可再生的，尽管技术进步为资源节约、资源替代提供了可能性，但我国生产、生活对资源的需求是快速扩增的，从长期趋势看，资源成本是上升的。国际大宗商品价格的波动，也不会改变这个趋势。

**（五）环境污染**

环境污染带来的是环境成本。环境成本一部分是由社会来承担的，付出的是大众健康代价和政府治理代价，一部分是由企业来承担的，转变为企业的成本。随着环保要求越来越高，企业用于环保方面的支出会不断地扩增，企业承担的环境成本也就越来越多，以达到生产不污染，或者尽可能少污染环境，降低社会成本。这就是环境成本内部化的过程。

环境成本内部化，体现在多个方面，如缴纳环保税、环境保护的研发投入、环保设备购置、更换工艺流程等。在其他条件不变时，这方面的成本开支多了，企业利润就减少了。有的企业因此而陷入亏损，最终退出市场；有的企业会被迫转型升级，转向清洁生产，得以生存发展。我国生态环境污染日积月累，已经形成很高的污染存量，对现有企业来说，意味着再也不能通过外部化的方式来转嫁环境成本。环境污染的存量现在不得不靠政府大量投入来治理，而环境污染的增量治理势必将由企业来承担。企业承担的环境责任越来越大，其承受的环境成本也将越来越高。

**（六）社会诚信缺失**

社会诚信缺失，整个经济社会运行成本就会全面提高。例如，契约意识淡薄，签了合同不履行，导致企业之间的相互拖欠增加、法律诉讼增多。经济运行是一个大系统，企业与企业之间通过投入产出链、供应链、价值链紧密地拴在一起，相互依存。其中一个企业不守契约，会影响一串企业。若企业普遍不讲诚信，则企业之间的关系将会面临不确定性程度的整体上升，风险扩大，交易成本会大大增加，由此导致企业高成本。融资成本高，就与诚信不足直接相关，这导致过度的增信措施，如抵押、担保、认证和公证，这些都不是免费的，最终都会添加到融资成本的账单上。

劳资关系同样如此，无论是资方、还是劳方，一旦双方之间契约关系因社会诚信而受到不良影响，不只是给企业带来成本，也会给收入分配、居民收入增长以及消费需求引致不确定性影响的衍生扩展。政府的诚信水平对经济社会运行的不确定性影响，具有类似于基础货币那样的乘数效应。若政府诚信水平下降，会增大公共风险，导致生产、生活成本全面提升。

市场经济就是信用经济。诚信缺失，信用不足，风险上升，最终都会转化为企业成本。

## 三、高成本的根本原因是制度变迁滞后，降成本的关键是要降广义的制度性成本

资源错配的成本、养老的成本、资源的成本、环境的成本以及诚

信缺失带来的成本等，之所以会越来越高，根本原因是制度变迁滞后。这里所说的制度变迁滞后是相对于风险而言的，制度变迁跟不上风险的衍生、扩大，而风险会转化为生产、生活的成本。前面所说的六个方面的成本，其实都是风险凝结沉淀的结果。今天的结果，是因为我们昨天没看到风险，制度没有跟进，风险没有及时地化解，甚至风险还在衍生扩大。风险水平的整体上升，全社会的整体成本就会上升，微观主体的成本也就会水涨船高。

事实上，现在人类社会已经进入“风险社会”，全球经济及我国的经济也进入“风险经济”状态，这也是经济新常态的一个基本特征。但我们的制度变迁无疑是慢于风险产生的速度，这时整个经济社会的不确定性就会放大，行为方式也会转变，这就会导致成本快速上升。

从定价的角度来看，我们过去说的定价就是按照历史成本来定价，或者说是以历史成本为基础的。而现在的定价机制已经改变，是按照风险来定价的，或者说是以未来风险为基础的。企业的成本也不是过去的历史成本，而是转化为风险成本。何以见得呢？学会计的人都知道，会计准则里面有八项减值准备，如坏账减值准备、固定资产减值准备、存货减值准备等。也就是说，账面价值预期贬值，导致和实际价值不符的时候，就要计提减值准备计入成本。这个成本很显然不是过去的历史成本，而是按照风险来确定的成本。在这种情况下，传统意义上的那种定价方式已经悄然改变了，我们要重新认识市场的定价机制。

按照历史成本定价与按照未来风险定价，是两种完全不同的定价机制。一旦按照风险来定价，就不是以前那种所谓的供求规律——供大于求就会降价，供小于求就会涨价，而是供求双方的风险判断，风险上升，就会是涨价，风险下降，则会是降价。例如煤炭、钢材的产能是过剩的，政府正在推动去产能，结果去年下半年出现了煤炭、钢材价格大幅度上涨，这用流行的经济学原理是无法解释的。是去产能，减少了产量，导致价格上涨，还是需求突然大增所致？这恐怕都难以自圆其说。这其中更具有决定性的因素是供求双方对风险的判断。对风险的预期比实物交易行情更能决定价格的走势。风险预期改变了行为，行为改变了供求关系，从而改变了价格。从期货与现货价格的关联中不难发现这一点。再如，现阶段的资金是相对过剩的，但是当银行给企业贷款的时候，首先要评估企业的风险状况，中小企业风险大，利率就要高，大企业风险低，利率就低。除此之外还有抵押，抵押要评估，担保还要有再担保，这就产生了交易费用，所以整个实体经济的融资成本就很高。

当定价机制不是按照历史成本，而是按照未来风险来定价的时候，风险水平全面上升，就意味着所有的生产要素都会变贵。在这种情况下，包括实体经济在内的成本就都会提高。

上述是从经济的角度来观察的。从社会的角度来看，风险社会意味着有很多的风险要内部化，例如，老龄化的风险要企业承担，就是社保缴费，导致企业的成本上升。还有环境污染的风险要内部化，也会导致企业的成本上升，不能让企业去污染，而让政府来治理。社会领域的风险都在内部化，内部化就意味着转化为企业的成本，这些都会导致成本上升。社会诚信水平下降，信用风险普遍增高，所有企业的成本都会由此而增加。

对于经济、社会各种各样风险的扩大，也就是不确定性的增加，会使整个经济的运行成本上升，会使整个实体企业的成本上升，由此进入了一个高成本的时代。

高成本的时代实际上和高风险的时代是一致的。从这个意义上讲，现在的成本不是会计学意义上的成本，而是风险的转化。在这种情况下，如果不能降低整个社会的公共风险水平，那么，高成本是无法降下来的。

而要降低整个社会的公共风险水平，那就要加快改革，加快制度的创新，推进制度变迁，使制度和风险之间形成一种良好的匹配，充分发挥制度及时地防范化解风险的功能，避免风险累积和集聚。当经济社会的不确定性程度总体下降的时候，即公共风险呈收敛状态时，那么经济社会整体的成本水平才能够下降。从这个角度来分析，我们当前面临的高成本，其实归结起来可称之为广义的制度性成本。

从分析得出的结论来看，我们现在降成本的着力点，应该是怎样降低广义的制度性成本，这与“制度性交易成本”概念是有所区别的。成本的普遍上升，都是制度变迁滞后所造成的，所以都是广义的制度性成本。只有加快改革，降低制度性成本，才可能实现我国经济的转型升级。

作者简介：刘尚希，中国财政科学研究院党委书记兼院长，经济学博士，研究员、博士生导师。第十三届全国政协委员，国务院政府特殊津贴专家、国家“百千万人才工程”国家级专家，国家文化名家暨“四个一批”人才、国家“万人计划”领军人才，高校哲学社会科学（马工程）专家委员会委员。曾多次受邀参加中央领导同志主持的包括国务院、全国人大、全国政协的座谈会、研讨会和专题学习会等。

『谈 财 论 治』

# 预算管理

# 推进预算绩效管理工作的成效和面临的挑战

◇ 王克冰

预算绩效管理改革是一项长期性、系统性工程，也是今后一个阶段我国预算管理改革的方向，经过近10年的探索，目前已经进入“攻坚克难”阶段，财政部将继续做好预算绩效管理工作的顶层设计，主动加压，率先垂范，以上带下，为全面提升我国预算绩效管理水平做出新贡献！

现代预算制度强调预算不再是简单的政府年度收支计划，而是政府施政最重要的工具，体现政府的战略意图和政策重心。实施预算绩效管理既是保障政府落实施政目标的利器，也是提升国家治理能力和治理水平的最有效手段之一。新修订的《预算法》对预算绩效管理工作做出了具体规定，明确了“讲求绩效”的基本原则。党的十八届三中全会提出“透明预算、提高效率，建立现代财政制度”；中共中央政治局审议通过的《深化财税体制改革总体方案》明确提出“推进科学理财和预算绩效管理”；《国务院关于深化预算管理制度改革的决定》

进一步要求“健全预算绩效管理机制”。这些出自中央层面的政策，都进一步明确了预算绩效管理的大方向和重点任务。

面对我国经济发展已经进入新常态，如何全面深化预算绩效管理改革，使绩效管理在财政工作中发挥出更积极的作用，更好地服务经济社会发展、服务供给侧结构性改革，是新时期需要我们回答好的重要课题。在此，我从已经完成的工作、面临的问题以及下一步的打算等几个方面谈点想法，供大家讨论。

## 一、近两年财政部推进预算绩效管理工作的主要情况

2016 年以来，财政部在推进预算绩效管理方面做了大量工作，主要是大力推动各项预算绩效制度规定和改革措施扎实落地，进一步完善全过程预算绩效管理机制，取得了一系列突破性进展，社会反响良好。

### （一）做实绩效目标，实现绩效目标管理全覆盖

绩效目标是建设项目库、编制部门预算、实施绩效监控、开展绩效评价等的重要基础和依据。2016 年财政部组织专家对中央部门 2024 个一级项目和 93 项中央对地方专项转移支付绩效目标逐一进行审核并修改完善。同时，将中央部门一级项目的绩效目标及具体指标随同资金一并批复，实现“花钱和办事”的有机结合，强化了中央部门的责任和效率意识。2017 年，进一步规范绩效目标设置，将绩效目标覆盖范围扩大到部分政府性基金和国有资本经营预算，基本实现了一级项目的绩效目标同步申报、同步审核、同步批复，初步建立了比较全面规范的绩效指标体系。

### （二）启动绩效监控试点，及时纠正执行中的偏差

绩效监控是全过程预算绩效管理的重要环节，起到承上启下的作用，是保障绩效目标实现的机制性安排。2016 年，我们选取水利部、

银监会、审计署、中组部等15个中央部门开展绩效目标执行监控试点。试点部门对照年初绩效目标，跟踪查找项目执行中资金使用和业务管理的薄弱环节，及时弥补管理中的“漏洞”，纠正绩效目标执行中的偏差。

**（三）抓好重点绩效评价，提升绩效评价质量**

绩效评价是预算绩效管理的核心手段，2016年我们坚持问题导向，选择党中央和国务院重视、社会关注度高、资金规模大、政策持续时间长的25项重点民生政策和重大专项支出，以财政部为主体，委托预算评审中心、财政监察专员办事处及第三方机构对其2015年预算执行情况开展重点绩效评价，涵盖教育、社保、农林水等重点民生领域，涉及资金3092亿元。上述绩效评价结果已经作为各部门完善政策、安排预算和改进管理的重要依据。

**（四）推动绩效自评，落实部门主体责任**

为强化部门的绩效责任，正向引导资金使用单位自觉提升管理水平，今年财政部要求中央部门在2016年预算执行完成后，对本部门及所属预算单位对照年初设定的项目绩效目标全面开展绩效自评。而且按照不低于本部门项目支出总金额50%的比例选取一部分一级项目绩效自评结果，随同中央部门决算上报，部分项目绩效自评结果随同决算公开。

**（五）做好绩效信息公开，主动接受社会监督**

现代预算不仅是政府提供公共服务的账本，更是规范政府收支行为的制度安排。预算公开是现代预算制度最基本的特征。推进预算绩效公开，既可以强化部门的主体责任，也有利于民众监督和检验政府的施政效果。这两年，我们在推动绩效信息公开方面实现了新的突破，公开力度明显加大。

一是在向全国人大常委会提交2015年中央决算报告时，首次将教育部师范生免费教育政策、中央财政草原生态保护补助奖励政策等 5 个项目和政策绩效评价报告作为参阅材料提交全国人大常委会，得到委员们的充分肯定。

二是积极组织和推动中央部门决算中的绩效评价结果公开。2016 年共有 69 个中央部门公开了绩效工作开展情况，24 个中央部门公开了项目绩效评价报告，受到舆论和社会公众广泛好评，人民日报、央视网、新华网、人民网、中国财经报、新浪网、搜狐网、凤凰网等 20 多家主流媒体进行专题报道和深入解读，各地方媒体也纷纷转载。

三是今年在向第十二届全国人大五次会议提交 2017 年中央部门预算时，首次将教育部、文化部、环保部等 10 个部门的高层次人才计划、大气水土壤污染防治、公共卫生专项、国家自然科学基金等 10 个重点项目绩效目标和指标随同项目文本报送，供人大代表审议，并向社会公开；首次将 66 项中央对地方专项转移支付整体绩效目标提交全国人大财经委。

## 二、面临的问题与挑战

总体来看，近年来，预算绩效管理工作虽然有了实质性的进展，但同时，我们也清醒地认识到，随着改革的不断深入，预算绩效管理已经由原来“普及理念”的推广阶段进入到“落地生根”的操作阶段，难度越来越大，问题与挑战不容忽视。

### （一）绩效与预算管理“两张皮”的难题需要进一步破解

一些部门对当前经济财政形势认识不足，没有做好过紧日子的准备，绩效管理观念薄弱，责任和效率意识不强，仍存在“重分配、轻管理”“重投入、轻产出”的思维，财政支出结构固化问题还比较突出，一些低效、无效支出依然存在，公共服务质量和水平有待进一步提高。

### （二）预算绩效管理工作推动参差不齐

目前，从纵向来看，中央和省级层面的工作推动较为有力，但大部分市县预算绩效管理工作动力不足；从横向来看，东部和大部分中部省份工作卓有成效，但个别中部省份和部分西部地区工作仍然较为薄弱，有的省区甚至没有启动绩效管理工作。

### （三）绩效管理的方式方法和技术手段亟待创新

绩效管理的专业性和技术性较强，如果不能攻克这些技术难关，就会滞碍改革进程，也会影响绩效管理的公信力。例如，如何提高绩效目标、指标和指标值设置的有效性、规范性、可行性？如何促进年度间预算绩效改进？如何强化预算绩效评价结果应用，使各部门和各单位真正将工作重点从“关注过程”转为“关注效果”，将绩效“软约束”变成“硬约束”？

### （四）绩效管理的多方协调机制还不健全

如在推动预算绩效管理改革工作中，政府、人大、财政、审计、监察部门以及各预算部门应如何分工明确、协调配合？如何规范第三方机构和专家队伍，充分发挥其在专业性和客观性方面的优势，使之成为预算绩效管理的有效补充和重要力量？

## 三、下一步推进预算绩效管理改革工作的考虑

从国际经验看，绩效预算管理改革都具有“危机推动”的特点。20 世纪八九十年代以来，英、美、德、澳大利亚、新西兰、北欧三国、韩国等都是在经济陷入低迷、巨额财政赤字、债务负担沉重和政府公信力下降的背景下，先后开始了绩效预算方面的探索，从而形成了世界性的政府绩效预算改革新潮流。

当前，我国经济发展新常态的特征更加明显，经济增速放缓，财政收支矛盾十分突出。李克强总理今年在《政府工作报告》中明确提

出，坚守节用裕民的正道，将每一笔钱“花在明处、用出实效”。全国人大、审计署对提高财政资金使用绩效也多次提出要求。这就迫切要求各地区、各部门认真落实《预算法》规定，以绩效管理为抓手，通过内部挖潜促进资源优化配置，把有限的财力用在刀刃上，最大限度地提高财政资金使用效益，从而交出更好的财政资金使用“成绩单”，提升公共服务质量和水平。下一步，财政部将在以下几方面继续推动预算绩效管理工作。(1) 统一思想、凝聚共识。中央部门和地方政府高度重视预算绩效管理工作，加强宣传和培训，使绩效理念“内化于心，外化于形”，形成“政府花钱、讲求绩效”的社会氛围。(2) 进一步健全预算绩效管理机制。创新预算绩效管理方式，加快构建“广覆盖、多层次、全过程”的绩效预算管理制度体系，努力将绩效管理范围覆盖各级预算单位和所有预算资金，从项目层面拓展到整体支出、政府支出层面，推动从预算编制、预算执行到决算及结果反馈的全过程绩效管理。(3) 做好预算绩效管理的基础工作。加快分类项目支出和部门整体支出绩效指标体系建设工作，夯实预算绩效管理的基础。进一步明确绩效管理流程，保障实施规范、简单易行。加大绩效信息公开力度，倒逼预算绩效管理水平提升。

预算绩效管理改革是一项长期性、系统性工程，也是今后一个阶段我国预算管理改革的方向，经过近10年的探索，目前已经进入“攻坚克难”阶段。财政部将继续做好预算绩效管理工作的顶层设计，主动自我加压，率先垂范，以上带下，为全面提升我国预算绩效管理水平做出新贡献！

作者简介：王克冰，财政部预算司副司长。

# 让绩效结果落地生根

## ——预算绩效管理在浙江的探索

◇ 刘 虹

有钱不能任性，花钱必须有效，且行且珍惜。

“预算绩效和绩效预算”，虽是简单的次序差异，但从预算绩效走向绩效预算是一个循序渐进的过程，需要在实践中不断探索。今天我就从我省绩效结果应用的具体实践，和大家作一交流汇报。

### 一、典型案例分析

绩效结果“有”，关键还要“用”，结而不用，束之高阁，那么绩效工作本身效益性就一般。“绩效结果怎么用”这篇文章如何破题，我们首先在点上作了突破，围绕“三个能否”（能否改进预算管理、能否完善政策制度、能否促进预算管理改革）来开展工作，最终实现让“会哭的孩子有奶吃”变为“会干的孩子多吃奶”。我们来看一个海洋经济与渔业新兴产业政策”的案例，这是一个绩效结果应用很好的例子。我们通过绩效评价，直接取消了该项专项。为什么说一个报告就直接改变了政策的“命运”？这主要是由财政支农政策评价机制“说了算”，我省的财政支农体制机制改革中明确建立3年为周期的政策评价机制，结果作为政策取消、调整、存续的重要依据。这项政策经评价，发现整体绩效较差，主要表现在：相关性一般，具体扶持内容多与其他政策类似、重叠或属职能部门日常工作范畴；有效性较差，“两低一高”，“低”表现在完成率低，三年实际完成率仅达60%；达标率低，项目达标率不到30%；“高”，资金结余高达50%以上。显而易见，该项政策整体实现效益就比较差，效率性低。为此，我们提出不再安排该专项政策的建议，得到了有效应用。所以说，绩效结果不是政策“锦上添花”的工具，也不是“蜻蜓点水”，而是“开门见山，一针见血”。当然，我们评价某项政策或项目的时候，并不仅仅停留在识别政策（项目）的成败得失，取消或减少某项专项政策（项目资金）的层面上，而是为了引导部门、社会树立绩效理念，将更多的财政资源流向有绩效的项目，让财政资金花得更“值”，这才是绩效工作的根本宗旨。

## 二、绩效评价结果应用的成果展示

从上面这个案例，我们知道，绩效结果是把“双刃剑”，谁舞得好，绩效高，财政资金就多给；谁绩效低，财政资金就少给或不给”，这些年我们在结果应用上，以点带面，尤其新预算法实施以来，评价结果作为政策取消、调整、存续的重要依据应用的案例越来越多，涉及范围也越来越广，取得了一定成效。2015年开展的5项支农专项政策绩效评价中，2项绩效差的直接取消、2项政策调整、1项政策改进。2016年开展的食品药品安全监管等评价结果作为部门政策或项目改进的重要参考。2017年，已从医疗运行补助等重大民生政策、政府购买服务、地方政府债券等重大财税改革政策中选取了16个项目开展重点绩效评价，目前正在实施中。

以上介绍的模式是我省绩效评价结果应用的方式之一，当然，结果应用不仅仅体现在预算资金安排和政策调整上，我们也多方探索各种结果应用的有效途径。

一是评价结果上升为政府决策。每年重点绩效评价结果都专报省政府，均得到省领导的肯定和批示。评价越科学，结果应用越有效，因此在评价中，我们注重发挥专业优势，与高等院校、研究机构合作，评价“淡化分数”，直面问题，为领导决策提供“锦囊妙计”。2013 年，委托浙江大学公共政策研究院开展的“公共文化专项资金政策”，2014 年的“水稻生产补贴政策”2 个项目，2015 年的城镇污水处理基础设施项目，2016 年实施的食品药品安全监管专项政策、交接断面水质自动监测等项目，获得了省领导的点赞，成为政府决策应用的典范。

二是将绩效结果纳入考核体系。绩效结果与考核挂钩，是应用最有效的方法之一。2015 年，我省建立了省级部门预算绩效管理考核机制，从预算编制、预算执行、预算绩效等方面对部门财政管理绩效进行综合评价，并将绩效结果纳入省政府对部门工作目标责任制的考核内容，绩效结果直接影响部门的考核等级，并且与部门经费挂钩。所以说，部门想成为政府的“三好生”，想得奖，绩效工作必须“优”，这种绩效考核导向，更加有利于引导部门绩效主体责任的发挥。

三是将绩效结果转为预算标准。项目预算支出范围广泛，不同领域的支出大不相同，我们在进行项目绩效评价时，探索将衡量项目绩效优劣的评价标准上升为预算标准。2014 年、2015 年，我们对物业管理支出、会展支出 2 个项目开展了项目绩效评价，为预算项目支出标准化编制提供了很好的依据，物业费标准据此也得到了改进。所以说，绩效结果要转化为预算标准，项目的评价指标体系设计上，应当注重将绩效目标转为可操作性的具体指标。

四是将绩效结果进行通报、公开。“公开是绩效结果应用的良剂”。随着预算信息公开不断深入，我省绩效信息公开也逐步推进。包括在政府范围内通报部门绩效自评、抽评情况；在全省各级财政系统通报专项政策问题。绩效通报、绩效反馈、绩效改进、环环相扣，营造“自上而下”的管理氛围，努力形成部门、财政“双赢”格局。推进绩效信息社会公开，向社会印发《公共支出政策绩效研究白皮书》，将“县图书馆”“农家书屋”“村村通”“送戏下乡”4个基层公共文化专项政策的绩效报告主动公开，社会反响较好。2017年，将逐步扩大绩效评价结果公开范围和力度。

## 三、全过程绩效结果应用探索与实践

我省绩效结果应用不仅体现在事后绩效评价上，也注重全过程绩效结果的应用。绩效目标、绩效监控上也在逐步扩大应用范围。2016年，全省纳入绩效目标管理的项目支出占财政支出比重的58%，比2014年提高了20%，平均每年10%。在推进专项资金改革上，一直就注重绩效目标管理。今年，我省在整合专项，设立162亿元“振兴实体经济”“两山（一类）”“两山（二类）”建设三项财政专项激励资金时，通过竞争性分配择优选择使用对象。事前明确县市要以未来三年的绩效目标为努力方向来参与竞争，事中进行绩效督查，三年后还要绩效考核，没有达到预期目标的，要扣钱，市县政府不能随意花，这种模式倒逼市县政府要更加精打细算。

当前，随着中央绩效改革的不断深入，我们也迎来了前所未有的绩效时代，但改革越往后，就越难，虽然我省绩效结果应用在点上、面上都有所突破，但仍处在探索阶段，还有一些绩效评价结果应用也不尽人意，今后还将继续研究探索绩效结果应用机制，与预算紧密融合机制，逐步从预算绩效向绩效预算转变。最后，用一句话结束我今天的发言，“有钱不能任性，花钱必须有效，且行且珍惜”。

作者简介：刘虹，浙江省财政厅预算监督局副处长。

# 财政支出绩效评价体系刍议：3E维度的引入与改进

◇ 李金珊

财政支出必须考虑到项目受众的消费者盈余最大化的本质特点，我们认为指标维度必须包括效率（Efficiency）、公平（Equity）、效果（Effectiveness）和可持续性（Sustainability）四个方面。

公共财政作为公权力的财政表现形式，一直以来广受学术界和实践界的关注。尤其在财政支出领域，由于财政执行过程中存在着不可避免的“黑箱效应”（Barkin，2006），大大增加了财政支出绩效评价的实践难度。近年来，尽管在中国理论界和实践界不约而同地对财政支出绩效领域给予了深切的关注，但是在具体的实践中依然存在诸多问题，“绩效”理念很难真正渗入公共权力的核心，不成体系甚至逻辑紊乱的指标间关系导致的绩效评价结果偏差很难达成客观有效的评价结果，从而偏离绩效评价的初衷。如何按照社会主义市场经济和公共财政管理的基本要求，在实践中进一步探索财政监管工作的新途径，改进财政管理模式和监管方式，提升财政监管水平，已成为财政管理领域需要思考和解决的一项重要课题。而对这些问题的思考必须从现阶段理论和实践的整理入手，重新审视近年来中国在财政绩效评价方面的研究和实践显然是有必要的。因此，本文在综述我国学术界和实践界对于财政支出绩效的理论论述的基础上，结合我们对近三十个政策专项的评价实践，重新思考财政支出的绩效评价内容，提出一套适用于财政支出绩效评价的理论体系以供理论界和实践界的参考和指正。

## 一、财政支出绩效评价体系的综述

十多年来我国有关财政支出绩效评价的研究文献精彩纷呈，但大致可以归纳为以下几个方面。

首先，主要考量财政资金的金融属性研究财政支出绩效评价。从金融属性出发，几乎所有的财政支出评价指标都可以通过客观的财务指标进行体现。基于这种认知的研究倾向于把人均财政支出、财政支出比、经济性财政支出三个指标作为财政支出的投入，把财政收入增长率、实际 GDP 增长率、财政支出资本形成拉动系数、财政支出弹性和财政支出倍率（汪柱旺、谭安华，2007）五个指标作为财政支出的产出，对我国地方政府的财政支出效率进行测度，而这种测度本身数据包络分析（DEA）的基础之上（代娟、甘金龙，2013；涂斌，2011；李晓英，2017），然后将 DEA 中的纯技术效率和规模效率相结合，以综合效率为主要考量方式，对财政支出项目进行一定程度的绩效分析。另外，这种方式也可被划分为财政支出内源性效益、财政支出中的部门绩效、财政支出中的单位绩效（罗建钢，2003；窦玉明，2004）的形式来进行评价。

其次，重点考虑项目执行单位的组织框架和最终产出的财政支出绩效评价研究。这类研究主要受影响于 2011 年中国财政部大力推行实施的《财政支出绩效评价管理暂行办法》，将绩效指标侧重于过程性指标和结果性指标（王同律，2014），过程性绩效指标一般涉及目标内容、分配办法、资金使用为主的客观指标和决策依据、决策程序、财务管理、组织机构和管理制度为主的主观指标，而结果性绩效指标主要集中于以产出数量、产出质量、产出时效、产出成本、经济效益、社会效益、环境效益、分配结果、到位率和到位时效为主的主观指标及以可持续影响和服务对象满意度为主的主观指标，这也是现阶段大多数政府部门所采纳的绩效评价体系。由此改进的还有按项目进展阶段（前、后、中）分类（李进省、张辉、项勇，2015；罗玲、秦洪平，2012）的方式、针对质量控制的内涵、意义与主要特征在绩效评价活动的准备阶段、实施阶段、报告阶段和结果应用阶段的质量控制（赵敏、王蕾，2016）的方式等。

再次，借鉴平衡计分卡的四个维度也是财政支出绩效评价时的主要方式。鉴于平衡计分卡的四个维度兼顾了短期与长期、财务与非财务、滞后与领先、外部与内部等多方面的平衡，能够将财政支出领域的绩效评价维度修正为财务、公众、业务优化和学习与成长（刘安长，2013），同时从财务经济类、利益相关类、内部流程类和持续改进类四个类别（姚立岩，2017），建立财政支出绩效评价的指标体系基本框架。引入平衡计分卡的理念，可以使绩效评价结果暂时克服财务评估方法的短期行为，令整个组织行动一致，服务于战略目标，也能有效地将组织的战略转化为组织各层的绩效指标和行动，这与财政绩效评价的主要目的不谋而合。

最后，在所有的财政支出绩效体系中采用最多的框架是将整个财政过程分解为项目的投入、过程、产出、成果及影响这四个阶段。杨朝容将评价内容分为业务评价和财务评价，其中业务评价内容主要包括立项目标的合理性、立项目标完成程度、组织管理水平、产生的经济社会效益及项目可持续性影响等（杨朝容，2017）。周克清、戴鹏建议将评价指标分为四个部分，即立项绩效指标、管理绩效指标、完成绩效指标和效益绩效指标，其中，立项绩效指标主要考察项目的立项依据和立项程序、项目目标的合理性和明确性；管理绩效指标为资金筹集、资金使用、财务管理和组织管理；完成绩效指标主要考察项目完成的工作量；效益绩效指标主要考察项目带来的实质性成果（周克清、戴鹏，2011）。张雪以投入—过程—产出—结果—影响五个阶段为基础，将整个指标体系划分为经济性、效率性和有效性指标（张雪，2011）。

遗憾的是，现实中我国并没有统一且有效的财政支出绩效评价体系，无法对不同层面和不同行业、不同企业类型以及不同支出性质的财政项目预算资金进行评价（赵爱萍，2016；赵亮，2016；李莎莎，2015；卢扬帆、卞潇、颜海娜，2015；吴翊，2015），这不仅是学术界研究的空白，使财政绩效评价结果的欠缺公正合理性，也使不同地区不同性质的财政项目的评价结果不具可比性。

尽管具体的指标设计千差万别，但几乎所有的财政绩效评价体系构建都具有经济性、效率性和效果性的前提原则。为了有效地节约成本、控制政府财政支出，20世纪60年代美国会计总署建立了以经济性（Economy）、效率性（Efficiency）和效果性（Effectiveness）为主体的“3E”评价方法。但由于此方法过度地偏向经济性等硬性指标，对体现社会公平为主、经济效益不明显的项目较难进行有效的评价。在随后的评价体系中，会计总署在3E的基础上引入了公平（Equity）指标，发展为“4E”绩效评价法，这使绩效评价的范围、内涵更加多样，不仅可以对经济效益高的项目考察其是否有利于社会公正，同时也使得指标体系可以对公共服务类的社会公益项目进行更为全面的评价（刘敏、王萌，2016）。美国PART主要由工作量或产出量、单位成本或效率、结果测评或有效性、服务质量、公众满意度和综合六个部分组成，既包含了定量指标也包含了定性指标，但实际上在这六个指标之上的依然为4E原则。因此，我们认为，在财政支出的绩效评价中可将3E原则引入并加以改良为一级指标（维度）。一方面，将原本只是原则的3E转变为维度可以使二、三级指标在设计时更容易与维度初衷相契合，从而保证直接用于操作的最后一级指标可以更好地服务于评价工作，尽可能避免评价结果的偏差；另一方面，尽管公支财政资金支出管理涉及的面太广、对象太复杂，“3E”或“4E”评价理论在如何定义、如何量化方面碰到了很大的困难，但是我们从评价实践入手改良的新评价体系可以同时兼备主观和客观指标，在最大程度上解决了直接引入3E理论的不足与问题。理论解释与理论支撑问题在随后的第二部分进行阐述。

## 二、财政支出绩效的本质回归

公共支出绩效评价是政府绩效管理中的关键部分，政府的绩效通过政府的活动来体现，而政府的活动又与公共支出行为密不可分，因此公共支出的绩效评价结果往往是政府相关活动绩效的反映；而在对政府的绩效评估当中，又离不开公共支出的作用（李金珊、何小娇等，2012）。基于政府活动的复杂性，深入探究财政支出绩效评价的框架必须从其本质入手，以便我们更好地认识绩效评价的框架，进一步归根溯源窥视政府活动的“黑箱”部分。

为更直观地剖析财政支出绩效的本质，本部分的分析严格遵循以下几个理论假设。

假设1　完全竞争市场（Perfectly Competitive Market）。在本部分的理论分析中，所有的商品（不管是私人产品还是公共产品）交易都必须建立在完全竞争市场的基础之上。在完全竞争市场的环境中，商品和资源具有完全的流动性，同时商品本身也属于同质产品，因此在整个分析框架中每一个消费者（项目受众）都可以自由表达自己的产品偏好，从而使整个公共产品的供给过程随时保持资源配置的相对最优状态。

假设2　基数效用（Cardinal Utility）。尽管在现实生活中偏好（Preference）的定义并不能符合数理模型的量化处理方式，但为了避免模型设定过于复杂，本文依旧承认偏好的基数效用成立。换言之，消费者（项目受众）实现自身效用最大化的均衡条件消费商品的边际效用相等且等于货币的边际效用，即模型满足$P_1+P_2+\cdots+P_n=MU_1/P_1=MU_2/P_2=\cdots=MU_n/P_n=\lambda$，其中λ为常数。因此，在假设条件的约束下能够保证在分析中所有的消费者偏好组合能够进行简单的加总处理。

假设3　拟线性偏好（Quasi linear Preference）。消费者（项目受众）对于某一种商品会比其他商品更强的偏好且该偏好呈良性，即存在效用函数$U(X_1,X_2,\cdots X_n)=X_1+V(X_2)+V(X_3)+\cdots V(X_n)$。

假设4　理性经济人。即在整个公共项目的过程中，不管是执行方、监督方，还是决策方都是以追求个人利益最大化为主要目标，且该“个人”可以被描述为自然人或是法人。

图1是计划项目的基本原则（Musgrave，1973）阐述示意图。在图1中，我们假定某种公共产品X的需求曲线为AB，它表明了项目受众对于该公共产品在连续序列上的每一单位所愿意支付的最高价格（通常表现为税收）。换言之，在支付第一单位的公共产品X时，项目受众愿意支付的最高价格为$P_1$，而这一单位对项目受众产生的具体效用为$\int_0^{Q1} f(x)\,dx-1/2\times AP_1\times NP_1=OQ_1\times OP_1$，也就是矩形$OP_1NQ_1$的实际面积；同理，第二单位的公共产品X的项目受众最高意愿价格为$P_2$，产生的效用可被表述为矩形$Q_1RVQ_2$的面积。如果公共产品的价格为OC，

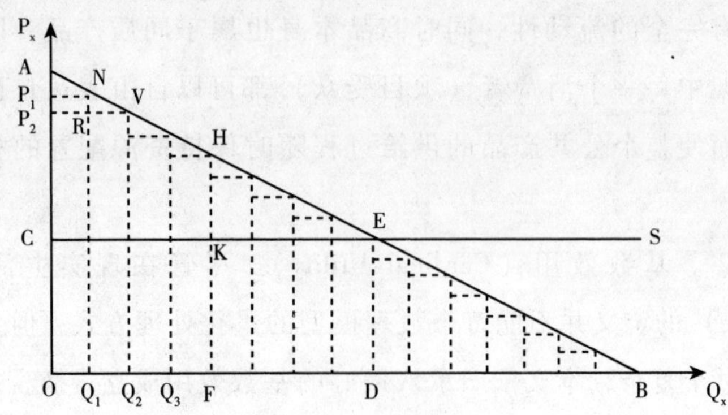


**图1　马斯格雷夫计划项目原则示意图**

项目受众需要的公共产品的数量则为 OD，公共产品的全部收益为 $\int_0^D f(x)dx$，即梯形 OAED 的面积。由于公共产品的成本为矩形 OCED，那么该公共产品的消费盈余为梯形 OAED 的面积 - 矩形 OCED 的面积 = 三角形 ACE 的面积。假定公共产品的价格 OC 为该公共产品的引入单位成本，且其性质为规模 OF 的计划项目，不难得到该公共项目的净收益可被表示为梯形 CAHK 的面积，且该收益与本项目的消费者盈余等同。在固定预算的条件下，该公共项目的选择原则就是使得所有项目受众的消费者盈余达到最大化。若该项目为可分割的计划项目，为保证边际收益与边际成本的均衡条件，使消费者盈余的边际增量为零，假设其供应量为 OD，则需寻求总盈余 CAE 面积的最大化。由上述分析可知，一个财政项目的进行必须考虑到该项目的计划收益与消费者盈余之间的关系，这是“3E”的理论源头。

再者，因为政府本身就是项目受众权益让渡后得到的公权力组成机构，在现代国家之中，这种权力的让渡大多表现为民主决策之上的集体选择，也就是契约（井明，2003）的约束，但是显然政府与项目受众之间并不如理论中那样存在着信息完全对称的状态。相反，政府公职人员在行使公权力时只是单纯立足于自身的职能角色之上，也就是说尽管存在着契约且所有人都承认契约精神，但是这段委托代理关系将公职人员（政府）与项目受众以无形的力量分成博弈双方。当将项目受众与政府之间的关系构想为以契约为纽带的委托代理关系之时，一个公共项目的产生与后续发展就是信息不对称条件下的动态博弈过程。整个博弈建立在项目受众让渡权力后产生一个政府机构的基础上。如图 2 显示，在博弈的第一阶段，政府要实施一个公共项目计划，并且需要通过项目受众的大部分同意。这个同意有可能是通过议会、决策委员会等形式进行，但在同意获取的过程中，政府具有对该项目的完全信息，而项目受众群体尽管可以通过一定的技术和手段实现完全信息，可是由于信息获取过程中需要不可估量的交易成本来实现，因此基于项目受众理性经济人的前提假设，项目受众对于该项目计划必然处于信息不完全状态。也就是说，整个公共项目自始之初建立在信息不对称的情况之上；在博弈的第二阶段，由于契约的要求，一般公共项目的运行必须以年度报告（如预算执行报告等）形式进行政府信息公开，而信息的公开一般仅局限于财政拨款情况和项目进行结果，同时基于政府治理要求，在某些项目上政府也会允许对特定群体（如议会成员等）部分公开该项目的自评绩效报告；在博弈的第三阶段，

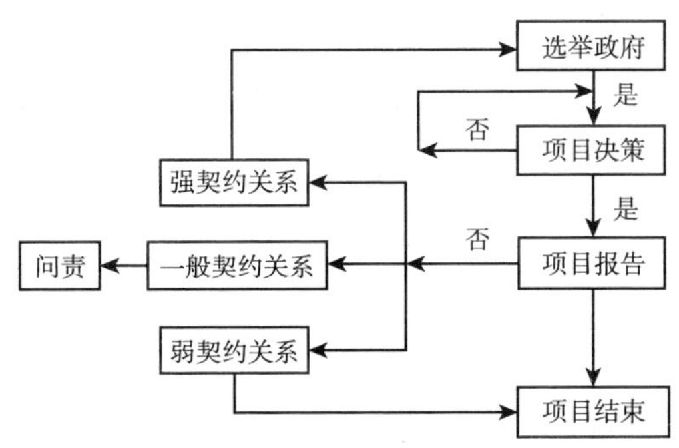


**图 2　公共项目的动态博弈过程示意图**

项目受众通过政府公开的信息决定是否继续保留该项目并对政府的工作能力进行评估，评估结果依据契约履行条件的强弱甚至可以直接影响到政府的执政合法性。

本文认为，“强契约关系”指的是在一个国家或地区，政府与公民（政策受众）之间在博弈过程中有着法定且有效的平等关系，也就是说，该地区范围内政府严格由民主选举产生且需要对行政后果负一切责任，甚至需要以改组乃至解散政府的形式对公民群体负责；“弱契约关系”则指的是在一个国家或地区，政府与公民（政策受众）之间在博弈过程中有着极为不平等的状况，而政府是行政全过程的主宰者和最高权力人，一旦发生政府行为导致的政策失灵情况，尽管公民会对其表示不满，但这种不满并不会使得政府受到任何形式的处罚，虽然处罚的方式有着明确的法律规定；而介于两者之间的“一般契约关系”则综合了其他两种关系的表现形式，在至少在民众表达不满时，政府可以通过问责的方式平息不满并获得继续保持原有成员（除被问责的成员外）的权力和许可。若项目受众和政府之间存在着强契约关系且项目受众并不满意政府能力，则整个博弈过程将从建立之初（即政府选举）重新开始；若项目受众和政府之间存在着弱契约关系，项目受众对于政府能力的不满基本不会对政府产生任何影响，也就是说，博弈结束并开始新一轮的博弈（从第一阶段开始）；若项目受众与政府之间存在着介于强契约与弱契约之间的一般契约关系时，项目受众对于政府能力的质疑一般会招致政府内部的问责机制。通常来说，项目受众对于一个公共项目的判断主要来源于自身消费者盈余是否能够达到最大化。

从上述的分析中，我们不难看出，整个公共项目的评价必须以符合项目受众消费者盈余的最大化，在不同程度的契约关系下，项目受众对于公共项目的结果判断也会直接或间接地对政府能力产生正向影响，这本身就是财政绩效评价的核心与本质。一方面，财政绩效评价需要考虑到一个公共项目的成本与收益之间的均衡；另一方面也必须考虑到项目受众群体（如公民、企业等）对于项目的期望盈余。

## 三、财政项目支出绩效评价指标体系构建

从财政支出产生的效益时间来看，财政支出可被划分为维持政府日常运营所需的经常性支出和以专项资金项目形式为主的资本性支出（下称项目支出）。随着科技手段的迅猛发展，经常性支出通常能在项目申报伊始通过系统设定进行强有力的约束，因此对于经常性支出的绩效评价一般并不具有特殊的意义。而对于项目支出而言，因其在现实中具有数量大、种类多、项目杂、管理乱的特有属性，客观造成传统的监管手段难以实现对专项资金进行全面、有效且实时的监管，挤占、挪用、截留，甚至虚报项目从而骗取财政专项资金等现象时有发生。在政府规模不可能大幅扩张的前提下，随着财政收入的逐年增长，项目支出增长速度势必大大高于经常性支出的增长速度，特别是中央加大对地方的转移支付情况下，相对于专项资金海量化、专业化、复杂化、敏感化的演化趋势，现有的监管模式已严重滞后，使财政专项资金管理工作越来越处于被动局面（李志义等，2010）。为严格限定本文指标的信度与效度，我们约定当且仅当评价的财政支出项目为项目支出形式时本文中设置的绩效评价指标才能成立。同时，综合 3E/4E 评价原则与上文分析中财政支出必须考虑到项目受众的消费者盈余最大化的本质特点，我们认为指标维度必须包括效率、公平、效果和可持续性四方面。

### （一）效率

财政支出的效率并不是简单的投入产出比，在很大程度上它需要兼顾到机会成本的最小化。也就是说，由某项政策所导致的财政支出

必须同时符合政策设立之初的政策科学性评价。同时，这种政策的科学性评价通常是由政府部门在政策文本中对政策目标的描述决定的，尽管在大多数的政策文本中这种形式的目标表述并不明确。例如，在我们的高层次人才政策的绩效评估案例中就有诸如“培养和汇聚一批具有国际领先水平的学科带头人”“培养和汇聚一大批具有创新能力和发展潜力的青年学术带头人和学术骨干”等模糊不清的政策目标，导致后期评价中难以将其分解为可视、可计量的指标；另一方面，由于政策目标表述的模棱两可，在政策执行中也会使政策具体执行者出现对目标困惑甚至是误读的情况，可能导致执行结果与政策设定目标之间的巨大差异，不仅会造成公共资源的浪费，还可能产生负社会效益。再者，财政支出的切入点本身便立足于公共资金的分配和使用，不管是私人部门还是公共部门，在涉及资金的问题时必然需要将效率作为最大的考量。效率维度又可被分解为目标质量和目标数量这两个方面。所谓的目标质量指的是根据所需评价的政策文本和前期项目了解情况的政策目标完成指数；而目标数量则是具体在政策文本中出现的对该项目需要达成的具体、可计量的数据指标的加总。从上述的表述中，本文认为的“效率”主要指的是针对政策主体（尤其是执行主体）在政策设立之初履行“契约”的直接反映。

**（二）公平**

根据公共财政固有的公共性特点，财政分配应该遵循公平原则。只有公平的分配才能使财政资金在该政策领域内取得事半功倍的效果；另一方面，公平的分配也能在一定程度上促使项目受众的消费者盈余最大化，因为公共产品供给或公共政策效应必须最大化地惠及政策群体。但是在现实中，“公平”本身的定义就千差万别，既有一视同仁的绝对公平，也有胜者为王的丛林法则，正如前述中对4E原则的表述所阐释的那样，“公平”一直是绩效评价中最重要也最难以定义的一个环节。结合财政支出绩效的本质，我们认为在绩效体系构建时可以将“公平”维度拆分成差异化公平和公共责任这两项指标。“差异化公平”指的是专项资金支出的目标受益地区与项目受众能否在相对公平的基础上取得相关资金、公共产品与服务。本文将差异化公平作为“公平”维度的组成部分的原因便在于各目标受益地区的发展本身就千差万别，面对纷繁复杂的现实情况“一刀切”的财政资金分配方式必然无法满足项目受众消费者盈余最大化的本质属性，因此，财政支出的公平必须体现在根据不同地区的实际情况给予适当的财政支持，以达到差异化公平的目标；而“公共责任”便是对单一追寻经济性指标的补充和缓和，这体现在项目实施过程中政策执行者对于公共责任的履行，例如是否充分保障特殊群体的利益等方面，换言之，财政资金的公平需要充分考虑到“弱势群体”的利益，理由在于持有财政资金的政府本身的契约签订对象并不是一小部分群体，只要是符合政策条件的、能够进入政策设置门槛的所有群体都应以满足消费者盈余为目的保障其合法权益。

### （三）效果

效果维度主要考虑的是政策执行造成的结果，主要指公共资金的投入所达到的预期结果与社会影响。如上文中的博弈过程所述，在财政支出项目中除政策执行主体（政府）以外，主要的博弈方便是项目的受众。因此，与“效率”对于政策执行主体相对的项目受众同样需要在绩效指标体系中得以反映。我们认为，项目受众所需要的效果评价可被分解为客观和主体两个方面。在客观效果方面，我们使用“回应性”这一指标考察项目是否充分了解群众需求，能否给予有效回应，如果政府对于项目受众的需求与反馈的回应性高，则可在一定程度上反映该政策能够在相对较广的范围内得到适时的回馈，从而及时发现与修正政策执行过程中的疏漏与错误；在主观效果方面，通过对目标受益人群的满意度调查来了解其对项目质量与服务的主观感受，一般这个指标可被分解为五点量表的形式进行实地调查研究。效果维度下的两大指标尽管看似互有重叠，但是在我们的实际操作中也发现了回应性与满意度指标间不同方向的影响情况，即存在回应性高但满意度低、回应性低但满意度高、回应性与满意度都高以及回应性与满意度都低的情况。也就说，回应性和满意度这两个指标之间并不存在明确的相关关系，因此，这样的维度分解并没有违反指标间相互独立的前提要求。

**（四）可持续性**

本文的“可持续性”主要用于反映专项资金项目能否长期且持续运行的状况。而这一维度又可被划分为资金的可持续性以及项目的可替代性这两个方面。资金的可持续性，即指通过专项资金建设的项目是否获得足够的资金或有效的融资渠道保障后续的日常运转。一个合理且运作有效的专项资金项目可能会出于某些特殊考量强迫中止，因此，如何使得一项有必要继续运行的支出项目免受外部干扰就显得尤为重要，这也是本文将可持续性作为重要维度的主要原因。另外，借鉴美国 PART 和总统管理与预算办公室（Office of Management and Budget，OMB）的经验，可替代性可作为项目可持续性的重要指标用于表述项目可被市场产品或其他途径替代的水平，与可持续性呈负相关关系。尽管专项资金是以项目的名称为命名原则，看似一目了然的用途，却在具体的分配过程中依然无法突破专用性模糊的桎梏。财政专项资金数量庞杂，金额巨大，专项不专，涉及各个领域，几乎涵盖了政府各职能部门的所有管理范围，专项种类多达几十种（刘晶，2012），传统的中小企业发展专项资金、农村义务教育专项资金、高致病禽流感防控基金等专项资金，近年来新兴的现代信息服务业发展专项资金、装备制造业专项资金、自主创新专项资金、乡镇卫生院改造建设专项资金等专项资金等都被直接纳入专项资金的范围。如果一个专项与其他专项之间存在着相似甚至是相同的政策目标与结果，可相互替代，那么这些专项的可持续性势必是可质疑的。

综上所述，本文构建了财政支出绩效评价体系的一、二级指标（如图 3 所示）。

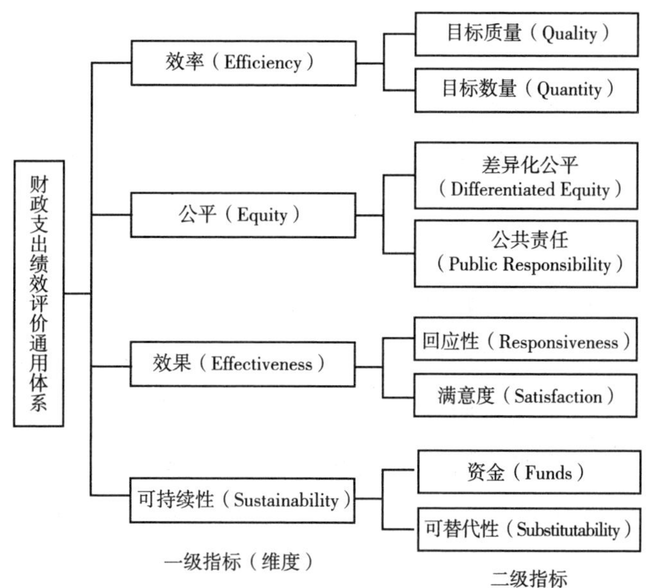


**图 3　财政支出绩效评价通用一、二级指标示意图**

尽管专项资金的性质和用途千差万别，但是就我们的实践经验来看，图 3 所表述的财政支出绩效评价的一、二级指标已经基本可以囊括所有类别的专项资金支出。但为了区别各种类型的财政支出项目，需要进行三级指标的设计与各指标间的权重赋予。举例来说，相对于经济效益较强的财政支出项目（如出口、经济性质较强的基础设施建设等），对于“效率”维度下设的二、三级指标可以被赋予 30% 甚至更高的权重系数；而民生效益较强的财政支出项目（如公共文化项目、人才引进项目等)，对于“效果”维度下设的二、三级指标可以被赋予更高的权重。但值得注意的是，三级指标的设立必须经过较为严格且科学的设计方法，本文设计的通用指标中可能会出现基于项目本身而出现的增加或适当修正二级指标的情况，这也是我们现阶段正在不断修正指标体系以适用不同形态专项资金项目的主要工作之一。

## 四、结语

本文从财政支出绩效的本质属性入手重新审视 3E 原则，通过原则到维度的转化实现了可用于大多数专项资金的绩效评价体系。但是本体系中依旧存在两个问题：一是缺乏过程类指标。但是实际上，绩效评价本身就是由一个时点发散出的评价形式，尽管诸多文献中都提及需要对整个财政支出过程进行过程评价，但就绩效评价作为一个点的评价结果而言，这样的批评显然是值得商榷的。虽然在本文构建的指标体系中并没有直接且明确的过程评价指标，但是在整个绩效评价的实践过程中，对于政策执行方和相关利益主体的调查和访谈，由一个点开始从结果对过程进行回溯可以在一定程度上弥补过程指标缺失这一遗憾；第二个问题在于没有给出明确的指标权重。对这个问题的解决和改进势必需要结合财政支出项目的分类研究，这显然也是当前中国学术界的一大空白领域，也是我们接下去需要探讨和研究的议题之一，以期该领域的学术成果能够为我们进一步修正和完善整个评价体系提供前提和基础。

作者简介：李金珊，浙江大学教授。

# 国外绩效目标管理的法律基础、制度框架与启示

◇肖 鹏

从西方国家的做法来看，绝大部分国家的预算绩效改革都有立法的支持，有效的法律保护是全面开展预算绩效管理的重要保障。

近年来，财政部根据党中央、国务院的指示，积极研究开展预算绩效管理工作，并取得了一定进展。2015 年 5 月，财政部发布了《中央部门预算绩效目标管理办法》，对中央部门的预算绩效目标的设定、审核、批复、调整与应用做出了详细规范，2016 年，中央预算绩效管理首次实现了中央部门项目支出绩效目标管理全覆盖。但从总体上看，我国的预算绩效管理工作还存在绩效目标管理体制建设相对滞后、地区发展不平衡等问题，与党中央、国务院对加强预算绩效管理的要求还有一定的差距，反观西方国家，他们早已开始推行以绩效预算为核心的公共财政管理改革，并形成了较为成熟的理论、制度支持和保障。20 世纪七八十年代，在经济危机和民主化进程的影响下，英美等国家

率先改变了传统的预算模式和理念，全力建立基于结果导向的绩效预算。此后，澳大利亚、新西兰等国家先后实施绩效预算，进一步丰富了绩效预算内容，发展了绩效预算理论。对西方国家预算绩效目标的制度基础及管理框架进行梳理和分析，对我国预算绩效目标管理办法的完善和实施有一定的借鉴意义。

## 一、国外预算绩效目标管理的法律基础

### （一）美国预算绩效目标管理的法律基础

预算的目标管理（MBO）最早是在20世纪70年代由美国的尼克松政府推出的。1973年，尼克松政府颁布了《联邦政府生产率测定方案》，对政府绩效评价的系统化、规范化、制度化做出明确规范。尼克松政府倡导的“目标管理”属于美国联邦政府早期的绩效预算改革。在这一时期，美国政府预算管理的重点实现了从投入到产出的转移，规划、计划和项目管理也开始受到关注。但是由于缺乏有效绩效测量，这一阶段的改革缺乏政治支持，并没有达到预期的效果，总体上较为短命。1990年，美国颁布了《首席财务官法》等，探索使用了计划项目预算系统、目标管理等方法，来提升政府项目的财务管理水平和整体工作效率。

1993年，克林顿政府成立了国家绩效评估委员会（NPR）。同年，美国国会通过了《政府绩效与成果法案》（GPRA），这是世界上第一部将政府绩效管理制度以立法形式固定下来的法律。GPRA法案要求各联邦机构每五年编制一次战略计划，每年制订年度绩效计划，并根据年度绩效计划的完成情况提交年度绩效报告。其中，战略计划要求每个机构的负责人提交时间跨度为五年的战略计划书，并至少每三年调整一次。该计划应包括总体目标和目标实现的方式，并与绩效计划的绩效目标相联系；绩效计划要求每个机构编制年度绩效计划，并要

求建立执行目标，将绩效目标水平表述为有形的、可衡量的目标，使之能与实际实现的业绩进行比较，还要建立用来衡量或评估每一项目活动的相关产出、服务水平和结果的业绩指标；项目绩效报告要求每个机构的负责人编制并向总统和国会提交项目绩效报告，每份项目绩效报告应阐述业绩指标以及实际完成的业绩与财政年度计划中表述的执行目标的比较，此外，还需解释并说明哪些项目的执行目标没有实现，给出应对措施。克林顿政府重视长期规划和政府的整体效率，建立了一套反映政府产出绩效的指标体系、评价标准和量化方法，通过设立绩效目标，评价绩效结果，基本构建了美国联邦政府的绩效管理制度框架（GPRA 框架），确立了绩效管理活动的具体流程。

布什政府时期，总统布什发布了《总统管理议程》（PMA），包括 5 项政府动议和 9 项特别动议。5 项动议分别是人力资本战略管理、竞争性采购、财务绩效、电子政务和预算与绩效一体化。在 PMA 中，对"预算与绩效一体化"的测量体现了布什政府进行绩效预算改革的决心。有学者认为，"预算和绩效的整合"程度是 PMA 的关键，如果预算与绩效并非完美结合的话，那么 PMA 的其他四个方面也很可能会以失败告终。管理和预算办公室（OMB）为 5 项总统管理动议的每一项动议分别制定了"成功标准"和"管理记分卡"，根据每个部门在五个方面的表现进行分级。"绿灯""黄灯""红灯"依次代表"成功""一般"和"不成功"。管理和预算办公室（OMB）引入了项目评级工具（PART），旨在对联邦政府行为和机构项目是否成功实现其最初制定的目标进行绩效评价。该工具以项目为分析单元，要求机构就"项目目标和设计"（占 20%）"战略计划"（占 10%）"项目管理"（占 20%）以及"项目结果"（占 50%）四个指标在线填写问卷，对项目绩效进行考评。评分以 100 分为满分，最终根据得分将项目分为四个等级："绩效良好"（100 ~ 85）"绩效改善明显"（84 ~ 70）"绩效改善”（69~50）和“未证明绩效改善”（49~0）。PART 的主要目的是通过对项目的考评，为决策者提供用于改进项目绩效方面的信息，为来年预算的分配提供重要参考信息。

奥巴马政府坚持 GPRA 框架的核心地位，终止了 PART 工具的运行，设置了多层系的目标绩效系统。2010 年，《政府绩效与结果现代化法案》（GPRAM）将优先绩效目标工具（PGT）写入法案，成为奥巴马政府的核心绩效工具（见表 1）。优先绩效目标工具将“绩效目标”分为优先绩效目标和非优先绩效目标两个层次，GPRAM 法案要求《首席财务官法案》所涉及的 24 个美国联邦机构必须使用优先绩效目标工具，在每一财政年度设定优先绩效目标。

**表 1　美国预算绩效目标管理的主要法律基础**

| 时间 | 制度 | 具体规定 |
|---|---|---|
| 1993 年，克林顿政府 | 《政府绩效与成果法案》（GPRA） | 要求政府各部门每年向国会提交年度战略规划、绩效计划和绩效报告。 |
| 2001 年，布什政府 | 《总统管理议程》（PMA）；项目评级工具（PART） | 预算与绩效一体化；对项目目标是否实现进行绩效评价，为预算的分配提供参考。 |
| 2010 年，奥巴马政府 | 《政府绩效与结果现代化法案》（GPRAM）；优先绩效目标工具（PGT） | 坚持 GPRA 框架的核心地位，优先绩效目标工具被写入法案，成为奥巴马政府的核心绩效工具。 |

### （二）英国绩效目标管理的法律基础

1979 年，撒切尔夫人上台执政，开展了“雷纳评审计划”，在内阁办公厅设立了“效率工作组”，评价政府行政运行的程序、方法和效率；1980 年，英国环境大臣赫素尔廷建立了“部长管理信息系统”，这一系统将绩效考评和目标管理收集起来，便于全面了解绩效管理情况；1982 年，英国财政部颁布了《财务管理新方案》（Financial Management Initiatives)，要求政府各部门树立绩效意识，规范了政府支出从提出目标到实现目标所需要投入的成本，明确了对效果进行评价的全部管理过程。

1990 年，首相梅杰执政，英国绩效改革的重心由效率转移到了公共服务的质量和效果上，其开展的“公民宪章”运动要求公共服务部门必须将服务内容、目标、标准、程序和时限以及违诺责任等公之于众，接受监督。

1997 年，布莱尔政府颁布了《综合支出审查法案》(The Comprehensives Spending Reviews)，要求各部门必须对本部门的预算和支出进行全面的审查。同时，该法案还要求各部门与财政部签订一份“公共服务协议”(Public Service Agreement，PSA)，以确定各部门的战略目标、绩效目标和具体的绩效指标。战略目标由财政部与各部门协商决定，各部门负责制定其他内容，财政部负责指导起草公共服务协议。1998 年，英国政府推出首个《综合开支审查白皮书》(Comprehensive Spending Review，CSR)，针对各个政府部门设立了未来三年的总体财政支出方案，给各个部门财政预算设立上限。2000 年后，政府又出台了“服务提供协议”(Service Delivery Agreement，SDA) 和“技术说明细则”(Detailed Technical Notes) 以辅助 PSA，“服务提供协议”要求各部门详细描述 PSA 所提到的政策目标，“技术说明细则”给予 PSA 下制定的绩效目标充分的细则和解释说明（见表 2）。

**表 2　　英国预算绩效目标管理的主要法律基础**

| 时间 | 制度 | 具体规定 |
|---|---|---|
| 1997 年 | 《支出综合审查法案》；公共服务协定（Public Service Agreement，PSA） | 各部门必须对本部门的预算和支出进行全面的审查；确定各部门的战略目标、绩效目标和具体的绩效指标。 |

续表

| 时间 | 制度 | 具体规定 |
| --- | --- | --- |
| 1998 年 | 《综合开支审查白皮书》( Comprehensive Spending Review, CSR) | 针对各个政府部门设立了未来三年的总体财政支出方案，给各个部门财政预算设立上限，保证政府部门能有效利用资源，实现政府“以结果为导向”的绩效目标体系。 |
| 2000 年后 | 服务提供协议（Service Delivery Agreement, SDA）；技术说明细则（Detailed Technical Notes） | “服务提供协议”要求详细描述 PSA 所提到的政策目标，“技术说明细则”给予 PSA 下制定的绩效目标充分的细则和解释说明。 |

**（三）澳大利亚绩效目标管理的制度基础**

澳大利亚的绩效预算改革大致分为三个阶段：1996 年以前，预算管理的重点是不断地向部门下放财政预算资金管理的责任和权限，要求提倡项目管理和预算的原则，制定项目预算管理办法，明确绩效目标和评价指标，推行项目评价。1997 年到 1998 年，是政府加强财务管理的阶段。1997 年，澳大利亚政府颁布了《财政管理及问责法案》《联邦当局和公司法案》，修订了《审计长法案》，建立起了囊括财政、非财政性质项目的绩效问责体系，开始推行以公共支出绩效评价为核心的预算改革。1998 年，澳大利亚政府颁布《预算诚信章程》（Charter of Budget Honesty Act 1998），要求建立 5 年中期预算框架和 40 年长期预算框架，并且具体规定了两个方面内容：一是如何制定财政政策及其目标；二是如何报告财政目标的实施情况。1999 年后，绩效预算的重点转向结果。1999 年，澳大利亚发布了《公共服务法》，以结果为导向，通过制定公共支出的绩效目标，把预算资金的分配、政府部门的战略目标和绩效紧密联系起来（见表 3）。

表 3　　澳大利亚预算绩效目标管理的主要法律基础

| 时间 | 法律 | 具体规定 |
| --- | --- | --- |
| 1997 年 | 《联邦机构和联邦企业法》；《财政管理及问责法》；重新修订《审计长法》 | 《联邦机构和联邦企业法》对澳大利亚联邦机构和联邦政府企业的财务报告和财务责任进行了明确而细致的规定；《财政管理及问责法》从财务管理方面对部门和政府公务人员的绩效职责进行了规定；重新修订的《审计长法》明确规定了审计署的绩效审计职责和内容。 |
| 1998 年 | 《预算诚信章程》（Charter of Budget Honesty Act 1998） | 要求建立能反映财政政策实施情况的 5 年中期预算框架和 40 年长期预算框架，具体规定了两个方面内容：一是如何制定财政政策及其目标；二是如何报告财政目标的实施情况。 |
| 1999 年 | 《公共服务法》 | 《公共服务法》以结果为导向，通过制定公共支出的绩效目标，把预算资金的分配、政府部门的战略目标和绩效紧密联系起来。 |

## （四）新西兰绩效目标管理的法律基础

1986 年，新西兰政府颁布了《国有企业法案》，推行国有企业私有化政策，给予管理者自主权，使其在设立国有企业目标的的同时，在结果上对部长和议会负责，奠定了推进公共部门绩效考核的改革基础。

1988 年的《国家部门法案》改革了政府的官僚部门，明确了部长和首席执行官的职责，部长对公共政策的结果负责，CEO 在部门的产出上对部长负责，两者通过签订绩效合同定义产出指标和结果指标业绩。其中产出是由部门或第三方提供的产品和服务，结果是政府活动的目的，是指在法律上对公众重要的政府活动和数字结果。1989 年的《公共财政法案》推动新西兰政府迈向权责发生制会计，要求所有的拨款都要和产出直接挂钩。《国家部门法案》与《公共财政法案》相辅相成，迫使政府必须制定明确的目标或者“结果”，部门则负责设计项目或者“产出”。

1994 年，《财政责任法案》颁布，要求实行中长期的财政框架，政府公布的预算报告文件必须阐明政府的短期财政意向和长期财政目标，进一步明确财政部长对与产出相关的财政管理目标负责。

1993 年，新西兰政府颁布了《通往 2010 之路》（Path to 2010），提出了未来 20 年的政府发展战略规划。围绕《通往 2010 之路》制定了《接下来三年》（Next Three Year，1994）、《未来的投资》（Investing in Our Future，1995）、《新机遇》（New Opportunities，1996），进一步巩固了政府战略规划与绩效的联结（见表 4）。

**表 4　　新西兰预算绩效目标管理的主要法律基础**

| 时间 | 制度 | 具体规定 |
|---|---|---|
| 1986 年 | 《国有企业法案》 | 推行国有企业私有化政策，给予管理者自主权，使其在设立国有企业目标的同时，在结果上对部长和议会负责，奠定了推进公共部门绩效考核的改革基础。 |
| 1988 年 | 《国家部门法案》 | 改革核心政府部门。 |
| 1989 年 | 《公共财政法案》 | 为衡量政府部门的绩效，要求部门预算要说明部门的产出、结果和绩效指标。推动新西兰政府迈向权责发生制会计。 |
| 1993 年 | 《财务报告法案》 | 强化公共部门对权责发生制的应用，并将财务报告分为“部门报表”和“整个政府报表”两个层次，准确反映政府财政状况。 |
| 1994 年 | 《财政责任法案》（Fiscal Responsibility Act） | 要求实行中长期的财政框架，政府公布的预算报告文件必须阐明政府的短期财政意向和长期财政目标，明确了政府战略优先发展的领域和顺序。进一步明确财政部长对与产出相关的财政管理目标负责。 |

续表

| 时间 | 制度 | 具体规定 |
|---|---|---|
| 1993～1996年 | 《通往2010之路》；《接下来三年》（1994）；《未来的投资》；（1995）；《新机遇》（1996） | 提出了未来20年的政府发展战略规划，巩固了政府战略规划与绩效的联结。 |

## 二、国外预算绩效目标管理的管理框架

### （一）美国绩效目标管理框架

目前，美国预算绩效目标管理框架是以GPRA为核心框架，以优先绩效目标工具（PGT）为绩效工具的管理框架。联邦机构每五年编订机构战略计划书（至少五年的长期计划，包括总体目标和目标实现的方式，并与绩效计划的绩效目标相联系），以计划书为指导，每年制定年度绩效计划（建立执行目标以及可衡量产出、结果的业绩指标），根据绩效计划的完成情况，撰写提交年度绩效报告（阐述业绩指标以及执行目标的实现情况）。

参与美国预算绩效目标管理的组织主要是各联邦机构以及管理和预算办公室（OMB）。各联邦机构的主要职责有：（1）每五年编制一次战略计划；（2）每年制订年度绩效计划（机构），并根据年度绩效计划的完成情况提交年度绩效报告；（3）与管理和预算局局长合作开发联邦政府绩效计划；（4）与管理和预算局局长协作开发联邦政府优先目标；（5）管理和预算局要求的各机构首脑应明确机构优先目标。预算办公室（OMB）的主要职责有：（1）与机构协作开发联邦政府优先目标，制定并负责联邦优先绩效目标的实现；（2）与机构合作开发联邦政府绩效计划；（3）每一财政年度，管理和预算局认定机构项目

和活动是否达到了机构绩效计划中陈述的绩效目标和任务。

### （二）英国绩效目标管理框架

英国预算绩效目标管理框架是以绩效为重点的公共服务协议绩效框架。政府首先与各部门签订《公共服务协议》，包括责任条款、目标条款（明确战略目标，然后细化绩效目标和绩效指标）和完成目标三个部分，其后是拨付预算资金以及监督预算绩效完成情况阶段（财政部、内阁委员会定期对各部门机构进行检查和监督），最后是审计绩效报告、使用绩效信息阶段（对长期经济目标和计划进行调整）。

参与英国预算绩效目标管理的组织主要有政府各部门、财政部、国家审计总署以及内阁委员会等监督部门。政府部门负责提出本部门的公共服务协议，其中各部门的战略目标是由财政部和各部门协商确定的，其他内容由各部门在战略目标的指导下自行制定。财政部、内阁委员会在预算执行过程中定期对各部门的绩效完成情况进行监控和检查。财政部每季度收集部门绩效目标进程信息，定期公布，并提交内阁委员会；内阁委员会每年两次召开部门负责人会议汇报部门绩效目标完成情况、过程中存在的风险以及应对风险的计划。政府承诺每两年向议会报告绩效信息。国家审计总署负责英国的绩效审计，通过将部门实际执行效果与绩效目标进行对比，了解各部门的年度绩效目标完成情况。

### （三）澳大利亚绩效目标管理框架

澳大利亚的绩效预算的管理要素为：目标、成本、产出和结果，其框架是目标与产出框架。澳大利亚预算绩效管理确定部门战略计划、绩效目标、评价指标、预算规模，赋予部门预算管理自主权，以绩效目标为约束手段，强化部门绩效责任。财政部门对部门预算规模进行总量控制，赋予部门预算资金的使用权，重点督促部门注重结果和目标，部门可以灵活地选择实现绩效目标的途径和方法，进而实现政策

（目标和结果）与管理（产出和激励）的有机融合。

参与澳大利亚预算绩效目标管理的组织主要有财政部门和政府各部门。财政部门和其他部门根据预算指导框架制定绩效目标，并详细分解到下属各单位。首先，政府根据公众对公共服务的需求，确定提供公共产品的总体目标、应提供的公共产品数量和种类，并分配相应的预算，对预算编制和预算执行进行全程监控。这项工作由支出审查委员会完成，该委员会由政府正副总理、国库部长、财政部长等 5 人组成。其次，政府各部门根据总体目标，将各自应提供的公共产品目标进行分解和细化，形成具体的部门目标。也就是说，绩效目标的确定严格遵循着国家整体战略规划—中期预算—部门事业发展计划的路径。

## 三、对我国的启示

各国预算绩效目标管理的经验与做法，为我国的预算绩效管理改革提供了丰富的理论内容与发展思路。

### （一）完善预算绩效目标管理的法律与制度保障

目前，我国的法制建设远远落后于预算绩效改革的需要，有关预算绩效目标管理的法律法规少之又少。从西方国家的做法来看，绝大部分国家的预算绩效改革都有立法的支持，有效的法律保护是全面开展预算绩效管理的重要保障。我国应充分借鉴国际经验，将法制建设作为预算绩效目标管理工作的重中之重，尽快细化预算绩效管理的具体实施细则，使预算绩效管理有法可依，以进一步规范预算绩效管理。

### （二）完善预算绩效目标的监督和评价体系

完善预算绩效目标管理，不仅需要预算部门在申请预算时提出明确的绩效目标，更要完善预算执行中及完成后对绩效目标的监控和评价。西方国家的预算绩效管理是预算绩效目标设定、预算绩效监督和预算绩效评价的有机结合，我们要充分借鉴和吸收国外绩效评价体系的成熟做法，紧紧围绕绩效目标，在预算执行过程中对绩效目标的运行情况实施监控，完善绩效评价的指标体系、评价标准和计量方法等内容，以全面、完整反映预算绩效情况，全面推进预算绩效管理，建立全方位、全过程的预算绩效管理体制。

**（三）强化支出机构的责任和动力**

从发达国家建立的绩效预算机制上可以看出，各方在预算绩效管理中的权责关系比较明确，特别是财政部门和预算单位之间的权责关系。财政部门制定总体的绩效目标，对总体资源配置、支出结构负责，同时赋予部门一定的自主权，使其制定部门的绩效目标，对本部门的支出绩效负责，建立起了统一组织、分级负责的预算绩效管理体制。这种预算绩效管理体制强化了支出机构的责任和动力，建立了有效的激励制约机制，可以有效地保证政府的支出活动能够实现绩效目标。我国要以这种机制安排为改革着力点，在预算编制时就要明确部门的绩效目标，适当增强预算的灵活性，预算完成后要加强绩效评价和问责机制，反映绩效目标完成情况和财政支出效益，逐步建立起有效的激励制约机制，强化支出机构的责任和动力，提高预算资金的使用效益。

作者简介：肖鹏，中央财经大学财政税务学院副院长，全国政府预算研究会秘书长，中国会计学会政府与非营利组织会计专业委员会理事。主要研究领域为公共预算和政府会计。

# 讲求绩效是改进预算制度的逻辑起点

◇ 王泽彩

从预算绩效、公共财政和国家治理三者之间的关系看，“讲求绩效”是依法治国的内在要求，是现代财政制度的本质特征，更是改进预算制度的必然选择。

党的十八届三中全会以来，从上到下形成了一致共识，即财政是国家治理的基础和重要支柱，预算是公共财政的基石。按此推理，预算绩效无疑是公共财政活的灵魂。新修订的《预算法》明确了讲求绩效的理念，在我国经济社会发展史上首次写入法典，奠定了新时期强化预算绩效管理的法理基础。从预算绩效、公共财政和国家治理三者之间的关系看，“讲求绩效”是依法治国的内在要求，是现代财政制度的本质特征，更是改进预算制度的必然选择。

## 一、经济社会的发展呼唤预算体制创新

发达国家预算管理制度变迁实践表明，传统预算体制随着经济社

会的发展而发展，伴随其功能的缺失而消亡。1929 年大危机之前，政府对自由市场经济采取放任态度，政府职能仅限于维持国家安全和社会秩序，较少介入经济管理领域，政府实际上是一个有限政府。在预算管理中，遵循古典经济学派的预算平衡论。政府实施的是功能预算管理模式，追求统一、完整和简洁。“二战”后，因政府规模的扩大，财政赤字随之增加，为降低经济波动周期影响，普遍奉行凯恩斯的政府对经济干预的财政政策。但是，由于公共支出和投资支出膨胀，财政收支矛盾日趋加剧，公共管理实践要求以新的预算形式来提高公共部门绩效。1949 年，美国率先将预算与部门绩效和项目绩效联系起来，形成了绩效预算的基本框架，却因立法和技术等原因未得以大范围施行。到了 20 世纪 70 年代，财政危机、信任危机和管理危机席卷西方国家，财政赤字成为各国政府治理的焦点。主要原因就是传统预算体制只关注投入，忽视公共产品和公共服务的产出，资金配置效率低下。因此，政府和社会公众寻求一种高效的新型预算管理模式，已成为那个时代的共识。

## 二、新公共管理运动催生了新绩效预算

20 世纪 80 年代，随着经济全球化和信息技术飞速发展，政府支出规模逐年扩大，财政透明度不断增加，公众对强化部门支出责任，提高政府行政效率的诉求日趋强烈。一场以政府绩效管理为基础、以流程再造为特点的新公共管理运动，首先在英国、澳大利亚、新西兰等国家兴起，进而迅速扩展到其他西方国家。新绩效预算由此应运而生，并成为西方国家主流预算管理模式。可以说，新绩效预算作为一种预算管理模式，在提高政府效率、优化资源配置、提高资金绩效方面发挥着重要作用，成为政府预算管理制度改革的世界性潮流。新绩效预算，就是以结果为导向的预算编制方式，强调“花钱必问效，无效必

问责”。它既是新公共管理的重要组成部分，又是推动新公共管理从理论转化为实践的载体。可以说，推行绩效预算，主要来源于公众压力，以及化解财政收支矛盾的创新之举。在我国时代进步和民主法治发展进程中，基于社会公众对政府“取之于民、用之于民”效能考量的内在要求，政府必须对民众发出的评估政府绩效、提高政府效能强烈呐喊给予有效回应，避免陷入“塔西陀陷阱”。不难看出，新绩效预算不仅是预算方法上的创新，也是对政府执政理念、行为结果、效率责任的优化升级，更是构建现代财政题中应有之义。

## 三、构建现代财政关键是改进预算制度

学习借鉴发达国家有益成果，健全完善预算制度是现代国家治理的重要内容。中央已明确，新一轮财税体制改革是一次立足全局、着眼长远、惠及民生的制度创新和系统性重构。改革的目的是建立与国家治理体系和治理能力相适应的制度框架。改革的目标是建立统一完整、法治规范、公开透明、运行高效，有利于优化资源配置、维护市场统一、促进社会公平、实现国家长治久安的可持续的现代财政制度。改革的任务是改进预算管理制度、完善税收制度、建立事权和支出责任相适应的制度。其中，改进预算管理制度的重点，就是要建立透明预算制度、完善政府预算体系、改进年度预算控制方式、完善转移支付制度、加强预算执行管理、规范地方政府债务管理和全面规范税收优惠政策。显然，加快推进现代预算制度建设，已成为建设现代财政制度的突破口和切入点。而健全现代预算制度，就是要实施预算绩效管理，它绝不仅仅是财政部门自身的事情，要纳入国家治理体系统筹对待。即首先要更新治理理念，统一改革共识，搞好制度顶层设计，强化政策的执行。一方面，要加快政府职能转变；另一方面，要在加强法制建设和培育社会组织等方面有所突破，调动政府内部不同机构、

不同利益代表、社会群体的积极性，切实改善预算绩效管理的生态体系和制度保障环境等。

## 四、改进现代预算制度重点是绩效管理

党的十八届三中全会把财政提升为国家治理的基础和重要支柱，而起着“基石”作用的预算制度必须发挥应有的作用。实现国家治理体系和治理能力现代化，主要看政府绩效，而预算绩效是重点。按照建立全面规范、公开透明的预算制度要求，各级人大对政府财政政策效果和重大项目绩效情况审查力度越来越大。政府预算、部门预算、项目预算及其预算调整和决算，都要依法公开，预算绩效已经成为社会关注的焦点。面对预算公开、透明的外部压力，政府出台的财政政策是否达到预期效果，以及重大项目预算绩效如何，有责任对纳税人做出回应。同时，在建设现代预算制度背景下，推进预算绩效管理，有助于适时、高效能地调整完善财政政策、制度，进一步优化资源配置。最终要让纳税人明白，财政资金投向了哪里？取得了哪些成效？配置效率改善了多少？这些都是推进预算绩效管理改革必须面对的问题，也是新常态下财政政策相机抉择和逆周期调整职能发挥的物质基础。

## 五、预算法夯实了绩效管理的法理基础

党的十八届四中全会强调，要制定和完善财政税收法规，强化财政资金分配使用内部流程控制，推进财政预算信息公开。特别是，新修订的《预算法》明确要求，各级预算应当遵循统筹兼顾、勤俭节约、量力而行、讲求绩效和收支平衡的原则，首次以法律形式明确了政府预算的绩效管理规定，为下一步由传统预算转向绩效预算奠定了坚实的法理基础。当前，由于行政体制改革不到位，部门之间职能的博弈相对固化，资金、资产、资源管理呈现“九龙治水”状况，收入没有全部做到规范

有据，支出也没有全部做到公开透明，推行绩效预算管理的基本条件明显缺失。因此，在学习借鉴西方国家经验基础上，我国走出了一条符合中国国情的“预算绩效管理”模式。十余年的探索和实践，经过中央和地方“自上而下”和“自下而上”双向互动，以及社会各界积极参与，预算绩效管理制度创新取得了突破性进展。但囿于制度安排的路径依赖，我国预算绩效管理改革明显落后于发达市场经济国家，与科学、规范的绩效预算管理模式还有相当差距。从当前看，全面深入推进绩效管理制度改革，依然面临各种各样的制度障碍，尤其是财政法制建设和顶层制度设计滞后，成为预算绩效管理改革向纵深推进的掣肘。

## 六、讲求绩效是改进预算制度的逻辑起点

预算绩效是政府绩效的重要组成部分，它直接反映政府行政运行的产出效率。讲求绩效是国家治理的内在要求和现代财政制度的本质特征。在当前财政收入增速放缓、公共需求刚性增长的背景下，尤其是要注意研究公共财政资源配置效率。一是要加快修订完善相关法律，提升预算绩效管理的法律支撑层次。由于法律所具有的相对稳定性和权威性，为了降低改革的阻力，顺利推进绩效预算改革，市场经济国家通常借助于立法手段，以法律的形式将各方的权利和义务固定下来。按照依法理财、科学理财、民主理财的总体部署，立足我国基本国情的客观需要，启动预算绩效管理法的起草准备工作。同时，修订农业法、教育法、义务教育法、科技进步法，取消与财政收支挂钩的法律规定。二是要加快研究建立预算绩效指标体系，完善预算绩效评价指标体系，使其覆盖所有预算部门和单位、所有财政性资金。在预算编制、执行和监督全过程植入“绩效”理念。当前，要加快推进农业、科技、教育、医疗卫生、交通、水利、社会保障等重点行业的预算绩效指标和评价指标体系建设，构建覆盖所有行业、所有业务的共性和

个性相结合的预算绩效指标和评价指标体系。三是要创新管理制度，完善预算绩效管理的制度体系。加快推进权责发生制政府会计改革，真实、完整、全面地反映政府绩效。积极推进绩效目标管理，建立事前、事中、事后通盘连接的闭环管理系统。积极培育和发展第三方评价机构，提高绩效评价的公信力。同时，加强对第三评价机构的培训，使之成为预算绩效管理能力建设的有效补充。四是实施激励相容政策，建立绩效评价结果应用和问责制度。创新预算编制方法，建立绩效评价结果与预算编制紧密结合的激励约束机制。按照规定，建立“谁用款、谁负责”的预算绩效终身责任追究制，加大绩效评价和监督检查结果的应用，督促预算部门和单位切实承担起预算绩效管理的责任。要定期或不定期向社会发布预算绩效评价报告，在强化绩效审计和人大监督的同时，自觉接受公众、媒体的监督。

总之，讲求绩效是改进预算制度的逻辑起点，是新常态下建设现代财政的重大举措，是依法治国、依法执政、依法行政的现实需要。在全社会树立绩效理念，凝聚绩效管理共识，完善绩效管理立法，健全绩效管理制度体系，严格绩效终身问责制，必将助力现代财政目标的实现。当然，也要充分考虑预算部门和单位，以及地方政府的财务管理水平和能力差异，以及其他配套改革的跟进步伐，准确把握推进预算绩效管理改革的时间、节奏和力度。

作者简介：王泽彩，财政部中国财政科学研究院办公室主任，研究员，制度经济学博士。中国财政学会理事。中国农村财经研究会理事。中国财政学会绩效管理研究专业委员会副主任委员兼秘书长。财政部内部控制标准委员会咨询专家、PPP 政策咨询专家和预算绩效政策评价专家。

# 当前政府购买服务工作中的问题与思考

◇ 胡忠勇

我们理解，中央提出政府购买服务的改革，之所以叫改革，有三个目标：一是促进转变政府职能，推进政事分开、政社分开；二是改善公共服务供给，引入社会力量参与公共服务，提高公共服务的多样性、专业化水平；三是推进政府支出方式改革，促进阳光财政、效率财政、法治财政的建设。

政府购买服务是建立现代财政工作过程当中的核心内容，必须有具体的体现。我想从三个方面给大家汇报一下政府购买服务。

## 一、政府购买服务的理论基础和现实意义

政府购买服务的理论有些是源于新公共管理的理论。它的实质是政府借鉴商业企业的管理模式，来进行公共事务的管理，也就是在“组织”和“生产”公共服务分开的理念下，政府主要从事组织和引

导公共服务的方向，社会和企业可以对公共服务具体提供生产。以新公共管理理论为基础，20 世纪 70 年代到 80 年代，西方一些主要国家以新公共管理为标志进行改革运动，一个重要的措施就是推进购买服务。包括美国政府，特别是里根政府时期，大大地削减了政府规模和政府公共服务，将私营部门引入了公共管理领域。克林顿时期，联邦政府对 100 多个机场的空管和一些军事基地功能外包。美国监狱的一些服务，都是通过功能外包提供的。在我们国家，到 20 世纪 70 年代，中国开始大力支持民营经济发展，在供气、供水、供电的领域引入了私人部门，推进了地方公共服务的市场化。20 世纪 90 年代，在一些发达地区，如上海、深圳、成都、无锡等率先探索了政府向社会力量购买服务，在市政、养老、社会救助、社区服务等领域做了一些有益的尝试。在购买服务目录制定、程序规范、机制设计等方面取得了积极的成效。

党的十八大以来，政府购买服务逐步推进，特别是十八大明确提出要改进政府提供公共服务的方式。本届政府成立以后，要大力提倡简政放权，改善公共服务供给中的重要部署，要求在公共服务领域更多的利用社会力量。在这种背景下，2013 年 9 月，国务院办公厅印发了《关于政府向社会力量购买服务的指导意见》，《意见》当中明确了指导思想、基本原则、目标任务和具体要求。十八届三中全会提出要推进国家治理体系和治理能力现代化，明确提出来要建设现代财政制度，推广政府购买服务。凡是事务性的管理服务，原则上引入竞争机制，通过合同、委托等方式向社会购买，目前推广政府购买服务，也是我们现在全面深化改革的一项重要举措，应该说有几项意义。我们理解，中央提出政府购买服务的改革，之所以叫改革，有三个目标：一是促进转变政府职能，推进政事分开、政社分开；二是改善公共服务供给，引入社会力量参与公共服务，提高公共服务的多样性、专业化水平。这是社会发展的需要，以前公共服务是国家直接提供，所有的服务都是国家层面提供的。但是随着经济社会发展和人民生活水平的提高，对公共服务的需求更加多样化和专业化。不同地方、不同的人、不同的社区，需要的服务是不一样的。在这种情况下，必须要启动专业化、多样化的需求；三是推进政府支出方式改革，促进阳光财政、效率财政、法治财政的建设。这和前面一个专题相比，目标是一致的。所以我认为，政府购买服务不是另外一项改革，从财政本身来讲，是推进政府绩效管理的一个具体的举措。同时从国家层面角度来说，也推动了职能的转变。

我国要利用理论来解决中国的实际问题。我们以前是大包大揽，直到目前为止也没有改变，主要由政府直接提供服务。在这种情况下，出现了政事不分、政社不分、政企不分的情况。政事不分的情况，一直没有得到有效的解决。那么怎么办？这几年我们涉及改革这个问题，正在推进当中。还有就是政社分开，我们现在要大力发展社会组织，特别是让行业商会、协会脱钩，也是一项重要的改革工作。这个脉络是非常清晰的，虽然我们政府购买服务只是一项具体的配套措施，我理解这是定位方面。

## 二、政府购买服务与政府采购、政府和社会资本合作之间的关系

政府购买服务从概念上讲，实际上至少实现了两个目标：转变政府职能、改善公共服务供给。要始终在研究理论和政策的时候牢牢把握这两个方向，要有力地促进中国政府的职能转变，促进我们公共服务的供给改善。当然最后带来的就是我们财政资金使用效率的提高，这是两个或者三个目标。政府采购实际上从现在的《采购法》或者实施条例来看，政府采购是指各级国家机关、事业单位、社会团体使用

财政性资金，采购依法制定的集中采购目录以内的或者采购限额标准以上的货物、工程和服务的行为。其目的是通过规范采购当事人、采购方式、采购程序、采购合同等政府采购行为，提高政府采购资金的使用效率，维护国家利益和公共利益，保护政府采购当事人的合法权益，促进廉政建设。《政府采购法》或者实施条例，定位目标是从程序上要规范政府的采购行为，从根本上、从源头上要治理腐败。

关于PPP，政府和社会资本合作问题。财政部、发改委和国办都发了文件，对于这个概念逐步的深化，当然现在也在推进PPP立法的问题，也通过认识在不断地深化。国办发的文件对于PPP是这么定义的，即政府采取竞争性方式，择优选择具有投资、运营管理能力的社会资本，双方按照平等协商原则订立合同，明确责权利关系，由社会资本提供公共服务，政府依据公共服务绩效评价结果向社会资本支付相应定价，保证社会资本获得合理收益。其目的是充分发挥市场机制作用，提升公共服务的供给质量和效率，实现公共服务的最大化。

我理解这三者之间是相互联系，同时又各有侧重的。所谓联系就是，这三种方式都是市场经济国家处理和规范政府与市场、社会之间经济行为的一个措施，都强调公平、公正、透明、效率、法治原则。政府购买服务与PPP都是为了解决政府提供公共产品和服务的低效问题，引入社会力量参与，形成竞争机制和多元互动治理模式，提升国家治理水平。在选择承接主体或者合作对象环节，都适用政府采购相关法律规定，属于政府采购范畴。联系方面是很清楚的，提高效率、引入竞争机制。

从区别来讲，政府购买服务或者政府采购应该在购买主体、政策目标上有区别。政府购买服务强调的政府购买主体的行政管理职能，政策目标侧重于政府购买服务改变公共服务供给；政府采购强调的是采购主体资金来源的财政性质，国家机关以及使用财政性资金的事业单位、社会团体都可以按照需要进行采购。程序公正也是最近政府采购强调的，从程序公正到物有所值的转变，也是一个必要的结果。

政府购买服务和 PPP 在实现方式上也存在较大差异。PPP 是公共服务领域政府和社会资本建立的一种长期合作关系，在项目全生命周期管理中，强调激励相容、收益共享和风险共担，提升公共服务质量和效益。政府购买服务主要是公共服务领域政府和市场主体之间建立的平等买卖关系，重视公民参与和精准服务。它们之间的关系是紧密联系的，但是怎么把这些关系理清楚，是我们在制定政策时要考虑的。当然要理论化，也不能太理想化，我们所有的政策，不管是政府购买服务、PPP 还是采购，都是为了解决现实问题，而不是为了理论而理论，所以需要大量的理论支撑，同时也要结合实际情况，便于操作，这是我们现在要解决的两难问题。

## 三、推广政府购买服务需要研究解决的重点难点问题

目前，地方党委和政府，包括各有关部门积极行动，改革的工作机制初步形成，制度法规建设取得明显进展，特别是《政府采购法实施条例》颁布实施以后，明确把政府购买公共服务纳入政府采购的范畴，政府购买服务的范围取得重大进展。同时，现在也面临一些问题，思想观念的转变比较慢，在前面几个问题当中，大家的认识不够统一，特别是在政府购买服务的过程中，一些地方打着购买服务的名义，要人要钱，通过组合式的方式购买融资服务。另外就是工作进展，政策还有一些不完善，相关的改革不协调，承接的主体滞后等问题。购买服务，包括财政改革，一直是提在前面的。但是相关的企业改革，现在还是处于体制转轨时期，好多东西在转轨时期。实际上财政在往前面走，走得过快，或者单兵突进的比较多，确确实实有点小马拉大车

的感觉。在这种情况下，在现在的工作当中我们还面临着几个问题。

**（一）是购买主体**

就是谁来买的问题，也就是谁带着政策。现在的规定比较明确，党内机关、人大机关，行政机关，司法机关，还有民主党派机关，以及承担政府职能的事业单位和纳入行政编制管理且经费由财政负担的群团组织。但是在具体的过程当中，社会的社团组织，包括一些联合会、协会这些官办机构确实是比较困难。例如，从国家层面上来讲，一些研究中心，如社科院、中科院等，从道理上来讲是有难度的。包括现在已在建设的国家智库，不能只是社科院里面有一个办公室建智库，本身智库是在各个单位的，那么怎么购买服务？这其中就有购买主体的问题。

**（二）是购买内容界定问题**

我们在改革中反复强调，既强调要应买尽买，还要防止本来应该部门办理的事项交给社会来承担，就是防止两头占。因此涉及公共服务界限的划定。实际上，公共服务的概念是随着社会发展到不同阶段，在不同的地区，有着不同的需求。例如，北京市和西部省份完全不一样，在公共服务这一块，目前是通过部门职能和支出范围，分级分部门编制政府购买服务的指导目录。在此基础上，提炼出政府购买服务的公用职能部门。凡是列入目录的事项，只要有支出安排，而且不属于应当用政府部门直接提供的服务事项都可以向社会购买。这里面只要有当地财政许可的，就可以通过法定预算予以安排。在工作过程当中，很多专家、学者对于这些问题都进行了研究，说政府购买服务是购买什么？要防止两头占。现在我们属于什么？小政府大社会，有些事业单位是被赋予行政职能的。

**（三）关于事业单位政府购买服务改革问题**

去年经过国务院同意，财政部和中央编办联合发布了《关于做好事业单位政府购买服务改革工作的意见》。现阶段政府提供公共服务，通过事业单位提供，也是一个高度集中的计划体制的延续和继承，例如教育、医疗、科研领域最为典型。在这种情况下，如果不能很好地让这些事业单位参与政府购买服务，巨大的政府提供公共服务的能力仍然只能在行政部门，政府向社会购买服务业不能更加深入和持久。从事业单位改革方向来看，脱离经营性、强化公益性、实现分类管理是必然趋势。政府购买服务必须紧跟事业单位改革趋势，在做好购买公共服务支出增量的同时，要适时做好事业单位购买服务的存量改革。所以，去年发布的文件重点强调的就是在现有事业单位分类的基础上，首先对公益二类事业单位实行“拨改买”，例如现在的财政拨款，直接拨给二类事业单位，如财科院，每年安排3000万元的经费保证运转，要改成购买服务。首先要签合同。这个项目怎么确立？要购买服务的目录是什么，财政部的目录是什么。合同怎么履约？内容肯定是要干什么事。现在的人员经费、公用经费，以及项目经费，对于事业单位，也是按照行政单位进行管理的。所以我觉得财政部如果是以直接委托的方式向财科院购买服务，那财政部就要和财科院签立协议约定要买什么，如学科建设、研究生培养等。至于说这个学科要多少人，并不限制。这就是原则规定或者是实际操作当中，要发挥大家在这个方面的积极性，只要在方向正确的情况下，措施可行，这个事情就可以做。

当然，一类事业单位这次不参与购买服务的政策，为什么？现在从分类方面，作为经费的管理者，我们认为这些单位是政府应该继续直接举办的公共服务。国外现在大部分是市场购买，都可以市场化。我们组织了一个专门的培训班到美国去培训，发现美国现在过度市场化，也存在很多的问题，目前正在逐步地往回走，往回收。我们是在适当的放，这其中有一个度的问题。不管是哪一方面的理论，一定要符合中国的实际情况，一定要解决中国的实际问题，这是我们的指导思想。一类事业单位，我们认为目前这个情况，既不是承接主体，也不是购买主体，不参与政府购买服务。如果现在有一大笔钱过剩，那说明什么？说明这个单位的人太多了，不需要那么多人，也不需要那么多钱。通过这个制度进行倒逼。二类的事业编制要淡化。政策导向怎么设计？一个政策会对整个社会管理产生比较大的影响。我们在这种大胆设计方面，要谨慎操作。

**（四）是社会组织的培育发展问题**

社会组织这个问题以前我们是高度控制和管理的。实际上这些年以来，很多事情确实要通过社会治理，我们强调国家治理，社会治理，公民参与意识。没有社会组织的高度发达，很多事情很难办。在这种情况下，中央也很重视，去年专门发布了关于改革社会组织管理的意见。学会组织通过购买服务的支持，去年，民政部、财政部专门发了文件。社会组织自身要加快发展，练好内功。如现在的社区服务，社会工作各方面，北京、上海、广东专门有社会工作部，省委专门成立了工作组，这一块工作也是在不断地加快推进。在政府购买社会服务过程当中，没有社会组织，很多服务是买不到的。真正要有效地推进政府购买服务，要加快这方面的发展，一是事业单位改革要推进，我们要相互促进，同时事业单位不改，购买服务也是一句空话，增量的部门必须有限。在这种情况下，我们试图通过购买服务的方式，推动促进体制机制的变革。

**（五）是信息平台**

现在大家在操作层面上都希望加强沟通和交流，解决购买主体、承接主体之间的需求对接问题。民政部现在正在研究，各级民政部门登记的社会组织的能力是什么？能力目录，当然资质是购买主体提出来的要求，这个怎么选？这些社会组织要把自己的能力，把自己做过的一些工作通过一定的平台向社会公布。当然购买主体要发布购买信息，进行对接。财政绩效是很重要的，同时政府向社会提供服务，应该更加强调服务对象对服务质量的意见，所以第三方评估就会变得更加重要，下一步我们也会积极研究，积极推进这项工作。

作者简介：胡忠勇，财政部综合司副司长。

# 文化部会计相关工作购买服务项目解析

◇李 峻

通过采用公开招标、竞争性谈判、竞争性磋商等方式，在专业机构的帮助下，文化部会计相关工作购买服务项目取得了较好的效果。

## 一、项目背景

2000年以来，财政部陆续实施了部门预算改革、财政绩效管理改革、国库集中收付改革、政府收支分类科目改革、中长期财政规划、政府会计制度改革等各项改革措施，几乎每一年都会有一项影响深远的改革措施推出。作为基层单位财务部门，日常工作已经不仅是收支核算等内容，涵盖了预算管理、收支管理、资产管理、项目管理、合同管理等业务层面的工作，同时还要应对财政监督、审计监督、社会监督、信息公开等事项。为了做好这些工作，财务部门必须完成诸如课题研究、标准评价指标制定、监督检查、评估、绩效评价、项目评审、财务审计、咨询、技术业务培训、信息化建设与管理等方面的工作。

近年来，文化部财务司在上述领域积极探索尝试通过政府购买服务的形式完成相关工作，2016 年完成了部机关财务信息平台（二期）建设工作、会计核算数据规范化课题研究、文化部财务历史数据运行维护项目、会计基础性工作（资产清查）等工作，取得了较好的成效。

## 二、需求分析

（一）严格依法办事，在实施政府购买服务工作时，认真执行各项规章制度。主要遵循下列基本要求：一是按照一定的方式和程序，交由具备条件的社会力量和事业单位承担，并由政府根据合同约定向其支付费用；二是当按照政府采购法的有关规定，采用公开招标、邀请招标、竞争性谈判、单一来源采购等方式确定承接主体；三是与政府购买服务相关的采购限额标准、公开招标数额标准、采购方式审核、信息公开、质疑投诉等按照政府采购相关法律制度规定执行。

（二）明确具体需求，对于部机关财务信息平台（二期）建设工作，要求实现部机关本级网上报销、合同管理、票据管理等功能的应用，要求承接主体提供较好的软件实施、人员培训及咨询服务等；对于会计核算数据规范化课题研究要求承接主体提供数据分析整理，咨询服务，政策研究等服务；对于文化部财务历史数据运行维护项目，要求承接主体提供快速响应服务、人员培训服务等；对于会计基础性工作（资产清查）等外包工作，要求承接主体提供政策咨询、鉴证等服务。

（三）明确采购要求，由于这些项目的服务内容及工作目标各不相同，在实施具体采购前，文化部在专业机构的帮助下，进一步细化了购买内容、规模、对承接主体的资质要求，购买服务的内容、期限、数量、质量、价格等要求，双方的权利义务事项和违约责任，最后结合项目特点和相关经费预算，综合物价、工资、税费等因素，合理测算政府购买服务所需预算金额。

## 三、采购过程

一是严格遵守《政府采购法》《政府采购法实施条例》《政府购买服务管理办法（暂行）》《行政事业单位内部控制规范（试行）》等相关法规制度。

二是对于文化部（采购主体）来说，做好政府采购预算、政府采购计划、政府采购活动的归口管理、信息发布、项目验收、答复质疑、采购业务档案管理、记录控制、保密等工作。

三是要求承接单位做好政府购买服务台账、记录相关文件、工作计划方案、工作汇报总结、财务报告制度、接受和配合相关部门对资金使用情况进行监督检查及绩效评价等工作。

四是为保证购买服务过程的规范有序，文化部财务司通过公开招标的方式，选定了购买服务第三方代理机构。从行业信誉、能力实绩、人员配备、工作方案、质量保证、服务费用等各方面进行综合考察，按照得分高低排序选取了中介服务机构。

## 四、效果分析

通过采用公开招标、竞争性谈判、竞争性磋商等方式，在专业机构的帮助下，文化部会计相关工作购买服务项目取得了较好的效果，主要体现在以下几方面。

一是经济性。以较低的价格取得了满意的服务，例如，通过竞争性谈判，以 5.8 万元购买了 33 户，64 个财务账套的运行维护服务，在 2016 年底审计署调查工作部署时，积极响应，圆满地完成了工作任务。

二是效率性。购买服务过程中，通过中介机构的帮助，在两个月时间内完成了四个项目的采购工作。

三是效益性。除了项目本身购买服务的目标达到外，购买过程中，中介机构在政策咨询、人员培训、应急事项处理等方面都做了很多工作，为项目的实施起到了保驾护航的作用。

四是公平性。很多项目通过政府采购的方式进行购买，社会关注度、参与度都是空前的，课题项目有十户参与竞争，软件运维项目有八户参与竞争。

## 五、思考和建议

一是面对近年来各类财政改革措施，需要有一批专家学者、专业人士来对基础工作，在基层制度、流程、内部管理等各方面予以帮助。

二是需要从统筹全局的角度将财政的各类改革措施予以落地，经费、人员、工作手段等缺一不可。

三是建议在关键行业、关键项目上确立样板和标杆，引导大家去学习和模仿。

作者简介：李峻，文化部财务司会计核算处处长，中央国家机关会计领军人才三期学员。

# 政府购买服务的核心是“政府掌舵而不是划桨”

◇ 刘　怡

要培育公共服务的购买市场可能需要各方面的努力。市场培育的障碍有很多，要打通这些关节，需要有更多的参与者，而不是几个低水平的供应商。

## 一、购买公共服务中政府的定位

政府购买公共服务，就是把原来政府直接向社会公众提供的一部分公共服务，通过合同外包、公私合作、补助以及凭单等方式转交给社会的力量来提供，由政府根据服务的数量和质量向其支付费用的公共服务提供方式。这种方式我们可以明显地看到政府角色的转变，政府从原来的直接提供者、生产者转变成安排者、购买者。

政府应该提供什么样的公共服务，为谁来提供公共服务，应该提供什么样的程度以及水平的公共服务，直接就决定了到底要花多少钱。这些就相当于预算方面的控制，例如养老的问题，我们要购买服务到什么样的程度，我们的财力预算约束在哪，这些问题决定了我们看这项服务是否到位，解决公共服务的资金来源以及监督和评估公共服务水平，其核心就是政府角色的转变，政府工作的重点和内容均发生了根本性变化。

## 二、公共服务方式的选择

对于政府这样的定位，我们会看到，像欧盟颁布的公共服务的采购指令，把机动车、设备维修、电子政务及相关服务、会计和审计、污水和垃圾处理、健康与社会服务、文化及体育等27类的公共服务全部纳入向市场购买的范围，并规定凡是超过20万欧元的公共服务，一律通过公开招标方式购买。

引入竞争机制，有了市场运作后，竞争力就会有很大提升，公共服务的质量和效率也会通过这种机制的改变得到改善。

像我国的环保、医疗、社会保障、道路交通这样的一些领域我们可以运用合同外包的方式。在基础设施、污水处理、自来水供应、电力系统等的领域可以采取公私合营，如BOT、BT、PPP等，都是由一种新的机制来提供公共服务。而为了促进某项公共事业，例如，环境保护、高新技术发展、产业结构升级等，我们可以采取一些补助的方式来刺激这些领域的进展。在教育、食品、住房、医疗服务、运输、幼儿保健、家庭服务、老年项目、娱乐以及文化的服务等领域，可以采用发券的方式，用凭单提供服务。引入竞争机制就有效率。有绩效的提高，我们就会看到公共服务水平的提高。

## 三、公共服务购买过程中需求方面的缺陷

首先，公共服务的定义是一个难题。我们购买无形的东西，如养老、娱乐，需求量很难确定的问题如何解决？如何获取有价值的公共服务信息？在对服务进行评价的过程中，引入专家评审，所依靠的标

准也很脆弱。这些技术方面的难度，值得重视。

其次，委托代理的复杂性也是一个新变化。引入第三方后，代理关系变得复杂，第三方对政府负责，很难让第三方对公众负责。如果公共服务体系最终的目标是公众，公众不参与购买服务的过程，可能会导致价值目标的错位。

最后，政府的独立性。引入第三方后，政府依赖中介，政府对购买服务过程的监督可能会弱化，独立性可能丧失。

## 四、供给方面的缺陷

在供给方，公共服务供给的竞争市场不一定存在。政府找到供应商并不容易。由于政府服务的特殊性，没有办法拥有一个庞大的充满竞争的供给市场。进入市场的供应商有限，就很难形成竞争，容易形成垄断，我们所希望的通过竞争提高效率并不容易实现。

还有公共服务可能产生的一些外部性，我们也不应该回避。例如，城市管理方面，对公共安全的供给，服务商可能会滥用这些权力，导致中介与公民的冲突，这些冲突实际涉及执法权的问题，值得重视。

## 五、解决需求供给缺陷以及提高服务效率的可能途径

要培育公共服务的购买市场可能需要各方面的努力。市场培育的障碍有很多，要打通这些关节，需要有更多的参与者，而不是几个低水平的供应商。

要建立公共服务购买的问责机制。集体决策机制下的问责是没有办法执行的。现在越来越多的政府文件对问责有非常具体的落实措施。例如，地方政府债务问责机制的建立就是一个很好的做法。

要增强政府议程的设定能力，要提高服务合同的监督管理能力。只有这些能力得到保障，我们才能期望政府购买公共服务走向规范，才能看到公共服务市场的繁荣，也才能有公共服务效率的提高。

作者简介：刘怡，北京大学政府管理学院教授。

# 政府购买服务管理机制的国际经验借鉴

## ——以美国为例

◇ 陈志勇

美国的“政府购买服务”起源于1969年管理专家Peter Drucker提出的“民营化”理论，政府应该将所承担的部分行政管理或者公共服务职能转移给民间。“民营化”一般分为政府撤资、政府委托、政府淡出三种类型。其中政府委托中的合同外包与我国的政府购买服务概念最为相近，可借鉴性也最强。

### 一、政府购买服务的内涵与特征

政府购买服务起源于20世纪70年代西方的新公共管理运动，指的是通过发挥市场机制作用，把政府直接提供的一部分公共服务事项以及政府履职所需服务事项，按照一定的方式和程序，交由具备条件的社会力量来承担，并由政府根据合同约定向其支付费用。

这种模式改变了公共服务的提供主体和方式，使之更加多样化、高效化和市场化，不仅提高了政府资金的使用效率，民众也获得了更优质的产品和服务。

## 二、美国政府购买服务的经验借鉴

西方社会经过多年的实践和改进，已经形成了一整套严密健全的政府购买服务的制度。俗话说，他山之石，可以攻玉。通过对其他国家的经验借鉴，可以更好地完善我国政府购买服务的机制。美国的“政府购买服务”起源于1969年管理专家Peter Drucker提出的“民营化”理论，政府应该将所承担的部分行政管理或者公共服务职能转移给民间。“民营化”一般分为政府撤资、政府委托、政府淡出三种类型。其中政府委托中的合同外包与我国的政府购买服务概念最为相近，可借鉴性也最强。

### （一）政府购买公共服务的种类

在购买的公共服务的类别上，美国政府购买的规模十分庞大，2012年仅纽约市政府的政府采购规模就高达105亿美元。除却少数那些“紧密关系公众利益以至于必须由联邦雇员行使的职能”之外，几乎政府提供的所有公共服务都可以由私人部门提供，大体上包括公共工程与交通、公共安全、公用事业、健康与人力资源、公园及娱乐、文化艺术和保障功能七大类。虽然囊括的种类很多，但是确定哪些服务可以外包在程序上不是随意的。首先，政府会出台相应文件清楚规定哪些职能不能外包，没有列出的才可以委托私人企业来承担；其次，依照购买服务的本意，进行成本效益分析，确定将这类公共服务委托出去是否可以真正做到降成本、提效率。

### （二）政府购买公共服务的管理机制

美国政府购买公共服务的程序是以合同为核心开展的，严格按照合同内容来实施。联邦政府采购条例中详细规定了五种合同类型：固定价格合同、成本补偿合同、激励合同、不确定供货合同、基础协议等。不同类型的公共服务适用于不同类型的合同，以固定价格合同为例，适用于功能或服务简单、有关要求准确具体、功能有严格规定或者技术很详细很明确的物品和服务。根据合同类型，政府部门会对中标条件、采购风险、市场状况、竞争因素、对象范围等进行详细调查和比对，在规定范围内选择供应商，以提高采购效率，减少采购成本。

除此之外，在购买公共服务的全过程中，对每个环节都有明确的规定。首先，政府根据需求评估出相应的供应商范围后，会向相应的私人企业发布决定购买的服务的信息和参与流程，明确招标信息和相关要求。随后的竞标程序，则一般分为三大类，即竞争模式、协商模式和合作模式。(1) 竞争模式：公开招标或者竞争性谈判，采取最普遍的“最低价格”或者“最优价值”中标原则。(2) 协商模式：政府部门会主动邀请民间机构撰写服务计划书，根据服务计划书选择合适的机构进行协商谈判，共同确定服务方案。(3) 合作模式：指政府部门和民间机构建立合作关系，共同研究所涉及的合同内容和服务方式以满足社会公众的需求。该模式旨在建立一种双方长期的合作关系，并不是购买短期的服务项目。政府部门会按照不同公共服务特性确定不同的竞标程序。

**（三）政府购买服务的质量保证机制**

美国政府购买服务中最重要的一个环节就是服务质量的监管，在质量保证计划中，美国政府主要采取了三种方式来达成目标：信息报告管理，质量检验，公民投诉和满意度调查。(1) 信息报告管理：承包商会按月或按季度向政府部门报送与服务相关的报告，报告会详细说明服务的实施效果，政府会对承包商报告进行详细审查和比对。(2) 质量检验：政府会不定期派工作小组对服务进行实地检查，质量检查贯穿了投入、过程、产出等全部环节。(3) 公民投诉和满意度调查：这是通过公民投诉和调查进行的，政府会对投诉进行记录，并且会告知承包商、中介以及潜在承包商。同时，为了弥补投诉机制的缺陷，政府也会对享有服务的社会成员进行满意度调查，了解质量方面存在的问题，同时反馈给承包商或者对承包商进行监管。

## 三、我国政府购买服务存在的问题

我国的政府购买服务起源于1995年上海浦东向社会力量购买公共服务的实践。目前相比于发达国家仍处在起步阶段，还未建立起规范的制度程序和完善的法律体系，在国家整体层面上，除了《政府采购法》外，也只有财政部等2015年出台的《政府购买服务管理办法（暂行)》。但政府购买服务和政府采购之间还有很多的差别，不能一概而论，也就是说，并没有明确的法律去细化和规范政府购买服务，这导致我国的政府购买服务存在着很多问题。

第一，政府购买服务的规模较小。一直以来，我国政府采购的总额不断扩大，2015年全国政府采购规模为21070.5亿元，首次突破2万亿元，但也仅占财政支出的9.1%左右。而在这其中，大部分是政府采购的货物和工程，真正的公共服务类仅仅只有3343.9亿元，仅占政府采购的15.9%，这个比例在2014年则更低，只有11.2%。尤其是地方政府采购服务规模远远不够，以云南省为例，2015年和2016年两年的政府采购总规模为1269.77亿元，服务类为105.71亿元，占比只有8.33%。

第二，政府购买服务的范围非常有限，根据《政府购买服务管理办法（暂行)》规定，政府购买服务的对象主要分为以下六大类服务：(1) 基本公共服务。包括公共教育、劳动就业、人才服务、社会保险、社会救助、养老服务、儿童福利服务、残疾人服务、优抚安置、医疗卫生、人口和计划生育、住房保障、公共文化、公共体育、公共安全、公共交通运输、三农服务、环境治理、城市维护等领域适宜由社会力量承担的服务事项。(2) 社会管理性服务。包括社区建设、社会组织建设与管理、社会工作服务、法律援助、扶贫济困、防灾救灾、人民调解、社区矫正、流动人口管理、安置帮教、志愿服务运营管理、公共公益宣传等领域适宜由社会力量承担的服务事项。(3) 行业管理与协调性服务。包括行业职业资格和水平测试管理、行业规范、行业投诉等领域适宜由社会力量承担的服务事项。(4) 技术性服务。包括科研和技术推广、行业规划、行业调查、行业统计分析、检验检疫检测、监测服务、会计审计服务等领域适宜由社会力量承担的服务事项。(5) 政府履职所需辅助性事项。包括法律服务、课题研究、政策(立法) 调研草拟论证、战略和政策研究、综合性规划编制、标准评价指标制定、社会调查、会议经贸活动和展览服务、监督检查、评估、绩效评价、工程服务、项目评审、财务审计、咨询、技术业务培训、信息化建设与管理、后勤管理等领域中适宜由社会力量承担的服务事项。(6) 其他适宜由社会力量承担的服务事项。然而，在具体实践中，大部分还是以承接政府部门部分职能为主，医疗、教育等公共服务尚未正式推广。

第三，政府购买服务的程序不完善。依据《政府购买服务管理办法（暂行)》第四章《购买方式及程序上》的规定：购买主体应当按照政府采购法的有关规定，采用公开招标、邀请招标、竞争性谈判、单一来源采购等方式确定承接主体。虽然程序有大致的规定，但缺乏细节性规定，这就留下了很多操作空间。首先体现在契约双方上，按照公共服务购买的定义，契约双方主体应该彼此独立平等，这是服务购买的必要条件。但在我国却很难做到双方独立。接受委托的承包商与委托服务的政府部门之间不完全具有独立性，甚至有些更类似于政府的办事机构。其次，相应的执行人员缺乏专业的素养，缺乏成本控制的意识，针对购买的公共服务的成本价格没有和市场价格进行充分比较，政府对外购买服务之后，其成本甚至远远高于由政府独立承担。

第四，政府购买服务监管缺失。很多政府部门购买公共服务之后就直接当起了甩手掌柜，对服务提供的质量不管不顾。例如江西省村级规划扶贫试点项目，虽然是我国第一个采用了公开透明的竞争性方式招标的项目，但是招标之后政府在没有责任约束情况下疏于项目与合同的管理与评估，结果是公共服务质量与水平被忽视。同时，服务中社会公众的监管也不足，公共服务的直接受益对象是社会公众，其对服务质量有着直接感受，必须赋予社会公众参与服务监督的权利。

## 四、政策建议

借鉴美国的相应管理经验和针对我国存在的问题，对如何改进我国的政府购买服务提出以下几点政策建议。

第一，建立完善透明规范的政府购买服务程序。政府要尽快出台相应的法律，在法制层面上规定政府购买服务的内涵、对象和程序。一方面，应该对政府购买公共服务的范围和标准，服务对象的界定原则和方法，社会组织承接公共服务的资质管理办法进行规范。另一方面，明确和细化向社会组织购买服务的方式、程序、招标办法以及绩效评估方式与标准。

第二，发展和培育独立的社会机构。契约性公共服务的提供必须依靠独立的社会机构，目前我国社会组织对国家机关的依赖度相对较高，缺乏应有的平等意识，难以有效向社会公众提供公共服务。

第三，健全多元化的监管机制。政府购买服务监管应分为两个方面：一是从政府角度，建立定期检查、第三方评估和专业机构审计制度；二是引入全面的公众参与机制。引入群众评价，运用科学化的绩效评估指标，对公共服务的目标实现情况、成本效益、公众满意度、群众安全感等进行科学、合理、客观、公正的评估。

作者简介：陈志勇，中南财经政法大学教授、博士生导师，中国财政学会理事、中国高等教育学会高等财经教育分会财政学专业委员会主任委员、全国高校财政学教学研究会副会长、湖北省预算与会计研究会副会长、湖北省税务学会副会长、武汉市财政学会副会长。

# 健全完善政府购买服务管理体制研究

◇ 王泽彩

下一步改革可以细分为“123456”：即，增强1种意识：创新公共服务供给方式。修订2部法律：预算法、政府采购法。推进3项改革：行政管理体制改革、分税制财政体制改革、预算管理体制改革。健全4个体系：购买主体体系、承接主体体系、购买服务目录体系、购买服务绩效评价体系。规范5个流程环节：项目报批、组织采购、资质合同、监管绩效、经费兑付。健全6项配套措施：规范政府预算体系、编制中期滚动预算、完善政府采购办法、引入PPP模式、实施国库集中支付、开展绩效考评与监督管理。

在全面深化改革进程中，推进政府购买服务是转变政府职能、创新社会管理、改进公共服务提供方式的一项系统性工程。学习总结发达国家实践经验，客观分析我国推进政府购买服务面临形势，科学划分政府间事权与支出责任前提下，按照“先探索，后规范”原则，将“预算绩效”理念植入政府购买服务全过程，对建立健全我国政府购买服务管理体制意义重大。

## 一、发达国家政府购买服务管理经验借鉴

政府购买服务因其有利于提升政府的公共服务能力，降低公共服务成本，满足公众多样化需求，成为发达国家的普遍做法。我国政府购买服务还处于探索起步阶段，借鉴发达国家30多年实践经验，可以少走弯路，加速推进改革。经过认真梳理，归纳为以下几点。

### （一）健全完备的法律法规体系

发达国家购买服务构建了完备、细致的法律法规体系，保证政府购买服务顺利进行和政策有效实施。尤其是针对预期可能出现的情况和问题，采取哪种解决方法都有明确约定，适应性、操作性、规范性强。譬如美国有4000多部与政府购买服务直接或间接相关的法律法规，规定了政府购买服务的组织管理、职责分工、购买程序等各个环节。英国除了遵守《欧盟政府采购指令》关于公共服务合同、购买合同主体、购买程序等规定，还根据本国实际情况制定了很多法律法规，对政府购买服务加以指导和约束。日本政府购买服务也有一系列法律法规作为依据，如《会计法》《预算决算与账目公开条例》《合同式商业交易法规》《关于导入竞争机制改革公共服务的法律》等，为政府购买服务提供了方针和指引，规范了官民竞争投标及民间竞争投标程序，中标民间部门实施公共服务的必要措施等（见表1）。台湾对公共服务供应商履行管理条款、对合同纠纷和投诉也给出了细致的处理步骤。

表 1　　发达国家政府购买服务法律法规情况表

| 国别 | 法律法规名称 |
| --- | --- |
| 美国 | 《合同竞争法》《联邦政府采购条例》《政府绩效和结果法》《采购规则》《联邦财产和行政管理服务法》《购买美国产品法》《服务合同法》《贸易协定法案》《诚实谈判法案》《联邦采购办公室法案》《小额采购法案》《总监法案》《小企业法》《合同纠纷法案》等。 |
| 英国 | 《欧盟政府采购指令》《资助和采购最佳实务准则》《服务外包委托指导》《英国和政府志愿及社会部门关系的协议》《开放的公共服务白皮书》《公共服务（社会价值）》《公用事业合同法案》等。 |
| 日本 | 《关于规定物品和特殊服务采购的特别程序的法令》《关于规定物品和特殊服务采购的特别程序的部门法规》《地方自治法》《地方自治法实施条件》《地方政府实体物品和特殊服务采购的特别程序的法令》《关于导入竞争机制改革公共服务的法律》《会计法》《预算决算与账目公开条例》《合同式商业交易法规》等。 |

资料来源：根据世界银行研究资料整理。

### （二）清晰的购买服务范围和内容

明确哪些可以买、哪些不可以买，是推进政府购买服务的前提基础。政府提供公共服务范围和内容，最终取决于一个国家体制和发展阶段，取决于政府、市场、社会的边界，以及层级政府间事权和支出责任的划分。

一方面，购买服务分类细致。英国公共服务改革一直走在世界前列，《公共服务开放白皮书》（2011）提出高质量的公共服务是政府的基本责任。英国以“开放”为核心，对政府如何改进做出了系统全面的规划，并将选择（choice）、放权（decentralised）、多元化（a range of different providers）、公平性（fair）、问责（accuntability）定为英国政府改进公共服务的五大原则。即：（1）选择。在任何可能的公共服务领域增加选择，增强人们对所享受服务的直接控制。(2) 放权。权力应该下放到适合的地方一级，将社区预算下放给更多的地方政府。(3) 多元化。更广泛的提供方，包括公共部门、志愿部门和私有部门。(4) 公平性。确保人们公平地享受到公共服务。(5) 责任。公共服务应当对使用者及纳税人负责。这五大关键原则既是理论上的核心精神，又是操作层面上的核心指南。它将公共服务的使用者、提供者和安排者三方全部纳入体制中，将利益相关者整合并纳入体系中，不再忽略公共服务的真实受益者，赋予公民在更多领域的选择权和控制权，并采取切实可行的措施予以保护；从下放权力的政治层面、预算的经济层面和公平性、责任性的社会层面论述了英国开放公共服务的改革路径及保障措施。

另一方面，购买服务范围广泛。美国从公共交通到监狱管理，从图书馆运营到治安消防，从公共教育到环境保护，从公共卫生到社会福利救济，从公共水利到公众娱乐文化，从公共公园到公共税务，从信息服务到政府人员培训，这些公共服务几乎都是政府通过私营企业或者非营利机构等社会组织购买的。美国在公共服务供给中坚持的一个原则就是凡是能够承包的服务，政府就必须全部承包出去，然后通过购买的方式向公众提供。不难看出，政府购买服务几乎遍及美国供给服务的所有领域，并涵盖了公共服务的绝大部分。欧盟国家购买公共服务的领域也较为广泛，共包含教育、健康、文化娱乐、体育、就业、污水、垃圾处理及环保服务等 27 类。再如英国，2010 年卡梅伦执政，将越来越多的公共服务外包给企业和非营利组织，涵盖了教育、医疗、交通、安全、信息技术、环境保护、弱势群体帮助、癌症病人关怀等众多方面。

### (三) 绩效导向型的购买服务形式多样化

长期的公共服务购买实践中，发达国家根据所有服务的性质，以提高服务质量为导向，采用了包括公私合作、合同出租、个人账户直接付款、补贴制度和消费券等在内的多种购买形式。一是公私合作（PPP）。公私合作是指在公共项目（事业）建设或运营中，公共部门和非公共部门（主要是民营企业）发挥各自比较优势，共担风险责任、共享收益，相互合作提供公共服务的一种模式。具体包括：BOT、BTO、LBO、BOO、BBO、TOT等多种操作方式，且在德国应用得最为广泛。例如，德国的公路、桥梁、隧道、污水处理设施、自来水供应系统等基础设施领域，公共服务的提供都采取公私合作的方式。二是合同出租。合同出租（也称服务外包）是指公共部门确定某种公共服务的数量和质量标准，按照一定程序公开择优，与私营部门或非营利部门签订提供公共服务的供给合同，政府则以纳税人的税收去购买承包商提供的公共服务，并依据合同对服务数量、质量、效率、绩效等承包商的活动进行监督和管理。服务外包在美国最为普遍，截至2012年，美国政府已经与私人公司、非营利机构等签订了大约2000万个购买服务合同。三是其他形式。个人账户直接付款，政府部门将款项直接转入符合相关条件的公民个人账户。例如，在英国政府发布的《公共服务开放白皮书》（2011）中指出，个人服务项目（Individual services）中的成人社会救济（adult social care）、残障特殊教育需求（special educational needs（SEN）and disability）、弱势群体住房（housing for vulnerable people）等服务项目。包括：（1）补贴制度，即政府以税收优惠、低息贷款或贷款担保等形式对提供公共服务的市场主体进行补贴。在美国，提供公共服务的市场主体可以免缴联邦和州所得税和财产税。（2）消费券制度，公民个人凭借政府发放服务消费券可自行选择服务提供方，服务提供方则凭借此票券向政府报销。美国的老年人医疗、穷人住房援助及英国的教育领域等都采用此种形式。

**（四）积极培育和发展服务供应主体**

一方面，政府购买服务的供给主体整体发展水平高，规模较大，承接服务和筹集社会资源的能力强。据有关资料显示，发达国家每万人拥有社会组织的数量一般超过 50 个，如法国每万人 110 个，美国每万人 52 个；发展中国家一般每万人拥有社会组织数量超过 10 个，如阿根廷每万人 25 个，巴西每万人 13 个。而我国目前每万人拥有社会组织 4 个。在美国，医疗行业中 50% 以上的病床设在非营利医院，50% 左右的高等学校、95% 的交响乐团以及 60% 的社会福利机构都是社会组织，社会组织提供的公共服务占到一半以上。另一方面，成熟的公共服务供应商体系。上述发达国家及地区都有相对自由的市场竞争体制，行业发展相对比较成熟。政府对私人企业、非政府机构参与提供公共服务持有鼓励的政策，以帮助引导、培育公共服务供应商。因此，这些国家及地区在进行政府购买公共服务时，能有众多成熟的供应商参与竞争。这些供应商有能力承接公共服务项目，并且能保证公共服务的提供质量。

**（五）规范透明的公共服务购买流程**

西方国家政府在购买公共服务的过程中，首先，政府对购买服务进行可行性和必要性研究，按照一定的程序选定购买的公共服务的范围、项目，并确定相应的预算；其次，向社会公布政府购买的项目、购买价格、预算安排以及质量要求和各项服务指标等；再次，对投标商进行资质认定，并运用招投标和委托等方式选定供应商、签订合同并实施相应的过程管理和监督；最后，对这些组织进行绩效考核并按照绩效进行结算。即按照选定服务项目—社会公布—资质认定、招标管理—过程管理、监督—绩效考核—结算的一系列流程，实现政府对非营利组织和社会服务组织公共服务的购买。

经过多年发展，西方发达国家大多已安排专项预算，通过一定的政府采购程序对私有和非政府组织提供的社会服务（包括医疗卫生、市政、就业、养老保险等）进行购买，以提高政府工作效率。澳大利亚的社区卫生服务（包括社区卫生服务中心和以社区为基础的专项卫生服务机构）除全科医生（即家庭医生）服务少量收费外，基本由联邦政府和州政府全额补助。美国从事社区服务的非政府组织机构70%左右的收入来自政府投入，政府购买社会工作者服务非常普遍，绝大多数儿童福利社会工作者、婚姻家庭咨询员、老年社会工作者、学校社会工作者都受雇于联邦或州政府机构。

**（六）严格绩效评价和监督约束机制**

发达国家都设立了专门的评价和监督机构，对公共服务购买过程及最终结果进行评价和监督，并随时发布公共透明的信息以确保公共服务的透明、客观和公正。如日本在内阁中设立了官民竞标监理委员会，对政府购买服务的活动进行监督管理。委员会成员都是来自民间的企业家、经济学家等，其主要职责包括负责审查供应商资格，确定参加竞标者，确定中标的供应商；指导参与竞标的各个部门对项目信息及时披露并确保服务质量；确保竞标成功的各个部门能遵守政府的相关规定，并对这些部门进行监督；评价业务实施的绩效，并将评价结果向社会公布。在整个购买过程中，日本政府采购公共发布信息程序。在日本，获取政府购买服务的信息有参加说明会、查询招标公告、查阅官报和上网查询四个渠道。

强化对公共服务供给的评估与监督。德国采用了“标杆管理”的绩效评估方式，最具代表性的就是Bertelsmann绩效评估和公共交互指标网络。它是按照由Bertelsmann基金会制定的基准方法进行绩效评估，而“公共交互指标网络”则是由各城市成立的城市公共管理联合会负责实施。每一网络都关注一定的政策领域。许多城市在众多的指标网络中互相合作，交换绩效数据，比较自己的表现，并力图从其他城市吸取好的经验。此外，政府还通过让市民在接受公共服务后给政府打分的方式来进一步强化对政府的监督。另外，加拿大充分利用信息技术，通过建立政府电子投标服务系统（MERX）、供应商注册信息服务系统（SRI）等各类数据库将政府的招标信息、合同签订、供应商资质等相关信息及时公开，确保社会公众、新闻媒体、行业专家等对政府购买服务进行有效监督。

## 二、我国推进政府购买服务管理改革障碍分析

在我国，政府购买服务是一个新生事物。但地方政府多年来的实践已积累了很多宝贵的经验，并取得了一定的成效。政府执政理念开始转变，制度框架初步建立，购买程序日趋规范，购买规模不断扩大，购买方式呈现多样化，资金使用绩效明显提升，公共服务质量得到明显改善。但对于长期由政府提供的公共服务改为政府从社会购买的方式向社会提供，无论从政府角度还是从公众角度都有不适应的地方，主要面临六大障碍。

### （一）承接主体功能不清：资源配置“三元论”认识不到位

在经济学中，传统观点对于资源配置的分析通常采取“二分法”，即将政府和市场看作是资源配置的两个主体，认为二者对立对等、非此即彼，当一方出现所谓的失灵现象时，就不合逻辑的认定另一方即是弥补该缺陷的合适选择，“要么是在相对完善的政府和不完善或不充分的市场间进行选择，或者是在相对完善的市场和不完善的或不充分的政府之间进行选择”。对此，理论界对这种“二元悖论”提出了质疑。经过理论界多年探索，最终形成资源配置的政府、市场和社会的“三元论”：一是政府。即政府通过公共权力，以税收等形式取得公共收入，形成公共资源，然后以公共支出的形式进行配置。这种配置资源的目的主要是为了实现政府职能、满足社会公共需要。二是市场。

即通过价格、竞争等市场机制，以自由竞争与自由交换的形式实现资源配置。这种配置资源的目的主要是追求个人利益、实现个人产品交换的需要。三是社会。即社会组织通过社会自愿保障与救助机制，以自愿捐献和无偿援助的方式，实现资源的配置。这种配置资源的目的主要是人们在追求自身利益最大化的同时，会因道德或其他动因，寻求一些场合来显示平时在市场上表现不够的利他主义，对社会上的弱者进行关心和扶持。正是由于各种供给主体和方式之间既存在优点，也存在缺点，单靠某一种方式很难有效提供公共产品，因此，应该在政府、市场与社会三者关系的互动中，寻求一种更为理想的供给方式，即在公共服务供给和社会管理中的多元化供给或管理主体的基础上，优势互补，发挥各自不同的独特作用，形成一种新的合作和互补供给方式。但是，实践界对此认识却不统一，在资源配置中笼统地以为市场起“决定性作用”，政府处于从属地位，却往往忽略了社会组织的弥补功能。在经济社会发展和基础设施建设等方面，政府习惯于直接提供公共服务、购买服务的范围和领域有限。实际上除了政府（Government）外，NPO（Non - profit organization）、NGO（Non - government organization）都可以提供服务，实质上是对购买服务的承接主体功能认识不到位。

**（二）购买服务法律不完备：法无授权不可为之下难以依法行政**

众所周知，《政府采购法》明确的政府采购范围虽然包括“服务”，但是范围比较狭窄，主要限于政府内部的服务，而大量的“社会服务”尚未纳入政府采购范围。也就是说，现行《政府采购法》规范的政府采购行为仅限于政府购买自身运行需要的物品和服务，不包括政府购买服务。政府购买服务的购买主体、供给主体、中介方和消费者之间没有一整套完备的法律体系，对购买范围、操作规程、规范标准、竞争办法、招投标办法、公平参与、绩效评价等没有从法律上加以约定。此为其一。其二，现行的《预算法》《招投标法》《价格法》《垄断法》《消费者权益保护法》等基本没有或者较少涉及对上述政府购买服务项目的法律规定。其三，《预算法》修订迟缓，《绩效评价法》及行业绩效评价指标体系缺乏的情况下，对推行政府购买服务的实际操作留下了法律的"真空地带"。

**（三）购买主体职责不明：行政管理体制改革滞缓，事权与支出责任划分模糊**

这里是两个层面的问题。从预算部门看，由于我国仍处于经济社会转轨时期，政府部门合并、撤销、新设等变动频繁，购买主体职责易位；加之行政管理体制改革滞缓导致事业单位职能不清，尤其是转企的事业单位如何移交职责？从层级政府看，《预算法》对政府间事权划分只做了原则性、模糊性的表述，缺乏具体的规定。特别是《预算法》仅仅简单地划分了中央事权和地方事权，省以下地方政府间事权却没有清晰划分。现行政府间事权划分的内容，主要体现在国务院有关文件或部门的规章中。主要问题是事权的划分不清晰、不合理和不规范。一是地方拿钱干中央的事。也就是说，应该中央负责的事务，转交给了地方处理。如预备役部队训练基地及武器弹药仓库建设与管理、武警执勤部队营房建设、消防业务费、警卫业务费等国防支出，财政对基本养老保险基金补助、退役安置、扶贫开发等社会保障和就业支出，以及国际界河的保护、跨流域大江大河的治理、跨地区污染防治、跨地区经济纠纷司法管辖、海域和海洋的使用管理等支出，事关国家利益，涉及多个省份，应该由中央管理，而责任却留给了地方。二是中央拿钱干地方的事。即属于地方管理的事项，中央承担了较多的支出责任。譬如，地方行政、事业单位人员工资、学前教育、基础教育、基本养老保险等支出，中央却要承担相当比例的筹资责任。三是共同拿钱干一样的事。即中央和地方的职责重叠，共同管理的事项交叉较多，形成“你中有我”“我中有你”的局面。如中央与地方财政对社会保障、公共卫生、义务教育、粮食安全等相当多的职责和支出责任实行共同承担的办法。四是缺位、越位现象仍未解决。中央和地方负责的事项管理不到位。总体上看，五级政府之间没有清晰的职责边界是问题的关键，中央应该管理的事务，却放到地方去做，地方往往没有积极性。一些应由地方管理的事项，中央却介入过多，影响地方自主权。经常会出现这样的现象，越是中央关心的支出事项，地方越是没有财力负担，这对各项事业的发展是极其不利的。所以，预算部门和层级政府在事权和支出责任划分比较混沌的状态下，作为政府购买服务主体的职责如何界定？更难说去具体组织实施了。

**（四）预算管理体系不健全：没有编制绩效预算，预算约束性不强**

绩效预算是这样一种预算，它阐述请求拨款是为了达到某种目标，为实现这些目标而拟定需要花费多少钱的计划，以及用哪些量化的指标来衡量其在实施每项计划的过程中取得的成绩和完成工作的情况。从发达国家的实践可以看出，政府购买服务项目正是绩效预算编制的内容。从理论层面分析：(1) 委托代理理论。它认为公民是社会公共责任的委托人，而政府则是社会公共责任的受托人。在执行委托责任时，由于信息不完全、道德风险等问题，导致政府在代理过程中偏向于选择有损委托人的行为。所以，应该加强社会公众对政府行为、财政绩效的监督。(2) 公共选择理论。它以理性经济人为假设，提出公共政策的制定应由社会公众以民主方式决定，以建立良好有序、民主公开的公共财政，其结果是民众对财政预算监督的加强，也促使政府提高其绩效水平。(3) 新公共管理理论。提出将私营部门的管理理论、方法、技术运用到政府公共部门管理当中；提出以市场、顾客为导向来促进政府绩效的改进。新公共管理理论的基础，则是以现代企业管理制度为代表的理论创新，为绩效预算理论的提出开创了新的视角以及新的方法论。从实践层面分析，“我们现在还没有做到把政府的全部资源特别是公共资产方面的资源都纳入预算管理的范围，也未能准确地把握完成绩效目标需耗费的成本，还不具备科学地确定由公共部门还是私人部门履行一些公共服务的条件。在这种情况下，我们还不具备全面推行绩效预算的条件。”因此，在资源、资产、资金、成本等都无法划归财政部门统一管理和核算前提下，推行政府购买服务的效果怎么去衡量？特别是，当前我国公共预算、政府性基金预算、国有资本经营预算、社会保障预算之间的功能、边界不清，究竟哪些服务项目应由哪本预算去完成？可见，购买服务项目预算的约束力度形同虚设。

**（五）购买服务流程欠规范：制度建设短板多，购买服务预算未公开**

在购买服务程序上的欠缺：一是购买服务项目预算不公开。在开展政府购买服务较早的西方国家，政府向社会公布购买服务的项目预算，从事生产服务的非政府组织，通过政府采购公开招标的方式取得政府预算拨款，并按照政府要求提供服务。而在我国各级政府部门预算编制中，政府采购资金预算已经单列，但并不向社会公开，因而民间机构对政府购买公共服务的需求并不了解，不利于其竞争政府所要购买公共服务的项目。二是政府购买服务公开竞争未形成一般原则。一般来说，政府购买公共服务所使用的是财政资金，所采用的购买方式应当是通过政府采购的方式进行购买。通常政府购买方式要求以公开招标的方式进行。由于多重因素影响，一些地方没有能够通过政府采购公开招标的方式进行购买服务，寻租行为始终没有得到根治。三是政府购买服务的监管机制不健全。由于政府购买服务改革刚起步，很多地方还没有建立起完善的配套监管机制。突出表现为监管主体不明确，监管责任不清晰；注重事后监管，事前、事中等全过程监管薄弱；因购买服务范围、操作程序、基本规则、绩效目标不明确，监管缺乏标准依据；诚信体系缺失，难以记录和惩戒购买服务双方和中介的失信行为。独立第三方监督管理机制建设很有必要，在购买服务领域的回报率确定、成本核算、价格确定、质量效果评估等方面，经营者、消费者与监管者之间存在着信息不对称，需要独立的监督机构评估信息的真实性和保证竞争的公正性。

**（六）其他配套亟待改革跟进：缺乏专门管理机构、购买方式单一、绩效评价成果未跟预算挂钩**

第一，政府购买公共服务专门管理机构尚未建立。政府购买公共服务管理机构的设置实践中有四种类型：一是职能部门牵头管理的设置模式，即规定由某个职能部门作为牵头单位；二是设立专门委员会牵头管理的设置模式，即政府在各职能之外，设立一个专门的委员会，负责政府购买活动规划指导，各职能部门在专门委员会的领导下按自身职责要求具体开展购买活动；三是职能部门各自管理的设置模式；四是职能部门联合管理的设置模式，即由几个职能部门共同联合起来负责管理政府购买公共服务。综观这四种类型，我国目前大多数地区属于第四种。这种设置模式有其优势，即不用增加新的机构和人员，但弊端也较明显。如不能对全辖区政府购买活动进行总体规划，也不容易形成规模效应；各职能部门由于信息不对称，容易造成公共服务重复购买；易造成购买人员的素质不高，不能适应政府购买公共服务专业化的要求。二是政府购买公共服务的方式有待进一步多元化和规范化。目前，我国大多数地区的政府购买公共服务采用公开招标、邀请招标、竞争性谈判、单一来源采购、询价等。从已实行的方式来看，基本上属于政府采购的范畴，比较单一。将来如果扩充政府购买公共服务的内容和规模，这几种购买方式将更显不足，因此，应积极借鉴发达国家的政府购买方式，并结合我国的实际情况，使之多元化并进一步加以规范。三是预算绩效评价结果未与政府购买服务预算挂钩，在一定程度上挫伤了此项改革的关联者的积极性，也不利于减少行政运行成本、提高财政资金使用效率。

## 三、健全完善政府购买服务管理体制的对策建议

党的十八大提出改进政府提供公共服务方式，十八届三中全会明确凡属事务性管理服务，原则上都要引入竞争机制，通过合同、委托等方式向社会购买。去年底，国务院又要求在公共服务领域更多利用社会力量，加大政府购买服务力度。财政部积极发挥牵头作用，认真研究完善有关政策措施，着力指导和推动各地区、各部门改革实践，目前工作总体进展顺利。

今后一段时期，健全完善我国政府购买服务管理体制的总体思路：修订完善法律法规，提高社会治理能力；厘清政府、市场、社会间的关系，减少政府直接配置资源的份额；科学界定政府间事权和支出责任，改善政府购买服务质量；试编政府购买服务绩效预算，公开政府购买服务预决算；拓宽政府购买服务范围，创新政府购买服务供给方式；培育和发展社会组织，调动购买主体和供给主体积极性；规范政府购买服务组织程序，建立政府购买服务绩效评价机制；健全完善监管机制，支持构建诚信体系，扎实推进政府购买服务。

按照“积极稳妥，有序实施；科学安排，注重实效；公开择优，以事定费；改革创新，完善机制”的基本原则，推进政府购买服务的目标任务：政府向社会力量购买服务管理体制初步形成，相关法规制度建设取得明显进展。到 2020 年，在全国基本建立健全政府向社会力量购买服务制度，形成与经济社会发展相适应、高效合理的公共服务资源配置体系和供给体系，公共服务水平和财政资金使用绩效显著提高。为此，下一步改革可以细分为“123456”：即，增强 1 种意识：创新公共服务供给方式。修订 2 部法律：预算法、政府采购法。推进 3

项改革：行政管理体制改革、分税制财政体制改革、预算管理体制改革。健全4个体系：购买主体体系、承接主体体系、购买服务目录体系、购买服务绩效评价体系。规范5个流程环节：项目报批、组织采购、资质合同、监管绩效、经费兑付。健全6项配套措施：规范政府预算体系、编制中期滚动预算、完善政府采购办法、引入PPP模式、实施国库集中支付、开展绩效考评与监督管理。具体抓好以下几项工作。

### （一）增强1种意识，创新政府购买服务的供给方式

推广政府购买服务是政府提供公共服务方式的转变，实质是财政管理模式的变革。从理论层面分析，政府购买公共服务是“花钱问效果”的支出观的具体体现。“花钱问效果”是现代公共财政的核心价值观，是由政府“费用论”向“报酬论”的转化。传统的“费用论”认为财政负责筹措和管理公共资金，财政拨款的目的是“养机构、养人”，即“先吃饭、后办事”，保障了有了人员经费才能规划“建设经费”，这种支出观导致财政只注重投入，忽视效果。而“报酬论”则打破了这一观念，认为政府应该向社会组织支付费用来“购买”公共产品和服务，即政府要花多少钱购买一种具体的公共产品取决于政府支出所产生的效果的大小，这种支出观更重视政府对公共资源的配置功能，有利于节约财政资金，提高支出绩效。从实践层面看，预算部门和单位要牢固树立政府购买服务意识，可以从根本上提高公共产品或公共服务等资源配置效率，大大降低行政运行成本，提升财政资金使用效益。因此，必须统一认识，夯实思想基础。

### （二）修订2部法律，健全政府购买服务法律约束

根据政府购买服务的特殊性，即服务履约的连续性、评价标准的复杂性、项目影响的广泛性和购买方式的多样性，必须构建一套与之相适应的法律法规体系。一是修订《预算法》相关条款，明确政府间

事权。要将政府购买服务内容纳入预算管理范畴，明确监管部门职责。同时，要科学划分层级政府间的事权、支出责任，这是政府购买服务需要明确的“谁购买”必须要回答的。按照外部性、信息对称性、激励相容等原则，政府购买服务就必须处理好政府间事权与支出责任问题，预算部门和财政部门之间事权也要妥善解决。二是修订《政府采购法》，明确管理机构和规程。参照国际惯例，在财政部门内设政府购买管理机构，负责制定政府购买服务的法规、编制购买服务预算、协助管理政府购买服务。要在政府采购条例中补充规定政府购买服务的范围和标准、原则和方法、资质认定、购买方式、监督管理、绩效考评等内容。对这两部法律的修订，使推进政府购买服务改革有效回避“法无授权不可为”问题。

**（三）推进3项体制改革，完善政府购买服务制度安排**

一是推进行政管理体制改革，明确横向购买主体。这是深化财政体制、预算体制改革的前提。当前，加快行政体制改革过程中部门的撤销、整合、归并，明确部门购买主体。特别是事业单位分类改革严重滞后，在一定程度上影响了政府购买主体的认定。二是推进财政体制改制改革，明确纵向购买主体。按照事权与支出责任相适应原则，合理划分层级政府间事权、财权，明确各项服务的购买主体，整合、归并政策性专项转移支付，逐步从生产性和竞争性领域退出来。三是推进政府预算体制改革，试编政府购买服务项目绩效预算。借鉴发达国家经验，按照“4E”描述的“绩效预算”模式，尝试选择部分公共服务项目编制绩效预算。通过修改《预算法》，甚至制定《政府行政绩效法规》来建立一个编制绩效预算的政治人文环境。同时，将预算审核重点由平衡状态、赤字规模向支出预算和政策拓展。要调运各地各部门积极性，转变公共服务提供方式，允许凡是承诺采取购买服务方式的项目优先安排预算。

### （四）健全4个体系，建立政府购买服务管理信息系统

借助现代信息技术载体，充分运用“大数据”，积极构建包括政府购买服务主体体系、政府购买服务承接主体体系、政府购买服务目录体系、政府购买服务绩效评价指标体系在内的管理信息系统。具体要求：一是购买主体体系。按照规定，各级行政机关和参照公务员法管理、具有行政管理职能的事业单位；纳入行政编制管理且经费由财政负担的群团组织，也可根据实际需要，通过购买服务方式提供公共服务。这里面包含的主体有三个：行政机关、参公事业单位和具有行政管理职能的事业单位、群团组织。二是承接主体体系。政府购买服务承接主体的范围有一个逐步扩大的过程。从原来的“社会组织”扩大到“社会力量”，将依法成立的企业、机构也纳入进来。这里要严格把关市场准入条件，政府购买服务要以让群众享受优质高效公共服务为目的，为防止承接主体为追求利润而牺牲服务质量，政府必须把好市场准入关，保证将相关公共服务事项交由具备条件、信誉良好的市场主体承担。三是购买目录体系。明确哪些可以买、哪些不能买，列入目录体系，是推进政府购买服务的前提和基础。公共服务的范围取决于界定政府和市场、社会边界的尺度，取决于政府职能和政府间事权的划分基础，取决于政府活动的规模和范围，取决于一个国家的体制和发展阶段。同时，公共服务的内涵也是随着形势的发展变化而不断演变的，每个国家、地区对公共服务的理解也都不一样。不难想象，各国政府购买服务的目录内容没有统一规范，是根据经济社会发展阶段不断调整的过程。四是绩效评价指标体系。在预算绩效考评共性指标体系基础上，迫切需要研究制定分类、分档、分行业的政府购买服务绩效考评指标体系，使其真正将政府购买服务支出预算过渡到以结果为导向的绩效预算管理。对评价体系建设要注意把握：（1）政府购买绩效评估主体。财政部门作为资金拨付机构必须成为政府购买服务

绩效评估主体，这是事前评价的核心。（2）专家与中介评价体系。要让专家和民众广泛参与评议。保障公众的知情权，充分实现政务公开，提高公民评议的水平和效率。（3）以独立第三方作为评价组织体系中事后监督评估的主体，既保证评价结果的客观公正，又体现了绩效预算的决策民主化功能。（4）全部评估结束后形成部门及负责人的业绩报告，上交主管部门评估，作为公务员业绩进入奖惩考评体系，决定其升迁或降职。

**（五）规范5个流程环节，促进购买服务便捷、高效**

围绕政府购买服务过程中的项目评审、组织采购、资质审核、合同签订、项目监管、绩效评估和经费兑付等重点环节，注重做好：一是酝酿组建政府购买服务管理信息库。健全购买服务需求调查和筛选机制，以公众选择作为服务购买活动的起点。将需求调查纳入政府购买的流程之中，作为购买的先决环节。在购买之前，要进行尽可能充分的需求调查，收集需求信息。可以成立由公众、专家学者、社会组织以及财政部门等代表组成的筛选委员会和专家库，通过网络异地分散筛选、“德尔菲”法筛选等，最终确定目录并向社会发布。二是规范政府购买公共服务的操作流程。首先，制定项目确定、组织购买、监督管理、绩效评价等相关的实施办法，细化政府购买服务的具体购买程序、工作流程、资金管理、项目实施、质量标准等制度规章，使购买服务有章可循。其次，确立委托服务项目和标准、专业评估机构、公益认证部门、公示和公告媒体、问责与责任追究的执法机关；再次，社会组织、企业、民间相关人士应有机会参与政府购买项目的论证、评估，表达利益诉求，政府应认真听取民间的反馈意见。三是健全服务购买的招投标机制。规范政府部门的权力，让政府部门的权力退出招投标环节，增强购买过程的独立性和竞争性。扩大专家组的范围，对社会组织的标书进行匿名处理，由分散在全国不同地方的专家通过网络平台进行远程异地匿名评标。要确保实现购买服务招投标过程的透明性和公开性。将招投标筛选出来的购买服务项目及时向社会公示后签订购买合同。当然，对其他流程的规范也要同步进行。

**（六）跟进6项配套措施，确保政府购买服务管理体制平稳运行**

对规范政府预算体系、编制中期滚动预算、完善政府采购办法、引入PPP管理模式、实施国库集中支付、开展绩效考评与监督管理等六项重点工作，力争近期均有所突破。但目前重点要抓好：第一，完善购买服务的绩效预算管理。一是编制政府购买服务中期规划。将购买需求按购买类别、品目分门别类地进行汇编，形成政府购买服务规划，在此基础上选择适宜的政府购买方式。二是科学编制政府购买服务绩效预算。纳入政府购买范围的服务项目确定后，政府财政部门应负责做好公共服务项目成本的核算工作，合理确定服务项目的补助标准。三是建立科学的评估机制。严格财政资金支出标准和范围，同时引入绩效审核，分类别、分层次地评估不同服务所需的财政投入比例、规模和水平，以保证资金投入公平、优化。第二，大胆引入政府购买条件服务过程中的公共合作模式。所谓公私合作是一种特殊形式的合同外包，也被称作“公共私营合作制”，即“PPP”模式（Public－Private－Partnership）。它与一般意义上的合同外包不同的是，政府不需要出资购买私营部门提供的服务，而是以政府特许或其他形式吸引中标的私营部门参与基础建设或提供某项公共服务，并允许承包商有投资收益权。当前，在我国，财政部也正在基础设施建设领域积极推行PPP融资模式。第三，健全政府购买服务有效监管和风险防范机制。政府购买服务必须透明、公开，确保参与主体公平竞争，这需要在制度细节上下功夫，以确保“好事要办好”。一是建立透明的购买流程。在制度推进和实施过程中，必须强调有效监管，确保公开、透明则是有效监管的前提条件。按规定公开购买服务相关信息，自觉接受社会监督。二是完善监管机制，建立专业多层次的监督评估机制。建立第三方监督管理机制，发展独立专业多层面的外部监督机制。要完善内部监督机制，建立服务项目实施动态管理与动态监督机制，及时发现问题、追究责任、采取补救措施降低风险。三是强化问责机制建设。强化政府部门公共责任意识，建立相应的行政问责机制。第四，适时扩大政府购买服务的范围、规模和方式。在条件成熟时将教育、文化传媒与体育、公共卫生、养老服务、残障服务、社区服务、社区矫正、青少年辅导、就业促进、保障性住房、城市规划、基础设施建设、环境保护和污染整治等纳入政府购买服务范围，使之与政府传统供给服务领域相契合，实现政府购买服务的科学化、规范化和常态化。

作者简介：王泽彩，中国财政科学研究院办公室主任，研究员。

『谈　财　论　治』

# 财政体制改革

# 中央与地方事权及支出责任划分改革的真问题

◇ 刘尚希

所谓事权、支出责任划分，实质是主体的确立问题。事权、支出责任都是以主体性的存在而存在，并以主体资格、地位、能力的不同而不同。而我们对“地方”这个主体的性质、能力的研究是不深入的，相当模糊。在这种情况下，事权划分、支出责任划分的研究都是盖在沙滩上的房子，缺少逻辑支撑，难以有真正有价值的结论。

首先，研究中央与地方事权及支出责任划分，前提是站在财政的角度而不是财政部门的角度。

财政的角度不同于财政部门的角度，前者是国家治理的角度，后者是财政工作的角度，两者有实质性的区分。财政是国家治理的基础，事权、支出责任以及财力的划分是国家治理的问题，需要从整体来考虑，从部门工作分工是无法搞清楚的。财政是社会赖以正常运行的基础，就像人体的血液一样，充满全身，每一个细胞须臾不能离开。社会个体、社会整体都与财政相依存。

所谓事权、支出责任划分，实质是主体的确立问题。事权、支出责任都是以主体性的存在而存在，并以主体资格、地位、能力的不同而不同。而我们对“地方”这个主体的性质、能力的研究是不深入的，相当模糊。在这种情况下，事权划分、支出责任划分的研究都是盖在沙滩上的房子，缺少逻辑支撑，难以有真正有价值的结论。

地方是相对于中央而言的。“中央”代表国家，对外体现一个国家的主权，对内拥有治权；而“地方”不体现主权，只有法律规定的治权。这与常说的中央政府、地方政府的概念不是等同的。中央与地方之间的关系是政治关系，反映政治集权与分权的状态；而中央政府与地方政府之间的关系是行政关系，反映行政集权与分权的状况。作为单一制国家，我国没有联邦制国家的那种纵向政治分权，地方不是政治实体，而只是体现治权的公共实体。事权、支出责任划分主要基于行政权和管理权的纵向分权状态的一种确定。

其次，在以问题为导向研究我国财政体制改革的时候，我们要用哲学思维来分析什么是真问题，什么是假问题，而不应以现象本身的存在作为判断依据，更不能以国外的做法作为标杆来衡量我国体制是否存在问题。

透过现象来看，中央与地方事权、支出责任划分改革的“真问题”主要有以下三个。

第一个问题是政府级次和治理级次的问题。我国是两级治理，五级政府，因为治理的级次问题和政府的级次问题是两个不同的概念。从国家治理的角度分析，国家的公共权力、财产权利不是均匀地在各级政府之间划分的。有些是体现主权的，只能中央独享，如军权、外交权，地方不得拥有。有些公共权力可以在中央与地方之间划分，体现治权，如立法权、征税权、发债权、监管权等。这是分级治理的需要。但治权并非在各级政府之间划分。从立法权看，地方省以下政府一般不拥有，除非有特别的法律规定。至于国家所有权的权能纵向划分，即纵向产权构建问题，则还未破题。从生态环境保护的角度来看，我国也只宜构建两级纵向产权，而不是每一级政府都应拥有产权。从治理的角度来看，我们是两级治理。如果与美国这样的联邦制国家对比，也可以说我国实质是两级政府。而五级政府只是一个管理上的概念。地方内部的级次只是管理权限的划分，不是完整的政府级次划分。从治权角度来看，是否构成一级完整的政府，其标志不是看是否有人大、政协，而要看是否拥有“法权”，诸如立法权、司法权、征税权、发债权等。在现有中央统一领导的分权制度框架下，这些法权整体上授予“地方”，而不是地方的每一级政府。地方拥有的这些法权主要是由省一级政府来统一行使的，除非是另有规定。而省以下政府只是拥有“事权”，即执行上级的方针政策，管事、干事的权力。而这种权力从性质上看，主要是行政权力，从事经济管理、社会管理以及提供公共服务。当前学界所说的事权概念是一个笼统的概念，缺乏学理支撑。有的认为是“事责”“职责”，只是在叫法上变来变去，缺少内涵的分析界定。前不久的中央文件中正式提出“财政事权”的概念，其实，更接近于“事权”的本义，剔除了学界过于泛化的事权概念中所包含的主权、法权等内容。

两级治理的主要问题在于地方应不应当成为一个相对独立的治理主体。1956 年毛泽东在《论十大关系》中就对此做了分析，并肯定地方的积极性、主动性和创造性对中国的重要性，这其中自然包含了主体性的问题。这个问题涉及治理改革的目标模式，是财政体制改革的前提。从实际来看，由于我国地广人多且各地区发展水平差距较大，地方事实上已经成为相对独立的治理主体，尤其是改革开放以来，地方的主体性更加凸显，不过更多是以利益主体的面目出现的。当然，这种“独立”是区别于联邦制国家的，是在中央统一领导下的相对独立的主体。在以经济为中心的体制构建时期，地方利益主体的凸显是一个自然的结果。而在当今以治理为中心的体制构建时期，地方主体性应更多体现在治理方面，即成为国家的一级治理主体，而不仅仅只是一个利益主体。

第二个问题是地方财力与事权不匹配，究竟是由于其支出责任过大还是因为财力不够？如果以财力和事权相匹配的原则来划分中央与地方的收入，那么中央的收入只能占全国收入的15%，因为地方财政支出在全国的占比达到85%，意味着要有占85%的财力来匹配，中央剩下15%。从国家治理的角度来说，若真是如此划分中央与地方之间的收入，那么，国家的长治久安无法保障，公共服务的均等化更是无从谈起，区域财政能力差距将会非常大。这将导致巨大的公共风险，危及国家安全。

显然，要解决地方财力与支出责任不匹配的问题，不能从中央与地方之间收入划分入手，进一步向地方下移财力，而应当从明晰支出责任入手，适当上移支出责任。支出责任不仅仅是“谁掏钱”的问题，还应是“谁办事”的问题，只有“谁掏钱”和“谁办事”两者结合才构成支出责任。因此，支出责任的界定涉及两个问题，一个是“谁掏钱”，这个是财力划分的问题；另一个是“谁办事”，这个是事权划分的问题，钱是随着事走的。支出责任体现在事上，没有事，也就无所谓支出责任。支出责任的界定过程，也就是同一公共主体拥有的财力与分担的事权匹配的过程，单纯的转移支付不构成支出责任。也就是说，上级对下级政府的转移支付，不构成上级政府的本级支出责任，在政府会计记录上，也不体现为本级支出。无论是一般性转移支付还是专项转移支付，除非是基于上级委托事项的转移支付，在会计记录上都体现为下级支出事项。

不言而喻，划分中央与地方之间的支出责任，根本上是事权的划分。当前地方支出占全国支出比例达到85%，说明地方承担的事权多，从财政角度来衡量，也可以说是全国公共事务的85%是地方实际完成的。地方过大的支出责任，隐藏着巨大的治理风险。例如，全国性的底线公平，无疑是中央的责任，如果让地方来做，则会导致相悖的结果。调整中央与地方之间的支出责任，中央应该以社会底线公平作为调整的目标。

第三个问题是事权划分“你中有我，我中有你”，划不清楚的问题。按照事权构成要素来划分，哪些决策归中央，哪些决策归地方，哪些事权的履行归中央，哪些事权的履行归地方，这是能够划清楚的，问题的关键在于什么是清楚，即对“清楚”的界定。而若按照西方国家的事权划分方式来衡量，就会产生“你中有我，我中有你”的不清楚的问题。当按照事权项目，而不是按照事权要素来划分的时候，事权项目之间没有交叉，但事权要素之间有交叉，即谁来决策、谁来履行，也存在划分不清楚的问题。如垃圾处理，通常可以完整地交给地方，在西方国家也是这么做的。但垃圾是否要分类，分类的标准，处理的方式等决策问题，则未必完全就是地方事权。一项事权谁来决策、谁来履行更合适，是分开还是统一更合适，取决于风险，而通常所用的效率标准是有缺陷的。决策、执行有的需要分开，而有的需要统一，广义的事权划分也是如此，不可一概而论。

研究中国的问题时一定要有整体思维。我们要从问题入手，用哲学的方法找到真问题，并结合中国的国情从逻辑上进行判断。

作者简介：刘尚希，中国财政科学研究院党委书记兼院长，经济学博士，研究员、博士生导师。

# 理顺中央与地方财政关系的几点思考

◇王法忠

中央与地方事权与支出责任划分在实际操作过程中遇到的问题主要有：第一，把握中央和地方的内涵的界限在哪里？第二，政府和市场的界限在哪里？第三，事权的划分是应该按照功能领域还是应该按照隶属关系？第四，在划分中央和地方的事权归属的过程中，需不需要以事务执行的不同环节作为标准。第五，在划分事权和支出责任的过程中，存不存在“上收权力，下放责任”这种情况，如果存在，合不合理？第六，新中国成立之初提出的“谁出主意谁出钱”的原则对于现在事权划分是否有借鉴意义？

中央与地方事权与支出责任划分在实际操作过程中遇到的问题主要有：第一，把握中央和地方的内涵的界限在哪里？是应该从政府架构，还是应该从行政学，抑或是应该从其他方面来理解中央和地方的内涵。第二，政府和市场的界限在哪里？首先，我们应该厘清政府和市场事权的界限，再然后厘清属于政府这部分事权应该如何在中央与地方之间划分的问题，如支持产业发展的补贴项目是不是政府的事权？第三，事权的划分是应该按照功能领域还是应该按照隶属关系？如果按照功能领域划分，实际工作中存在功能领域和隶属关系相互交叉的现象，如何解决？第四，在划分中央和地方的事权归属的过程中，需不需要以事务执行的不同环节作为标准。事物的履行包括计划、决策，执行和监督评价等环节。第五，在划分事权和支出责任的过程中，存不存在“上收权力，下放责任”这种情况，如果存在，合不合理？第六，新中国成立之初提出的“谁出主意谁出钱”的原则对于现在事权划分是否有借鉴意义？

中央与地方收入划分在实际财政工作中遇到的问题主要有划分目的、评判标准以及纵向和横向收入划分改革的方向四个方面：（1）中央与地方收入划分的改革目标是什么？如何结合税种属性以及税制改革进程来理顺中央与地方的收入划分？（2）实际工作中，调整收入划分的目的在于缩小基本公共服务差距。基本公共服务的差距可以从静态和动态来分析，前者着眼于公共服务差距的缩小，后者则注重于不断缩小的趋势。现行的财税体制是不是能够从静态和动态上进一步缩小基本公共服务差距？（3）在中央与地方收入比重不变的情况下，调整税收收入划分的目的是什么？（4）在纵向收入分配比重一定的情况下，横向收入分配的格局可不可以成为改革的着力点。尤其是“营改增”以后，收入和税源在地区间的分配怎么达到最优？

我国在理顺中央与地方关系的过程中受到了我国特殊的国情的限制。首先，我国中央与地方间均属于权力机构，均服从中央的领导。其次，地区间经济、文化以及自然禀赋均差异较大。最后，中央集权下的“大政府”有应对大危机的优势，但不利于理顺中央和地方的关系。

作者简介：王法忠，财政部预算司制度处处长。

# 推动事权和支出责任划分改革加快落地实施的工作思考

◇ 李杰刚

事权与支出责任划分改革牵涉方方面面，是一项系统工程。从财税改革逻辑上讲，这项改革本应是其他改革的基础与前提，因为只有事权理清了、支出责任明确了，才能在收入划分、体制调整、转移支付完善等方面做出更合理的安排，因此这项改革应该先行一步。

## 一、推进事权和支出责任划分改革面临落地困难的现实问题

2016 年 8 月 28 日，国务院印发了《关于推进中央与地方财政事权和支出责任划分改革的指导意见》（以下简称 49 号文），这标志着改革开始有了实质性的启动。49 号文明确了改革的指导思想、总体要求、划分原则和一些主体内容，基本的工作思路是分阶段、分领域、分步骤推进。按照这个方案，2016 年，国防、国家安全、外交、公共安全等基本公共服务领域率先启动改革。2017 ~ 2018 年，争取在教育、医疗卫生、环境保护、交通运输等领域取得突破性进展，并加快推进省

以下相关领域财政事权和支出责任划分改革。2019～2020年，基本完成主要领域改革，形成中央与地方财政事权和支出责任划分的清晰框架。

应该说，这个指导意见方向正确、路径清晰、节点明确、任务具体，符合渐进式改革的基本规律，为开展财政事权和支出责任划分提供了基本遵循。随后不久，各省相继出台了本省改革方案。现在半年多时间过去了，中央没有进一步的改革动作，各省也没有太大进展。我们在推进当中，日益感受到这项改革之不易。2014年6月30日中央政治局审议就通过了财税改革总体方案，但直到2018年8月国务院才印发49号文，时间隔了2年2个月之久，这在中央一直强调加快改革的新形势下，已经充分表明了这项改革的艰巨复杂程度。

改革进展迟缓，难以落地，我分析可能与原来设定的工作思路有关。作为一个地域辽阔、省区众多、层级复杂的单一制国家，我国的事权和支出责任划分改革，具有“整体性、全面性、渐进式”的特点，如果采取分阶段、分领域这种与之相悖的推进方式，难免会出现一些现实问题。

一个突出问题是，改革实施可能会滞后于设定时限。分析49号文的本意，在改革领域的先后顺序上，遵循的是从易到难的原则，先期划分的事项看起来要相对容易一些，但实际操作下来就会发现，每个领域、每项事权和支出责任的划分都不是容易的事情，现实远比想象的要复杂得多。我国现实中存在大量的共同事权，每项共同事权及支出责任可能涉及多个层级政府，很难清晰界定不同层级政府的事权边界，因此，即使是看似容易界定的事权，实际界定起来也比较困难。例如，现在归属于国防领域的消防事务，理论上讲应更具有地方事权的属性，将其由现在中央承担转为地方承担即可，但实际上，消防工作专业性比较强，消防人员需要年轻化和富有牺牲精神，现在由消防武警承担、编入现役，能够有效保证任务完成，如果完全交由地方承担，则保障程度会大打折扣，甚至无从保障，因为专职人员的更替和退职人员的安置就很难解决。也正是这些原因，原定2016年开始的这项改革任务至今没有什么大的动静。以此类推，其他一些看似简单领域的改革，要想在规定的时限内完成也是不容易的，要么无法做到，要么只能是做些原则性的或者形式上的划分。

另一个问题是，整体的划分改革可能会错失良机。如前所述，基本上所有领域的改革都有容易的部分和难办的事项。受改革实施者认识和重视程度等内在因素影响以及外部客观条件制约，各项事权与支出责任的划分不可能齐步走，都应遵循由易到难、由简到繁的改革规律，需要统筹协调、综合施策。如果机械地分阶段分领域来认为设定，很有可能会顾此失彼，使一些相对容易的改革事项不能得到及时部署和推动，从而失去最佳改革时机，也使一些安排在后期的改革事项因时间紧张而难以圆满完成。并且越到后面，改革面临的利益调整难度越大，完成改革任务的难度也会越大。

据了解，各省改革方案基本上都套用了49号文，并且沿用了分领域、分阶段的改革思路。现在各省都在等待财政部的进一步部署，自身并没有多少创新性举措，推进比较缓慢。造成这种局面，我个人认为一点程度上是受到了既定改革思路的束缚。河北省在2008年即开始了省以下政府间财政支出责任划分改革探索，对1242项支出事项在省市县间做了细分。我们当时对所有领域同时研究、同步推进、逐步完善，大体上用了3年的时间，搭建起了省以下政府间支出责任划分的框架。从两种不同改革思路的具体实践看，分领域分阶段地推进思路未必是最佳选择。

## 二、制约事权和支出责任划分改革落地实施的主要因素

事权与支出责任划分改革牵涉方方面面，是一项系统工程。从财

税改革逻辑上讲，这项改革本应是其他改革的基础与前提，因为只有事权理清了、支出责任明确了，才能在收入划分、体制调整、转移支付完善等方面做出更合理的安排，因此这项改革应该先行一步。我觉得之所以最后才推出，主要是其自身太过复杂，受到了诸多因素制约。

一是政治体制影响。受经济发展、政治文化、法律制度、民族关系、历史传统等因素交互影响，单一制国家的中央政府在国家权力纵向配置和运用过程中居于主导地位，是权力规则的制定者，地方政府具有的主要是执行权。因此，在实践中，单一制国家与联邦制国家有很大差异，对中央和地方事权划分，往往偏重于原则性规定，具体的规定较少。从我国的实际情况看，中央直接管理的事务不多，相关的事权规定也比较模糊，有些规定与地方存在冲突，个别事权甚至高度同构。这种政体下，中央与地方政府间的事权和支出责任划分必然比较困难。

二是政府间职能交叉错位。事实上，我国中央、省、市、县各级政府承担的职责由于界定不够清楚，各级都承担了大量的共同事权，其区别仅在于承担的比重有大有小。从终极责任的角度看，中央政府可以说承担了整个国家的无限责任，省以下各级地方政府也承担了本辖区内的无限责任，这种状况使事权和支出责任划分起来天然有难度。由于共同事权的大量存在，清晰分权就变得难度更大。现实中，地方承担了较多的应由中央负担的事权，如社会保障、义务教育、跨流域大江大河治理、国防公路建设等。同时，中央又对部分地方事务介入过多，如村容村貌改善、农村改水改网、农村公路建设、垃圾污水处理等。这些方面，中央既规定政策，又确定项目，还安排资金。中央与地方在许多事务中这种“你中有我、我中有你”的事权格局，要想一下子打破分清，绝非易事。

三是部门利益掣肘。事权意味着管理权，往往匹配着专项资金，因此，进行事权和支出责任划分，一定程度上是动了原来事权部门的“奶酪”，因为事权与支出责任划清后，上级对下级的资金配置的“主观权力”就会被“量化分配”，这无疑使得部门的权力运行受到约束和制约，他们存有抵触情绪也是必然，我省在推行省以下支出责任划分改革时就遇到了一些部门的阻力，有的甚至比较激烈。从另一个角度看，部门之所以不愿被划出事权，也与其“政绩”思想有关，毕竟部门只有多管事、多干事才有可能创造出更多更大的业绩来。

四是工作推动有难处。楼继伟部长讲到，中央事权和支出责任划分改革一开始由中编办和财政部负责，但工作主要是财政部在做。客观上讲，这项工作确实很难。楼部长讲得很深刻，这项改革本来就是国家治理的重大课题，交由财政部门来负责是“大题小做”，财政只能是“小题大做”。从财政内部来说，搞好顶层制度设计需要解放思想、开拓创新，安排部署各领域改革需要周密考虑、不出纰漏，组织实施起来又需要统筹兼顾、稳扎稳打，每个方面都要付出巨大心血和汗水。在改革前期，需要做大量深入细致的分析论证，包括许多的评估测算工作。改革推开后，需要及时进行相应收入划分和转移支付调整，并且这始终是个动态过程，工作难度和工作量之大可想而知。

五是配套改革缺位。事权和支出责任划分改革涉及社会各方面，需要同步推进政府职能调整、政府管理方式转变、部门职责整合、财政体制完善，只有这些配套条件具备了，改革才会顺利推进并见到成效，实际上，目前我国这些方面的改革还远未到位，这对事权与支出责任划分改革客观上形成了阻碍。

## 三、加快改革落地实施的思考

推动事权和支出责任划分改革尽快落地实施，应坚持问题导向，对推进中遇到的现实困难，采取有针对性的措施。

（一）进一步明晰改革路径。一是搞好顶层设计。要坚持整体谋划、整体推进的基本思路，在49号文总体框架内，确定分步实施的目标任务。二是找准突破口。以科学界定共同事权为重点，抓紧制定中央和省以下政府间共同的财政事权和支出责任清单，解决共同事权不清晰不规范问题。三是统筹研究密切关联方改革方案。在“营改增”后税制改革步伐加快的背景下，要把与这项改革密切相关的政府间收入划分改革、转移支付改革一并研究，评估预判几项改革间的相互影响及程度，以确保改革有机衔接、相辅相成，确保改革不会影响到各级财政的正常运转。

（二）鼓励地方主动探索，先行先试。实践表明，事权与支出责任划分改革未必需要全国各地统一行动，应因地制宜、相时而动。要鼓励各地发扬首创精神，对不同领域、不同类别、不同层次的财政事权与支出责任进行深入思考、自主划分，成功后再复制、推广。针对当前改革进展较慢的现状，中央可选择基本公共服务方面的共同事权和支出责任作为突破口，赋予地方政府一定权限，允许地方在政策规定范围内先行先试。如县级“三保支出”，虽然暂未明确中央与地方具体的支出责任，但地方可先行探索将中央与省市资金捆绑使用，待中央事权与支出责任确定后，再对省以下的地方支出标准或负担比例进行调整，我省现在就是这样做的。对于纯粹的地方事权，更应鼓励各地积极探索。

（三）加强与部门沟通协调。各职能部门是落实改革任务的主体。财政应积极加强同各部门之间的沟通，引导部门正确对待责权调整，按照改革方案要求，在深入细致研究和广泛征求意见基础上，及时提出本部门所涉及的事权改革实施方案，推动改革尽快到位。可考虑先在各部门推进与“人”相关的事权改革，主要是一些能用人均指标来衡量的基本公共服务和准公共服务事项，如每万人医生数、教师数、生均拨款额等。这些方面的相关政策比较明确，资金也容易归并，优先选取它们来进行划分，能够比较容易得到部门的理解和支持。

（四）加紧推进相关具体工作。一是确定事权清单。将政府应予提供的公共服务进行合理分类，并列出详细的政府事权清单，明确中央、地方财政事权和二者共同的财政事权，特别要加快制定共同财政事权清单。二是确定支出标准。原则上财政保障基础标准由中央统一制定，以缩小区域间基本公共服务水平差距，兜住兜牢基本民生保障底线。三是确定分担方式。按照“谁的财政事权谁承担支出责任”的原则，合理确定基本公共服务共同事权领域各级政府支出责任。四是确定财力负担。充分考虑我国各地经济发展水平不一，财力差距较大的国情，在划分支出责任时，通过采用不同分担比例、不同负担事项、不同困难系数等方法，对特殊困难地区给予倾斜照顾，以更好更快地缩小不同区域公共服务水平的差距。据了解，目前财政部有关单位正在抓紧开展这方面工作，也许不久就会有政策措施出台，这将对推进下步改革产生积极推动作用。

作者简介：李杰刚，河北省财政厅党组成员、副厅长，管理学博士，经济学博士后，研究员，河北省“三三三”人才第一层次人才。

# 改革完善转移支付制度的思考

◇ 胡兴旺

转移支付是深化财税体制改革、建立现代财政制度的重要内容，是推进区域协调发展、实现国家宏观政策目标和基本服务均等化的有效手段。因此，我们应围绕建立现代财政制度，以推进地区间基本公共服务均等化为主要目标，坚持以问题为导向，以事权属性为遵循，建立科学、规范、有效的转移支付制度，更好发挥财政国家治理的基础和重要支柱作用。

转移支付制度的改革完善，不仅理论研究者在密切关注，实践工作者也十分关注，特别是地方政府和财政部门。我想主要原因有两点，一是党的十八届三中全会在明确财政是国家治理的基础和重要支柱的同时，提出了科学的财税体制是优化资源配置、维护市场统一、促进社会公平、实现国家长治久安的制度保障；二是转移支付直接涉及中央财政对本区域下达的财政资金规模。

## 一、财政体制和转移支付制度

转移支付是实现事权和支出责任相匹配的重要手段，转移支付制度是财政体制的重要内容。新中国成立以来，我国财政体制虽然经历了多次调整，但主要可分为三个阶段，第一阶段（1950～1979 年）统收统支阶段。这一体制的特点是高度集中，主要是适应当时政治经济发展的需要，也为前五个五年计划实施提供了保障，为社会主义革命和建设初期的发展做出了积极的贡献。第二阶段（1980～1993 年）包干制阶段。党的十一届三中全会确立了将党和国家的工作中心转移到社会主义现代化建设上来，为此，1980 年 2 月国务院印发了《关于实行划分收支、分级包干财政管理体制的暂行决定》，从 1980 年开始实行"分灶吃饭"的办法。包干制财政体制与当时的经济发展相适应，对调动地方增收节支促进经济发展起到了积极作用。第三阶段（1994 年至今）分税制阶段。按照事权与财权相结合的原则，按税种划分中央与地方的收入，同时为了推动区域协调发展和基本公共服务均等化，建立了中央财政对地方转移支付制度。分税制财政体制对于建立和完善社会主义市场经济体制，促进我国经济社会持续健康发展，推动现代财政制度建立发挥了重要的作用。

转移支付制度。财政转移支付是由于中央和地方财政之间的纵向不平衡和各区域之间的横向不平衡而产生和发展，是国家为了推动区域间协调发展，促进基本公共服务均等化，实施国家宏观政策目标而采取的财政政策。我国 1994 年实行分税制财政体制以来，逐步建立了财政转移支付制度。目前中央对地方转移支付分为一般性转移支付和专项转移支付。一般性转移支付，是指上级政府对有财力缺口的下级政府，按照规范的办法给予的补助。一般性转移支付不规定具体用途，由下级政府根据本地区实际情况统筹安排使用，在一般性转移支付的具体构成中，均衡性转移支付是主体。专项转移支付，是指上级政府为了实现特定的经济和社会发展目标，给予下级政府的资金补助，由下级政府按照上级政府规定的用途安排使用。

## 二、转移支付制度存在的主要问题

1994 年分税制改革以来，随着经济社会不断发展和改革的深入推进，我国转移支付制度逐步完善，在缩小地区差距、促进区域协调发展、保障国家政策落实和战略目标的实施等方面发挥了重要作用，但在实践中还存在一些亟待解决的难题。

### （一）转移支付的目标落实不够显著

分税制改革之初的过渡期转移支付，就确立了“缓解财政困难地区财政运行矛盾，促进地方政府基本公共服务能力的均等化”的目标，十八大也提出了“基本公共服务均等化总体实现”目标，但从近年来转移支付的运行效果看，推动地区间基本公共服务均等化、区域协调发展的预期目标不够理想。2010 年中部地区人均一般公共预算支出 4484 元，相当于全国地方平均水平的 80.4%，2015 年人均一般公共预算支出 8921 元，相当于全国地方平均水平的 81.2%，6 年时间内与全国地方平均水平的差距缩小 0.8 个百分点，以我省为例，2010 年全省人均一般公共预算支出 3617 元，相当于全国地方平均水平的 64.9%；2015 年全省人均一般公共预算支出 7197 元，相当于全国地方平均水平的 65.5%，6 年时间内与全国地方平均水平的差距仅缩小 0.6 个百分点。而同时期中央对地方转移支付从 27347.7 亿元增加到 50078.7 亿元，增长 83.2%，其中，一般性转移支付增长 1.15 倍。均衡地区间财力差距的力度，实现基本公共服务均等化的目标有待进一步加快推进。部分专项转移支付的目标更是难以实现，特别是对支持竞争领域的专项资金。

### （二）转移支付的结构不够优化

转移支付结构不合理的问题依然存在。主要表现在一般性转移支付比重仍较小；一般性转移支付内部均衡性转移支付比例小等。近年来中央对地方的一般性转移支付占比不断提高，已由2010年的48.4%提高到2015年的56.9%，2016年也仅达到60%，与《关于改革和完善中央对地方转移支付制度的意见》（国发〔2014〕71号）中“增加一般性转移支付的规模和比例，逐步将一般性转移支付占比提高到60%以上”的要求仍有一定差距，专项转移支付比例仍旧偏高。同时，一般性转移支付也存在项目种类多、均等化功能弱化等问题，特别是均衡性转移支付在一般性转移支付比例从2011年的70.4%下降到2015年的64.9%，不利于推进基本公共服务均等化。以我省为例，近年来，均衡性转移支付在中央对河南全部转移支付中所占比重大概为22%。2015年，中央补助我省一般性转移支付中包含多项具有专项用途的补助资金，而各地可统筹使用的均衡性转移支付、县级基本财力保障机制奖补资金、重点生态功能区转移支付等直接增加地方财力的项目占比仅为27.4%，地方政府可统筹能力明显不足。

**（三）转移支付管理不够规范**

特别是专项转移支付管理仍存在项目多、资金分散、管理乱的问题。一是涉及竞争性领域的专项转移支付项目仍然较多，带来了资源配置扭曲、不公平竞争和资金使用效益不高等问题。二是部分项目设置交叉重复，主要涉及农业类、社保和就业类、扶贫类等转移支付项目。三是专项转移支付资金投向较为分散，重点不突出，几乎覆盖了所有预算支出项目，并且补助对象涉及各行业，难以形成合力，如2015年专项转移支付涉及政府收支预算科目中的19个类级科目110多项，最多的类级科目项下21项。四是部分项目管理决策权过于集中于上级，地方政府缺乏项目管理的自主性和灵活性，造成一些项目脱离实际或难以落实，资金使用绩效低下。五是缺乏转移支付项目绩效评估和退出机制。六是部分专项转移支付下达晚，造成年底突击花钱和财政资金大量结转。

**（四）转移支付分配不够科学**

转移支付在分配时，没有随着国家政策目标的调整、变化以及区域发展的实际，及时调整选取更加科学的分配的因素。在分配均衡性转移支付时标准财政收支确定方面，初衷主要是防范地方不努力组织收入，从理论上应该说是有道理的，但一是测算复杂，二是没有反应各区域的困难程度，与经济社会发展实际结合的不够密切。特别是标准财政收入按照部分税种税基（7个税种）和全国平均有效税率测算，在对区域间税收转移、区域间产业层次差异考虑不够充分的情况下，按统一的税基和全国平均有效税率测算标准收入与实际收入差异很大，即便是通过控制比例调整也不能反映客观实际。专项转移支付的分配也存在一些行政干预、不科学、不规范的问题。

**（五）转移支付资金使用效益不够高**

主要表现在转移支付政策碎片化，地方统筹资金有限，资金闲置沉淀。特别是部分目标、性质、对象相近的专项转移支付地方也不能统筹整合，由此，造成部分资金结余结转，使用效益不高；同时，一般转移支付的不少项目和资金也明确了专门的用途。

**（六）转移支付制度不够健全**

一是财政转移支付制度法律法规体系不健全。虽然国务院印发了《国务院关于改革和完善中央对地方转移支付制度的意见》（国发〔2014〕71号）、财政部也制定了《中央对地方专项转移支付管理办法》（财预〔2015〕230号），但仅为行政规范性文件；二是财政部门和有关行业主管部门出台的专项转移支付资金管理办法缺乏规范性、统一性，部门色彩、项目行政审批色彩较重，与简政放权改革的要求不符；三是具体实践中有关部门执行规定办法不够，特别是监督、考评、问责、处罚等，也严重影响了转移支付制度的权威性。

另外还存在对地方经济发展、财源培植积极性的影响以及权力寻租等问题。总之，现行转移支付制度存在的问题，既有财政体制改革不到位，中央和地方事权和支出责任划分不够清晰，地方税收体系尚未建立，政府职能转变不够的因素，也有一些部门管理水平和能力素质方面的原因。

## 三、改革完善转移支付制度的建议

转移支付是深化财税体制改革、建立现代财政制度的重要内容，是推进区域协调发展、实现国家宏观政策目标和基本服务均等化的有效手段。因此，我们应围绕建立现代财政制度，以推进地区间基本公共服务均等化为主要目标，坚持以问题为导向，以事权属性为遵循，建立科学、规范、有效的转移支付制度，更好发挥财政国家治理的基础和重要支柱作用。针对转移支付制度存在的问题，借鉴国外转移支付制度的经验，提出以下几点建议。

### （一）科学合理划分中央与地方事权和支出责任，为改革完善转移支付制度奠定基础

合理划分中央与地方事权和支出责任是政府有效提供基本公共服务的前提和保障，是建立现代财政制度的重要内容。转移支付制度是建立在科学的政府事权与支出责任基础之上。转移支付目标之一就是为实现中央委托地方事权或中央地方共同事权提供财力保障，因此必须科学界定中央和地方的事权。借鉴国际经验，立足我国国情，根据公共产品和服务的受益范围、外部性、管理效率等事权内在属性，划分中央与地方事权。对于公共产品和服务，将受益范围覆盖全国、外部性强、信息复杂程度低的作为中央事权，如体现国家主权、维护统一市场以及受益范围覆盖全国的基本公共服务由中央负责；将信息复杂程度较高，但受益范围跨省区、外部性较强的作为中央与地方共同事权；将地区性强、信息大、信息复杂的地区性基本公共服务作为地

方事权。适度集中中央的事权，特别是河湖治理、重大传染病防治、跨区域性的交通、战略性自然资源使用和保护要确定或上划为中央的事权，加强中央事权的责任，中央的事权委托地方行使的，必须按照程序报经批准，有关职能部门不得擅自委托地方行使，同时减少对地方事权的干预；对中央与地方共同事权逐步减少并规范；要建立中央和地方事权划分动态调整机制，根据经济社会发展和客观条件变化适时进行调整。

强化与事权相适应的支出责任。按照谁的事权谁承担支出责任的原则，确定中央和地方的支出责任。属于中央的事权，中央承担支出责任，不能要求地方安排配套资金；中央的事权如委托地方行使，要通过专项转移支付足额安排相应经费，不能留有缺口；属于地方并的事权，由地方承担支出责任，存在的收支缺口，通过上级政府给予的一般性转移支付弥补；对属于中央与地方共同事权，根据基本公共服务的受益范围、影响程度，区分情况确定中央和地方的支出责任以及承担方式，特别是对当前关注度高的基本养老保险、基本公共卫生服务、义务教育等，可由中央承担主要支出责任。为了能够确保地方政府履行其事权，中央应加快推进财政体制改革，划分中央与地方收入，理顺中央与地方的财政关系。尤其是全面推进“营改增”试点后，地方财政收入没有主体税种，亟待构建地方税收体系，建立地方财政收入稳定增长机制，以保障地方事权的履行。

**（二）明确转移支付实现目标和步骤，规范转移支付分配方法**

党的十八大报告和国务院近期印发《“十三五”推进基本公共服务均等化规划》明确指出，到 2020 年，基本公共服务均等化总体实现。包括基本公共服务体系更加完善，体制机制更加健全，在学有所教、劳有所得、病有所医、老有所养、住有所居等方面持续取得新进展。因此，转移支付要根据目标、任务、措施，设定切实可行的财力保障的路径，通过中期财政规划、年度预算建立稳定的投入机制，推进基本公共服务均等化。同时，要进一步规范转移支付分配方法。在转移支付测算因素、权重设置上应更加科学客观，更能够反映地区实际和发展变化。随着全面深化改革的不断推进，经济体制改革、财税体制改革和政府职能转变都取得了明显成效。特别是全面“营改增”试点的实施，均衡性转移支付标准收入应以实际收入作为标准收入。专项转移支付资金分配也要结合不同的项目采取项目法或因素法，使转移支付分配更加科学、公正和有效。总之，通过科学的分配方法，确定转移支付的数量和规模，推动基本公共服务均等化目标如期实现。

**（三）进一步清理整合转移支付项目，优化转移支付结构**

转移支付项目不仅专项转移支付项目多，2016 年中央专项转移支付数量仍有 94 个，而且一般性转移支付项数量也从 2015 年以前的 13 个合并为 7 个，都有进一步清理归并整合的空间。一是要限制新设立项目，依照法律法规设立，并且要有明确的政策依据、政策目标、资金需求、资金用途、绩效目标；二是清理整合存量项目，在合理分类的基础上，逐步整合现有的专项转移支付项目，特别是那些小散乱，交叉、重复，政策目标不明确，部门抱住不放的专项予以取消，对到期项目及时清理；三是进一步简政放权，提高对地方专项转移支付切块下达和提前下达的比重，增强地方统筹能力和因地制宜安排项目的灵活性，借鉴推广“大专项加任务清单”的管理方法发挥地方的优势；四是一般性转移支付项目数量也应真正整合，不能够采取项目中套项目，再指定用途，如均衡性转移支付项下又列 6 个项目。同时也要对中央补助地方的项目进行清理归并整合，减少资金上解下划。如税收返还和地方上解，虽然是体制性的问题，但 1994 年至今，预算公开后外行看不懂，地方代表有意见。在转移支付清理归并整合的基础上，进一步扩大“两个比重”，即提高一般性转移支付占转移支付的比重和提高均衡性转移支付占一般性转移支付的比重。完善一般性转移支付增长机制，扩大一般性转移支付规模和比重，尤其是均衡性转移支付规模；通过清理整合规范专项转移支付，以及将具有一般性转移支付性质的专项转移支付调整为“一般性专项转移支付”，按一般性转移支付方式管理，降低专项转移支付的比重。

**（四）积极探索横向转移支付，逐步建立纵横互为补充的转移支付制度**

横向转移支付是指同级地方政府间发生的资金平行转移，一般是富裕地区向贫困地区提供资金援助。德国的横向转移支付制度始于1990年东西德统一，其初始的创设目的是通过平衡东西部财力差距，实现国家统一平稳过渡。经过二十多年的发展，德国建立起了横向转移支付与纵向转移支付相结合的财政转移支付法制体系，成为各国财政研究的经典案例。横向转移支付在我国虽然没有真正意义的实践，但我国对口支援的方式，具有横向转移支付的性质。对口支援由中央政府主导，以地方政府为行为主体，以实力较强地区援助实力较弱地区，经过多年的实施取得了良好的政治效益、经济效益和社会效益，为探索建立横向转移支付制度提供了实践经验。横向转移支付也有其突出的优势，财力富裕地区一般提供资金，贫困地区则输出资源，包括人力资源、矿产资源、生态资源等，通过合作，达到双赢。因此，中央政府要提供条件，鼓励引导地方建立横向转移支付，也可行在一些地方，如省级政府对口支援地区，江河上下游地区，以及粮食输入输出省进行试点。中央政府可以通过建立组织，明确横向转移支付定位、目标、内容以及激励政策等，为横向转移支付提供保障。最终建立以纵向转移支付为主，横向转移支付为补充的具有中国特色的转移支付制度。

**（五）加强转移支付管理，提供转移支付绩效**

中央对地方转移支付预算安排及执行情况主动向社会公开，接受社会监督。转移支付预算公开，要细化公开内容，包括一般性转移支付和专项转移支付的具体项目、规模、管理办法、分配方式和分配结果等；转移支付执行情况公开，包括资金使用情况、项目执行情况、目标实现情况以及审计监督情况等。进一步完善规范信息公开平台，以信息公开倒逼转移支付管理水平提高。建立完善转移支付绩效评价制度。转移支付项目必须明确绩效目标，科学设置绩效评价指标体系，聘请第三方开展绩效评价，充分利用绩效评价结果，将转移支付绩效评价结果同以后年度资金分配相结合，提高转移支付绩效。

**（六）完善转移支付法律法规制度**

转移支付制度作为现代财政制度重要内容，特别是转移支付规模已达52803亿元，但目前仍没有建立具有权威性、规范性和可操作性的法律法规体系，因此，转移支付必须纳入法制化。一是对政府间的事权和支出责任进行立法，规范中央、地方各级政府在事权和支出方面的责任；二是对财政转移支付进行立法，用法律规范转移支付的政策目标、项目设立、资金来源、分配的程序、分配的方法、绩效管理和监督处罚等。三是加强执法监督，依据法律法规对转移支付进行监督，确保转移支付依法依规。

作者简介：胡兴旺，河南省财政厅政策研究室主任，研究员，博士生导师。主要从事财经理论、政策与管理等方面的研究工作。

# 财政分权与财税改革

◇ 张依群

当前，应进一步加快完善分税制改革，赋予地方一定的税收管理权，进一步硬化地方政府预算的法律约束。

财政分权是指中央政府赋予地方政府在预算、税收、债务等方面一定的自主权。世界范围内，不论是发达国家还是发展中国家，财政的分权化趋势越来越明显。

从中国的实践来看，中国的财政分权是从1978年改革开放后逐步开始。1978年，是以“减税让利”的税制改革为先导拉开了改革开放的序幕。1994年，税制改革进一步建立了分税制的财政分权体制。2003年，党的十六届三中全会《中共中央关于完善社会主义市场经济体制若干问题的决定》指出，“按照简税制、宽税基、低税率、严征管的原则，稳步推进税收改革”，“统一税政前提下，赋予地方适当的税政管理权”。2013年，党的十八届三中全会《关于全面深化改革若干重大问题的决定》指出，建立事权和支出责任相适应的制度。适度加强中央事权和支出责任，国防、外交、国家安全、关系全国统一市场规则和管理等作为中央事权；部分社会保障、跨区域重大项目建设维护等作为中央和地方共同事权，逐步理顺事权关系；区域性公共服务作为地方事权。中央和地方按照事权划分相应承担和分担支出责任。中央可通过安排转移支付将部分事权支出责任委托地方承担。对于跨区域且对其他地区影响较大的公共服务，中央通过转移支付承担一部分地方事权支出责任。

中国现行财政分权从事权和支出责任的划分上看存在以下问题，(1) 中央与地方事权与支出责任不匹配，表现为地方事权与支出责任的依据不明确、地方内部各级政府间的事权与支出责任、财力划分不明确。(2) 行政垂直集权与财政分权相冲突。(3) 政府层级过多，存在财政资金浪费的现象。从地方治理角度看，省级以下政府缺乏收入制定权。我国现行的转移支付制度存在转移支付不足，地区间财政不平衡的问题。

针对上述问题，一方面要适度分权。财政分权的实质在于中央政府和地方政府间职责和权力范围的划分，以避免信息的不对称，促进资源的更有效配置和社会福利的最大化，中国 1994 年的税改就是通过明确政府间的职责、硬化地方财政的预算约束进行适当的财政分权，建立了分税制的财政分权体制，调动了地方政府的积极性，推动了中国经济持续、健康、快速发展。当前，应进一步加快完善分税制改革，赋予地方一定的税收管理权，进一步硬化地方政府预算的法律约束。另一方面要严格财政纪律，加强对预算资金的管理和监督。

作者简介：张依群，吉林省财政科学研究所所长、研究员，吉林省财政学会副会长兼秘书长，中国财政学会理事，中国财政绩效研究专业委员会常务理事，中国民族地区财政研究专业委员会副秘书长，财政部亚太财经与发展学院特聘专家，英国曼彻斯特大学访问学者，吉林财经大学、吉林工商学院客座教授。

# 对本轮财税体制改革的思考

◇ 刘小兵

财政体制改革方面，改变财力向上集中而支出责任向下转移的倾向，压缩转移支付规模，降低专项转移支付比重，使转移支付规则的运行公开透明，消除地方预算编制与执行中的不确定性因素，以利于部门预算、政府采购、国库单一账户等现代财政管理手段充分发挥其应有的功效。

2014 年 6 月 30 号中共中央政治局通过了财税改革总体方案的决议，提出了三大任务，并且要求到 2020 年要基本建成一个现代财政制度。到现在快三年了，我们这次改革到底怎么样，我想谈一些我的看法。

一是为何要改？预算管理制度从形式上看很不错，管理手段、管理程序、管理机构都非常健全，非常符合现代国家治理的需要。但是，预算没有形成一个硬约束，政府行为不规范，公开透明度不够，财政监督缺乏有效手段。税收制度最大的一个问题是公平性偏差。财政体制上央地财政关系还有待厘清。

二是改了什么？改得怎样？从目前来看，财税改革的效应有待进一步释放。

首先，预算管理制度改革。2014 年 8 月底的预算法修订案是一个比较大的根本性改变，把预算法从政府管理国家变成社会管理政府的一个工具，管理理念发生了比较大的变化，关键还看执行怎么样。预算管理制度从目前来看依旧不完善，改革的成效还有待进一步发挥。

税收制度改革的成果主要是“营改增”，其他的有待于进一步理顺。间接税占整个税种的比重并没有改变，还要占到70%左右。目前的税收制度还不是很公平，收入更多地来自贫穷的一方，而不是来自富裕的一方。接下来税制改革还有进一步的工作可以做，期望把增值税税率降下来。增值税税率下调的好处谁得到？是穷人。这样可以直接促进民生水平的改变。直接税有上升的空间。“营改增”更大的意义是在体制上，把地方税改为中央地方共享税，权力集中到中央。

关于支出责任的划分还是没搞清楚，事权永远搞不清，根本性的问题在哪里？分税制是现代国家治理民主制度下的一种联邦主义的体现，我们的政策体制是单一制，这两者之间是很难匹配起来的。单一制下面搞分税制是个伪命题。

三是改革建议。预算管理制度改革方面，尽快修订完善《预算法实施条例》；修订政府收支分类科目；做实项目库与中期财政规划，降低项目支出比重，制订项目支出标准；加快财政信息公开进程，强化外部监督力量。税收制度改革方面，下调增值税税率，调整消费税，提高个人所得税比重，将间接税为主的税制改造成以直接税为主的税制。财政体制改革方面，改变财力向上集中而支出责任向下转移的倾向，压缩转移支付规模，降低专项转移支付比重，使转移支付规则的运行公开透明，消除地方预算编制与执行中的不确定性因素，以利于部门预算、政府采购、国库单一账户等现代财政管理手段充分发挥其应有的功效。

作者简介：刘小兵，上海财经大学公共经济与管理学院院长，教授。

# "营改增"与地方财政稳定性的相关研究

◇姜 竹

从理论分析和实践经验来看，营业税改征增值税能够活跃地方经济、稳固财源，提高地方财政稳定性；同时，也由于制度改革配套跟进不足、动摇分税制基础，冲击了地方财力，对地方财政稳定性产生消极影响。

以营业税改征增值税为代表的新一轮税制改革，是自1994年分税制以来又一次具有划时代意义的财政改革。增值税和营业税分别作为我国第一大税种和地方第一大税种，二者的调整和合并注定要引起财政管理体制和政府财政行为的巨大变迁，影响深远。

从各省市的试点结果来看，财政收入减少以及企业行为特征转换的短期效果已经显现，地方政府承担了改革初期的主要成本，对于营业税改征增值税的态度也由起初的积极踊跃转变为审慎观望、稳步推开。营业税改征增值税所带来的影响，已经触及财政管理体制和制度建设的范畴，相对于地方政府而言，主要是地方财政的稳定性问题。

## 一、营业税改征增值税与地方财政稳定性的相关性分析

### （一）地方财政稳定性的经济分析

地方财政稳定性可从以下两个层次理解，第一层含义指在地方财政稳定发展的初始条件下，地方财政抵御外部冲击、维持地方财政预算平衡的抗波动能力；第二层含义指在地方财政状况已经恶化的条件下，地方政府能够凭借财政体系的自动稳定器作用，扭转财政恶化趋势，逐步恢复或趋于预算平衡稳定状态的自我修复功能。

地方财政对外部冲击的防御能力要以地方财源稳定性做保障。经济总量波动、经济结构调整、宏观经济政策变迁等因素都能引发地方财政预算的剧烈震荡，稳固的地方财源能够缓冲外部经济冲击，维持财政收支的平衡。地方财源稳定性主要取决于地方经济增长、地方经济结构以及收入制度安排三个因素，其中税收制度安排是协调地方经济与财政收入关系，实现财源稳定的主要路径。

地方财政的自我修复和稳定能力取决于地方财力的稳定性。地方财力是地方政府在一定时期内拥有的可以自行支配用于履行职能的财政资源，体现了地方财政对于区域资源的调配权和调配能力。地方财力涵盖了税收能力、转移支付能力、债务收入能力、非税收入能力以及体制外收入能力等权属范畴，从体制上集中表现为地方财权；税收制度是地方财权的核心，决定了地方财政的自我修复和稳定能力。

1. 影响地方财政稳定性的制度性因素。

加强地方财政稳定性建设必须从制度和体制两个方面着手，财源和财力是税制调整作用于制度和体制层次、影响地方财政稳定性的基本渠道。税收制度改革可直接作用于地方政府财源和财力，进而对地方财政稳定性产生显著的影响。

税收制度是影响地方财源的主导性因素，直接关系到地方政府对

财源的汲取能力。不同税种收入能力存在天然的差别，不同税种搭配组合形成不同的税制结构。税制改革背景下，伴随着税制的调整，作为纳税主体的不同企业税负水平会相应改变，企业经营行为和投资偏好由此发生转移，更多的经济资源将被投入税负水平更趋合理的行业或领域，即产生所谓的“替代效应”，进而带动产业或行业结构的调整。可见，合理的税制结构可以引导社会资源良性流动，推动产业结构升级，有助于实现地方财源的丰沛和稳定。营业税改征增值税解决两税并行的重复征税问题，有利于产业细分和产业链整合；而且增值税可以促进第三产业从传统的第一、第二产业中剥离并获得独立发展，吸引更多的资本和资源流向产业附加值高的第三产业，经济激励作用更加明显，同时也使税收制度更为符合现代税法税负公平和量能负担的原则要求。通过营业税改征增值税改革，变革两大税种的配比关系，可以引导产业结构向着更加积极、稳固的方向发展，从而为地方财源的稳定奠定良好制度基础。

2. 影响地方财政稳定性的体制性因素。

地方财权是地方财力形成的核心基础，是中央与地方财政分权体制的表现，由财政管理体制所决定。分税制财政管理体制将财政资源在中央与地方之间进行分配，支撑地方公共职能的履行；是构建地方财权、保障地方财力，稳定地方财政的基本落脚点。分税制的核心支柱在于地方税体系和税收分享机制，税种的设立与归属的体制性安排是分税制得以实现的基本载体，决定了地方财权的充足与否。营业税和增值税分别是地方税和共享税的主体性税种，是分税制调节中央与地方收入配比、平衡地方财权的基本实现途径。营业税与增值税的调整，势必会改变中央与地方财力分配的格局，深刻影响地方财政稳定性。

### (二)“营改增”为地方财政稳定性提供积极的财源预期

1. “营改增”释放经济潜力，夯实财源基础，增强财政稳定性。

现代市场经济条件下，经济行为更加复杂，混合销售和兼营行为越来越普遍，增值税与营业税之间的税收界限越来越模糊，两税并行造成严重的重复征税问题。重复征税条件下，作为市场经济主体的企业只能依靠牺牲经济资源的发展潜力调整经营策略以规避过高税收降低生产成本，企业生产力由此受到束缚而无法获得充分的发挥。增值税的一个先天优势就在于，税收中性表现突出，最大限度地避免了重复征税的问题。营业税改征增值税后，税基由营业额转变为增值额，流转税各环节税收管辖权更加清晰，重复征税问题得以避免，企业可以依凭市场经济规律调度资源，发掘存量资源的经济潜力。税制对宏观经济发展的激励作用开始显现，企业更新改造和发展动力增强，使存量资源经济潜力得以释放，地方财源基础得以巩固。

2. “营改增”刺激经济活力，强化财源张力，增强财政稳定性。

营业税改征增值税带来的结构性减税效应对于国民收入具有显著的乘数作用。从中长期来看，营业税改征增值税后，在增值税抵扣链条全部贯通的前提下，企业整体税负将得以削减，运营成本降低，即减负打开了企业外部成本下降、盈利空间扩展的通道，形成企业的改革红利。其中一方面转化为价格优势增强市场竞争力，另一方面转化为资本所得，刺激扩大再生产，促进结构调整和产业升级；另外还有一部分会转化为劳动者收入，增加居民可支配收入，提振内需。可见，在税负宽松的政策环境下，投资风险降低，公众的创业热情得以激励，弱势行业获得更广泛的生存空间，从而经济增长空间扩大、社会财富积累速度加快。当然伴随税基的不断拓宽，税收总量获得制度改革红利必然使地方财源得以扩容，强化财源张力，增强地方财政稳定性。

3. "营改增"打破经济转型壁垒，优化财源结构，增强财政稳定性。

营业税改征增值税后，经济转型的税制壁垒被打破，有助于新一轮的以优化产业结构为特征的产业调整顺利进行，增强财源结构合理性。中国整体上已处于工业化中期的后半段，服务业的地位将越来越突出，发展第三产业，尤其是现代服务业，是实现向技术进步和效率提升驱动的集约式经济增长模式转型的重要途径。长期受两税并行的束缚，流通和服务性产业对第二产业的依赖性过高，制造企业存在着"大而全""小而全"的问题，服务业难以脱离第二产业获得独立的发展空间。营业税改征增值税后，税收增值链条逐步贯通，使服务业从工业、商业企业的"绑架"中解放，专业化、外包化、服务出口的发展特征凸显，产业发展的附加值增加；同时，第三产业的独立发展可以反哺产业结构升级，满足经济转型对服务流通的配套要求，加速转型步伐。产业结构优化，提高了各产业产出的附加值，优化了财源结构，增强地方财政稳定性。

**（三）"营改增"为地方财政稳定性提出财力扩容要求**

1. "营改增"冲击地方税收体系，撼动地方财政自动稳定机制基础。

地方税体系是地方财政自动稳定机制的基础，也是地方政府履行公共职能的基本着力点。当财权向中央过度集中时，一方面会增强中央政府的宏观经济调控能力，同时也会削弱地方政府的资源配置能力，地方财政稳定性的基础受到侵蚀。从体制上讲，营业税改征增值税后，地方政府近一半的财权被收归中央，旧有的以营业税为支柱的单主体地方税体系将名存实亡，无力支持地方政府实现财政收支的平衡和稳定；地方税体系面临财力重建的巨大压力。如何选择、培育新的地方主体税种，建设地方自有财权，保障地方财政自动稳定机制，成为此番改革对地方财政稳定性带来的一个巨大挑战。

2. “营改增”挑战现行分税制利益分享机制，地方财力扩容需求增强。

分税制财政管理体制是中央与地方权力博弈的体制结果，也是中央与地方利益分享机制的集中表现。我国分税制体制稳定的重要基础在于税收利益分享机制的平衡，在于增值税与营业税的归属和配比。营业税改征增值税后，我国基层政府的财政状况会进一步趋于紧张，地方财政对于财力的扩容需求显著提高。因为，地方财力的扩容需求集中体现在财权上，主要包括两个方面：一是提高地方政府在税收分享机制中的占比；二是完善、充实地方税体系。要维持地方政府的稳定局面和合理的“分税”格局，就必须对深化分税制改革，或者重新安排中央与地方的税种归属，或者对中央与地方共享税的分享比例重新调整，从而为地方政府财力扩容提供充足的空间，避免税制改革对地方财政稳定性形成长期的潜在冲击。

## 二、我国营业税改征增值税试点地区的财政稳定性分析

### （一）我国现行“营改增”试点的主要做法

1. “营改增”的基本出发点。

我国实行营业税改征增值税改革，至少具有两方面的战略意义：一方面促进我国经济转型和产业升级，刺激经济增长潜力；另一方面进一步理顺我国中央与地方财政分配关系，推动新一轮的财政管理体制改革。

就现实意义而言，实行营业税改征增值税是实现结构性减税和优化我国税制设计的关键一步。营业税改征增值税有利于优化我国税收制度设计，解决两税并行造成的重复征税问题，减轻企业负担，促进企业进行专业化细分，使服务业以更低的税负成本获得快速发展。但

是，税制调整和结构性减税会涉及税收利益和经济利益的调整，就必然会遇到利益调配不均衡形成的制度和经济阻力；尤其是试点期间，各方面矛盾已经表现得愈发明显。

2. “营改增”的改革步骤与内容。

按照规划，我国此番营业税改征增值税改革大致分三步：第一步，选择部分行业在部分地区进行试点；第二步，选择部分行业在全国范围内进行试点；第三步，改革在全国全面铺开，营业税取消，由增值税全面替代。2012 年 1 月 1 日，上海市开始试点进行“营业税改征增值税”税收制度改革，标志着中国新一轮税制改革的开始；2012 年 9 月至 12 月，北京市、江苏省、安徽省、福建省、广东省、天津市、浙江省、湖北省依次开展“营改增”试点；2013 年 4 月国务院常务会议决定进一步扩大交通运输业和部分现代服务业“营改增”试点区域，2013 年 8 月 1 日起在全国推开，适当扩大部分现代服务业的范围，并择机将铁路运输和邮电通信等行业纳入试点范围。

根据上海市营业税改征增值税方案，交通运输业和部分现代服务业（研发和技术服务、信息技术服务、文化创意服务、物流辅助服务、鉴证咨询服务、有形动产租赁服务）纳税人由营业税纳税人转为增值税纳税人，按照增值税征管办法缴纳增值税，并由国家税务局负责征收；增值税新增 11% 和 6% 两档低税率以适应新纳入行业的实际情况；增值税纳税人资格认定、增值税抵扣范围、增值税税收优惠政策等实施细则在试点中也有所微调。北京、天津等试点省市沿袭了上海市的试点方案，只是在实施时间、实施地点以及纳税人资质认定等方面做出了适应性的细微修改。为实现营业税改征增值税税务征管工作的平稳交接，各个试点地区税务部门进行了长达 3 个月以上的税收征管设备和系统更新改造、业务学习、税制宣传、纳税辅导和数据测算等保障性工作。为实现新旧税制平稳过渡、尽可能地减少税改对地方财政稳定性的冲击，试点地区原营业税纳税人所纳增值税依旧留归地方政府；为了避免“营改增”造成的企业税负增加，部分地区还对由于此番改革而税负增加的企业进行财政补助。

**（二）“营改增”夯实试点地区财源基础的效果分析**

1. 试点地区税负整体性减轻，地方财源活力得以增强。

营业税改征增值税后，有效避免了两税并行造成的重复征税，增强了企业主动调整生产结构布局、提升生产效率的动力，极大激发了地方企业发展的内在潜力和创收能力，从财源内部获得新的增长点，增强地方财政稳定性。

首先，企业转型动力增强。在新税制的引导下，试点地区企业纷纷在经营模式、营销战略以及生产组织方式等方面主动做出适应性调整，细化产业分工，降低税负；将研发、设计、运输等内部服务环节从主营业务中剥离，从而实现专业化生产，生产效率大大提高。北京市的问卷调查显示，11956 户试点企业样本中已有 700 多户将服务业进行主辅剥离，占调查样本的 6.4% 。

其次，企业合作程度加深。营业税改征增值税后，跨区域、跨行业抵扣链条的形成，生产制造企业采购现代服务业的需求和动力增强，强化了不同区域、上下游企业之间的联系和合作，例如，试点不到 4 个月的时间，江苏、上海、浙江 3 省（市）合计接受安徽“营改增”专用发票 3.3 万份、税额 2.7 亿元，占安徽开具给外省专用发票总份数的 50% 以上，安徽与长三角地区的经济联系进一步加强。

最后，企业更新改造需求增强。新纳入增值税范围的试点企业由于设备采购抵扣范围扩大，纳税人纷纷调整发展战略，加速资产更新，鼓励科技创新，有力促进了试点企业设备的更新改造，企业生产效率提高，盈利能力显著增强。以上海市为例，2012 年上半年，在 1200 多户试点被调查企业样本中，交通运输业、物流辅助服务企业的设备采购额分别增长了10.8%和171.3%。

2. 试点地区产业结构升级，地方财源结构得以优化。

营业税改征增值税后，深化社会产业分工的税制壁垒打破，专业化生产程度加深，生产效率提高，产业结构更加优化，尤其是现代服务业从生产制造业的剥离和独立发展，形成社会生产的新一轮强劲动力；地方财源结构随着产业结构优化，逐步向附加值更高的高新技术、现代服务业方向发展，发展潜力增强，财源结构更加合理，财政稳定性增强。

2012年试点期间，浙江省新办试点纳税人5293户，增加最多的是文化创意服务业，占新办户数的23.1%；北京市新办现代服务企业3.9万户，主要集中在文化创意、鉴证咨询服务等领域，占新办试点户数的九成以上。同时，各类投资和生产要素加速聚集，促进了现代服务业快速发展，服务业结构和增长质量进一步提升，成为拉动经济增长的新引擎和主力军；2012年，上海市GDP增长7.5%，其中第三产业增长10.6%，第三产业增加值占全市GDP首次突破60%，拉动经济增长6.2个百分点。

3. 试点地区税收规范性增强，地方财源边界更加稳固。

营业税改征增值税既是增值税税收网络延伸的一个过程，也是原有增值税网络自我完善和加强的过程。为了保障营业税改征增值税工作的平稳过渡，各地税务部门做了大量准备工作，使税收征管队伍业务能力进一步加强，征税工程布局更加合理，企业数据掌握更加全面，且企业的税收缴纳和自我管理水平也得到不同程度的提高。一系列举措从管理层面使税基更加宽阔和稳固，提高了各试点地区的税收征管效率，财源边界得以巩固和加强，地方财政稳定性提高。

**（三）"营改增"带给试点地区财政稳定性压力分析**

1. 试点地区财权划分预期不明朗，地方主体税种亟待确立。

试点地区营业税改征增值税后，中央及地方分税制体制尚未给出明确调整方案，这意味着唯一的地方主体税种可能将变为共享税，加之未及时调整税收分享比例，且缺失健全的地方税体系相匹配，致使地方财权可能失去支柱，财力会向中央过度集中，地方财政稳定性基础被动摇。

以 2011 年税收测算数据为例，2011 年地方营业税总额为 13504. 44 亿元，占地方税收收入的 32. 85%；增值税 25% 地方分成总额为 5989. 25 亿元，两项合计达到了 19493. 69 亿元，占地方税收收入的 47. 42%；国内增值税与营业税税收总额为 37945. 63 亿元；营业税全部改征增值税后，如果增值税保持 75∶25 分成比例不变，不考虑减税及过渡性的原营业税留归地方等因素的影响，地方收入为 9486. 41 亿元，减少了 1 万亿元，占地方税收收入近 1/4。照此粗略推算，即使房产税、资源税等财产性税种开始实施，也很难完全弥补营业税改征增值税所带来的这部分财力损失。

2. 试点方案设计不成熟，行业特征无法体现，财源活力受冲击。

营业税改征增值税试点方案较为粗糙，对于试点行业税制设计不够细化，税目、税率、进项税额抵扣等方面的规定基本沿用了原增值税“一刀切”的征管模式，造成税收制度同行业特征不相适应，抵扣链条不完备，部分行业实际税负未升反降，阻碍了产业转型和经济结构升级的进程，限制经济发展潜力和财源活力的发挥，对地方稳定性产生负面影响。

以建筑业为例，住房和城乡建设部委托中国建设会计学会以 2011 年的企业应收数据为测算依据，对 66 家建筑企业的调研测算显示，税收成本增加的有 58 家，占样本容量的 88%；税负增加比例为 93. 47%，折合营业税税率为 5. 80%，超过原营业税税率 3% 以及 2010 年公布的建筑业产值利润率 3. 55%。江苏苏中建设集团、江苏嘉洋华联公司等大型建筑业企业营业税改征增值税试点后各项实际税负增长均超过

100%。另外，建筑施工企业成本抵扣困难，砖、瓦、灰、沙、石等材料多都由农民、私营企业经营，且季节性特强，很难获得增值税抵扣发票。除了建筑业之外，交通运输业也出现了营业税改征增值税后抵扣困难、税负显著增长的状况，直接影响了相关行业企业和地方政府的改革信心和步伐，束缚了营业税改征增值税财源优化效果的发挥。

## 三、优化营业税改征增值税，提高地方财政稳定性的思路与建议

从理论分析和实践经验来看，营业税改征增值税能够活跃地方经济、稳固财源，提高地方财政稳定性；同时，也由于制度改革配套跟进不足、动摇分税制基础，冲击了地方财力，对地方财政稳定性产生消极影响。在营业税改征增值税试点行业和区域范围逐步扩大的趋势下，必须充分借力"营改增"带来的税源优化作用强化地方财政稳定性，同时也必须克服改革对地方财力的冲击，避免"营改增"对地方财政稳定性的负面影响。为此，从造成地方财政稳定性的负面影响的原因着手，完善制度设计、避免短期因素，深化分税制改革、保障地方财力充足是非常必要的。

### （一）完善试行税制设计，避免短期因素对地方财政稳定性负面影响

首先，加快营业税改征增值税的区域试点范围。局部区域性试点造成了改革初期的"税收洼地"效应，增值税成为吸引资金流源源不断向试点地区聚集的重要因素，也形成了不同地区之间的制度性歧视和不公平竞争。只有加快在全国的推广，这种税收洼地才能逐渐平复。

其次，加快营业税改征增值税的行业试点范围。营业税改征增值税采取了在交通运输业和6个现代服务业的"6+1"试点模式，由于过渡时期未能将产业链条全部囊括，导致部分行业尤其是物流业无法

实现有效的进项抵扣，税负增加。只有更广泛地将营业税行业企业纳入增值税范围，才能实现增值税链条的全线贯通，增值税的优势才能得到充分发挥。

最后，强化税率测算。一方面，要对已实施的税率方案进行重新评估，避免税率设计不合理造成的税率增加；另一方面，对即将纳入增值税范围的行业企业进行充分测算，设计更加合理的税率结构。税率设置要为税制改革的大方向服务，迎合此番改革结构性减税的目标，保障税收调节作用的充分发挥。

**（二）深化分税制改革，为地方财政稳定性提供充分的财力保障**

营业税改征增值税后，地方财政要维持财力上的稳定性，必须从深化分税制改革着手，多管齐下，为地方财政稳定性创造更加稳定的制度环境。

1. 增值税替代营业税补充地方财源，形成新的地方税收支撑点。

由此番营业税改征增值税引发的税制重构，可能涉及整个经济社会体制的重大变革。尽管目前改征增值税之后的收入原封不动地还给地方政府，但从税收体制上来看，地方政府的自主财源被挖掉了一大块，地方财政收支平衡的基础被打破、自动稳定机制的根基动摇，为地方税收寻找新的支撑点和着力点，是应对此番改革对地方财政稳定性冲击的最有效途径。

由于我国尚未形成成熟的财产税体系，房产税、资源税等财产税的试点仍然处于摸索阶段，税收技术和征管思路还远达不到规范税制的要求；而且，房产税、资源税等财产税收入汲取能力有限，2011 年我国房产税实现收入 1102.36 亿元、占地方财政收入的比例仅为 2.1%，资源税实现收入 589.87 亿元、占地方财政收入的比重仅有 1.1%，距离担负地方税体系支柱责任还有很大差距。所以，财产税在短期内无法取代营业税撑起地方税收；无论从收入汲取能力还是税制成熟度来讲，增值税都可以继续在维护地方税收稳定方面起到积极作用，支撑地方税收稳定。

2. 增值税改革增量留归地方，激励地方政府经济发展的积极性。

这里的增值税改革增量指营业税改征增值税后原营业税纳税企业转为缴纳增值税所造成的增值税税收增量。对于税收增量的处理，前期营业税改征增值税试点方案已经做了很好的尝试，将增量留归地方，能够最大限度地避免地方财政动荡，保障地方财政在增值税改革进程中的平稳过渡。随着改革的深入进行，改革增量留归地方，不应仅仅作为改革的临时性过渡政策，而应该从增值税立法上予以确立，保障地方收入权。地方政府从改革中不需要承受利益损失，支持改革的动力就会增强。

将已经纳入营业税改征增值税的交通运输业、现代服务业，以及未来可能纳入增值税征收的建筑业、娱乐业等现营业税应税行业带来的增值税改革增量全部留归地方，至少有如下三点好处：第一，避免地方财力在营业税改征增值税过程中受到的冲击，维持地方财政状况的稳定；第二，地方税收获得增值税有力支撑，财力拮据的状况得以缓解；第三，将地方性的服务业、建筑业等产业税收收益留归地方，有利于鼓励地方政府着力扶持第三产业发展，促进地方调整经济结构、加快转型，强化地方财源的稳定性。

3. 改革增值税的分享机制，巩固地方财政稳定性的基础。

增值税按照行业归属进行税收利益分配，新纳入增值税范围的地方性行业形成的改革增量通过法律形式留归地方，原增值税行业税收依旧按照中央与地方共享税的形式予以分成，但是，以此番营业税改征增值税为契机，优化分成方式，提高税收分配效率。

增值税中央与地方分享机制可以借鉴德国增值税的共享模式，将共享增值税部分按照两个层次进行分享，一部分按照中央与地方的固定比例进行税收利益分成，分成收入分别作为中央和地方的财政收入；另一部分固定比例的增值税，建立基于各省人口规模、支出需求、财政需求及某些特殊需求的指标体系，按照标准化公式在各省之间进行分配，并且重点倾斜于财政能力较弱的省份，帮助贫困省份财政能力接近全国平均水平。

增值税的调控功能得以扩展，一方面实现了中央与地方收入的有序分享机制，增强地方收入预期，提高地方预算效率；另一方面保障了落后地区财政能力的稳定性，促进了全国范围内的地方财政平衡和稳定。

作者简介：姜竹，北京工商大学经济学院财政系主任，教授，经济学博士，同时担任北京工商大学与中国社会科学院研究生院硕士生导师。兼任中国财政学会理事，全国政府预算研究会常务理事，全国高校财政学教学研究会理事，中国税收教育研究会理事，中国劳动学会劳动科学教育分会理事。长期从事财政、税收及公共管理等领域的教学与科学研究工作。主要研究方向：公共经济理论与政策研究，社会保障理论与制度应用。

# 地方税：地方治理的重要基础

◇ 张学诞

地方税与地方治理的关系，体现在两个方面：一方面，地方税通过对地方政府的治理能力、辖区居民责任与能力等产生影响，来影响地方治理状况；另一方面，地方治理状况又影响地方税的建构，要求地方税应与地方治理结构和能力相匹配。

作为地方财政收入的重要来源，地方税是地方治理的重要基础。地方税对地方治理的影响，主要体现在两个层面：其一，地方税的结构及收入状况，直接影响地方政府的治理能力；其二，地方税对辖区居民责任与能力产生一定的影响。同时，治理体系结构决定税制结构，地方治理能力是影响地方税构建的重要因素。一个高效的地方税体系，应与地方治理结构和能力相匹配。

## 一、地方税是地方政府治理能力的物质基础

地方政府是地方治理的主体之一，地方政府的治理能力在很大程度上决定了地方治理的成效。地方政府的治理能力不仅依赖于制度、

规则，而且需要一定的物质基础。地方税是地方财政收入的重要来源，成为地方政府治理能力的物质基础。地方税状况，不仅影响地方财政收入和地方公共服务供给状况，而且还对地方政府责任、地方稳定、地方治理效率等产生重要影响。具体而言，主要体现在以下几个方面。

**（一）影响地方财政收入**

从收入来源角度分析，地方财政收入一般包括税收收入、非税收入、中央税收返还和转移支付、地方债务收入以及其他收入等。从地方公共财政收入总数来看，根据财政部网站公布的数据，2015 年我国地方公共财政收入为 138099.55 亿元，其中：地方本级收入为 83002.04 亿元，中央税收返还和转移支付为 55097.51 亿元。在地方本级收入中，税收收入为 62661.93 亿元，占比为 75.5%；专项收入、行政事业性收费、罚没收入等非税收入为 20340.11 亿元，占比为 24.5%。可以说，地方税收入（包括共享税的地方分享部分）是地方财政收入的重要组成部分。从各省市公共财政收入状况来看，也是如此。因此，地方税体现了地方政府的汲取能力，直接影响地方财政收入的总量与结构。

**（二）影响地方公共服务供给状况**

公共服务一般被认为是为满足公共需求，具有非排他性和非竞争性等特征的服务或产品。它是相对于私人服务或私人产品而言的。与此相应，地方公共服务，通常则是指受益范围局限于或主要局限于特定区域的公共服务。

如何有效地提供公共服务，是地方治理的基本目标之一。经济学理论认为，由于公共服务的非排他性和非竞争性等特征，容易产生搭便车等行为，因此如果由市场供给，追求自身利益最大化的市场主体无法通过市场交换机制有效提供公共产品，通常会出现“市场失灵”，带来供给不足，这就为政府提供公共服务提供了理论支持。但是，市场的缺陷并不是把问题交给政府去处理的充分条件，政府与市场一样存在缺陷。政府在公共服务供给中也存在着“政府失灵”。例如，随着社会的发展，公共服务的范围会出现扩大，而政府却不能及时足额地提供各类公共服务，并且政府作为公共产品的直接提供者，存在动力和激励不足，容易受官僚主义弊端拖累，影响了提供的效率。针对这种状态，一个理想的公共服务供给模式应该是能够将政府和市场的优势结合起来，改善供给效率与质量。在以提高效率为中心的新公共管理和以协调为中心的整体性治理理念下，公共服务的供给呈现多元化供给的方式。

可以说，在现代社会，地方公共服务的有效提供依赖于政府、市场与社会三者的互动关系，依赖于地方政府的行为及地方政府与中央政府、政府组织与社会组织以及公众之间的互动状况，其中地方政府扮演着主要角色。由于地方政府更接近居民需求，并且能对当地的偏好及环境做出反应，可以在一定程度上解决公共服务供给中的信息不对称问题，有利于提高供给效率。有效提供辖区内公共服务，既是地方政府的职责和行为目标，也是其实现区域利益最大的工具或手段。

地方政府承担公共服务供给职责，必须有相应的资金来源作为保障，而财政收入则是资金来源的主要部分。一个地方的公共服务供给能否满足居民需求，不仅取决于地方政府的供给能力、组织能力和居民的需求偏好状况，而且取决于财政投入的规模和结构。作为地方财政收入的重要来源，地方税是地方政府为公共服务融资的基本工具。可以说，地方税状况影响地方公共服务的供给状况。

**（三）对地方政府责任和行为价值取向的影响**

地方政府责任意识的强弱和行为价值取向是影响地方治理效果的重要因素。政府作为代表全体人民的社会组织，理应以追求公平、正义为价值取向，以满足公共需要、追求公共利益为行为目标。树立起较强的责任意识，并能以追求公共利益为目标，是一个地方政府的理想状态。在实际行为过程中，政府行为受自利性和偏私性等原因的影响，时常会偏离满足公共需要、追求公共利益这一基本目标，出现行为偏差，导致“公共利益内部化”，即部分公共利益通过财政决策转化为内部决策人和执行人的利益。“公共利益内部化”降低了公共资源乃至社会总资源的配置效率，对整个社会发展带来不良影响。提高地方治理能力，必须解决公共利益内部化问题，其中一个行之有效的措施就是增强地方政府责任意识，使其以公共利益为价值取向，并以制度加以约束，形成有效制约和规范机制。

地方政府的责任意识和行为价值取向，受道德因素、上级激励约束与监督机制以及辖区内公众的压力等影响较大。财力是政府运行和履行职责的基础。上级激励约束与监督机制以及辖区内公众的压力，对地方政府的责任意识和行为取向影响，又与财力的来源状况密切相关。一般而言，如果一个地方的财力过度依赖上级的转移支付或补助，则在责任意识和行为取向上趋向于上级政府或部门。由于地方税来自于辖区内的企业和居民，地方政府在征收地方税的同时，也就相应承担了追求公共利益的压力，因而更能产生较强的责任意识。

**（四）影响治理效率**

一个良好的地方治理应符合效率原则，力争以较小的治理成本取得较大的治理成效。如果治理成本远大于治理效果，则就会出现治理低效或治理失败。

由于各地在资源禀赋、发展阶段、居民需求、区域位置、生态环境、基础设施等诸多方面存有较大差异，因此，并不存在一套放之四海而皆准的治理方式。提高治理效率，要求地方治理必须符合当地实际状况，依据各地的特点，实行差异化的治理方式。地方税实质上体现了差异化治理的理念，有利于提高治理效率。这主要体现在三个方面。

其一，地方税是基于分权理念而设置的，目的是为地方提供公共服务融资，合理、有效的分权，带来公共服务供给效率的提高。公共服务供给效率是地方治理效率最直接的体现。以事权和支出责任划分为基础的财政分权，必然也会提高地方治理效率。但这效率的提高，需要满足两个条件：一是只有事权和支出责任相适应，并与地方财力相匹配时，分权才能够有效改善公共服务供给效率。二是虽然财政分权可以使地方政府因地制宜地提供当地所需的公共服务，但需要把握好放权的度，亦即确立合理事权和地方税规模，防止地方行为的变异。过度的放权，有可能降低社会治理的效率。

其二，地方税源状况是地方经济社会发展状况的直接反映。通过税源状况可以直接了解地方性信息，为实施差异化的治理提供基础，使治理方式更具针对性，进而提高治理效率。

其三，地方税有助于在官员利益和公共福利之间形成激励相容机制，使地方政府更好地履行自己的职责，促进治理效率的提高。

**（五）征纳关系影响地方稳定**

地方税，特别是其中的财产税类，其征收一般较为接近公众和企业，所以给予纳税人产生的税负感也较为直接。地方税中所体现的征纳关系以及地方征收部门的征管能力，不仅影响税收的征收，事关征管成本的高低，而且对地方稳定状况起到非常重要的作用。良好的征纳关系、较强的征管能力，有利于促进地方税的征收、降低征管成本，有利于为地方经济社会发展创造和谐、稳定的环境。

能否形成良好的征纳关系，除了在征收中遵循公平正义原则之外，还要处理好征收的度和税收的使用等问题。征收的度，亦即要求税收的适度性，必须取之有度，不能超过生产力和社会发展的限度。在社会财富总量确定的前提下，政府以税收为主体取得的数量与企业、居民的财富总量呈此消彼长的关系。税收征收既不能过多，也不能过少，必须讲究适度。正如明代思想家丘浚所言：“治国者，不能不取之于民，亦不可过取于民。不取乎民，则难乎其为国，过取乎民，则难乎其为民。”特别是对于地方税而言，其主要是为地方提供公共服务融资，更需把握好度的问题，这样才能有利于形成良好的征纳关系。同时，若要形成良好的征纳关系，还需要注重税收的使用，即公共服务供给情况。脱离了公共服务供给水平，就不能客观评价和认识税负水平和公众的税负感。良好的公共服务供给水平，将会间接降低公众的税负感。

## 二、地方税影响辖区居民责任与能力

公众是地方治理的主体之一，其责任和能力状况影响地方治理的质量和效果。由于地方税是对地方企业或居民征收，因此，它对辖区居民权利与责任意识、公共理性和公民能力等都能产生一定的影响。

### （一）没有合格的公民就没有有效的地方治理

公民是个法律上的概念，一般是指具有一定国家的国籍，依据法律规定享有政治权利和承担义务的人。在地方治理中公民至少扮演两个角色，一是公共治理的参与者，一是公共治理的对象。公民素质的高低，直接决定了地方治理的成本与效果。从公共治理参与者的角度而言，一个高素质的公民，在公共治理中就会发挥较好的主观能动性，能够更有效地参与社会治理，显然这有利于提高地方治理的效果。相反，如果一个公民的素质较低，即使赋予了他诸多社会治理参与权利，他也无法很好地去行使这些权利，也就无助于治理效果的提升。另一方面，从公共治理对象的角度而言，公民素质较高，地方治理成本就会较低，治理的效果也就会较好；相反，如果公民素质不高，那么，地方治理的成本就要大大增加，并且治理的效果也不一定会好。其中的道理不难理解。一般而言，公民的素质较高，他们就能产生较高的合作意愿，便于达成合作，这又必然会减少因社会协调、管理和执行等产生的治理成本。

我们可以通过税收遵从度的状况对此做进一步分析。一般而言，税收遵从度是指纳税人受主观心理态度的支配所表现出来的对税法的遵从程度。它较直观地反映出一国纳税人纳税意识和自觉依法纳税的状况，并间接反映出一国征管能力状况和税制的优劣。税收遵从度的高低，直接影响税收征纳成本的高低。较高的税收遵从度，将会降低税收征纳成本。影响税收遵从度的因素是多方面，其中公民的素质状况是一个重要方面。一般而言，税收遵从度与公民的素质呈现正相关关系。较高素质的公民，通常会遏制自己的偷逃税等税收不遵从行为，进而降低社会治理成本。

### （二）地方税对辖区居民权利与责任意识的影响

权利不是凭空得来的，责任意识也不会无端产生。居民在地方治理中所享有的权利，来自于居民对所在辖区的贡献。如果一个居民虽有能力，但没有对该辖区做过贡献，权利就会失去基础，甚至失去合法性。税收是居民对其所在国家或地区所做贡献的一种直接体现。纳税数额的多少，也通常意味着所做贡献的大小。做出了贡献，也就应该享受权利。因此，纳税的另一层含义就是应该享受其应有的权利。

一个居民对于社会的责任意识，主要来自两个层面：一是道德层面。人作为社会集体中的一员，生活、生产于社会之中，与社会其他成员发生千丝万缕的社会关系。在集体环境之下，人为了维持生存和发展，必然要求体现出一种道德倾向，作为维系社会的基础，因此，个人对于社会具有责任意识，可以是社会存续的必然要求。二是权利层面。权利不是无端产生的，权利背后体现了一种责任意识。权利不应滥用，有权利就应有相应的责任意识，二者之间需要一种平衡关系。无责任的权利，将会使社会陷入一种异化。纳税，既是维持社会公共生活的必然需要，又是自身所享受权利的基础。因此，税收所体现的是一种社会责任意识。

作为地方提供公共服务筹资的主要手段，地方税使辖区内居民切实感受到对社会所做的贡献，并内含于人的意识和行为之中，从而增强其权利与责任意识。因此，地方税有利于培育负责任的公民。

**（三）地方税对公共理性和公民能力的影响**

公共理性是现代社会有效运行的一个重要基础。这一概念最早是由康德在《何为启蒙?》（1784）一文中提出。罗尔斯基于现代民主社会理性多元论的事实，提出通过公共理性，达成重叠共识，实现社会之长治久安。他认为，“所谓公共理性就是指各种政治主体（包括公民、各类社团和政府组织等）以公正的理念，自由而平等的身份，在政治社会这样一个持久存在的合作体系之中，对公共事务进行充分合作，以产生公共的、可以预期的共治效果的能力。”

然而，公共理性如何形成呢？单纯地规劝和教育很难形成公共理性。公共理性来自于公共生活的锤炼。只有在公共交往、公共事务的处理等公共生活之中，才能使人们在个体理性的基础上形成公共理性。地方税构成地方公共生活的财力基础和物质保障。地方税的征收和使用将有助于公共理性的形成。特别是在现代社会，地方税中所体现的公平、法治等原则，既是公共理性的体现，也是公共理性形成的基础。

一个有效的地方治理，需要实现公民两种角色的平衡和统一，即作为地方治理的参与者和作为地方治理的对象的有效统一。而要做到这一点，需要通过提升公民能力来实现。提升公民能力的一个重要途径是适度的公民参与。除了选举，民主制度的另外一个重要维度就是国家向社会的分权——地方治理中的公民参与。公民参与体现了代议制民主和直接民主的结合，有利于解决代议制民主中存在的代表失职、容易产生政治冷漠等弊端。地方税面向地方居民和企业征收，一方面，使辖区内居民参与到公共服务的融资中，这是一种带有义务性质的参与；另一方面，又参与到地方税收入的使用中，监督其使用，这是一种带有权利性质的参与。通过这两方面参与，为提升公民的能力提供了一个有效的渠道。在这里，地方税起到了一种物质中介作用，更能吸引居民的参与热情，这与单纯的说教方式相比，能够起到更好的效果。

## 三、地方税应与地方治理结构和能力相匹配

地方税与地方治理的关系，体现在两个方面：一方面，地方税通过对地方政府的治理能力、辖区居民责任与能力等产生影响，来影响地方治理状况；另一方面，地方治理状况又影响地方税的建构，要求地方税应与地方治理结构和能力相匹配。

### （一）治理体系结构决定税制结构

一个国家的税制结构，取决于该国的治理体系结构。目前我国是实行中央与地方两级治理结构，与之相应，我国的税制结构也应大致分为中央和地方两级。

1. 我国两级治理体系。

从现实情况来看，我国的国家治理呈现两级治理结构，即两级分权、两级治理：一为国家层面，是指以中央政府为核心的对国家整体层面的治理，也可称之为整个国家的治理或中央治理。一为地方层面，是指以省级为单位的地方治理。我国地方行政区划进行了多次演变和调整，目前，全国共有 34 个省级行政区（其中：4 个直辖市、23 个省、5 个自治区、2 个特别行政区）。

2. 构建与治理体系相符合的税制结构。

两级分权、两级治理是以事权的划分为基础的。中央与地方政府之间的事权划分应遵循以下原则：一是分职治事原则。即在政府事务

与民间事务按效率原则合理分工的基础上，对政府有充足理由承担的事务，凡是地方政府能够有效处理的事务一般就不上交中央政府、凡是由中央政府处理效率较高的事务由中央政府处理。二是受益范围原则。即凡政府提供的服务，其受益对象为全国民众，则支出应属于中央政府的公共支出；凡受益对象为地方居民，则支出应属于地方政府的公共支出。三是行动原则。即凡政府公共服务的实施在行动上必须统一规划的领域，其支出应属于中央政府的公共支出；凡政府公共活动在实施过程中必须因地制宜的，其支出应属于地方政府的公共支出。四是法制原则。即中央与地方政府事权的确认、划分、行使及调整等应具有相应的法律保障，做到法制化、规范化并保持相对稳定性。五是效益原则。即从政府提供公共产品的效率角度考虑中央与地方政府事权划分。

事权与财权、财力相匹配是一个治理体系有效发挥作用的前提。在“两级分权、两级治理”的治理体系结构，必然要求实行与之相应的税制结构。在事权划分比较清楚的基础上，中央与地方都应有比较稳定、规范的收入来源，其中很重要的一点就是各自要有稳定的税收来源，以满足各自事权需要。只有这样，才能做到事权与财权、财力相匹配。一般而言，将维护国家权益、实施宏观调控所必需的税种划分为中央税；将同经济发展直接相关的主要税种划分为中央与地方共享税；将适合地方征管的税种划分为地方税。这种划分主要是基于三个原则：一是经济原则。即以该税种是否有利于宏观经济调控为划分标准。如果该税种有利于经济稳定、调整产业结构、统一大市场的形成，就应划归中央政府，否则归地方政府。二是效率原则。即以征税效率高低为划分标准。某些税种能够实现规模效益，则宜于集中，应作为中央收入；一些收入灵活、分散的税种，集中管理的成本较高且容易流失的，应作为地方收入。三是转移性原则。即根据税基的流动性进行划分。如果一个税种的税基具有可移动性，容易出现通过流动转移得以避税，而地方间为减少乃至消除这种税基移动，需要进行合作与协调，进而加大征税成本，则这类收入作为中央收入比较理想；而转移性不强或不具移动性的税种，可以作为地方收入。

由于地方的人口规模、地理环境、经济条件以及社会发展程度等不同，地方的税制结构不能搞一刀切，应该因地制宜地设计地方税体系，以符合地方特色和发展的实际情况，从而使地方税体系在满足权力与责任的对称的要求下，保持较高的效率和灵活性。

**（二）地方治理状况影响地方税的制度设计**

地方治理状况和治理能力是影响地方税构建的重要因素。如果脱离了地方这些实际状况，凭空设计地方税，就可能达不到预期效果。因此，构建地方税，必须考虑这些因素的影响。

1. 税收征管能力是地方治理能力的一个重要体现。

地方治理能力是一个综合、系统的能力集合，其中税收征管能力是其重要的一个方面。税收征管能力是指税务机关和税务人员贯彻执行税收政策、组织税收征管活动的能力和素养。它是衡量税收征管质量与税收征管效率的重要标尺。税收征管能力反映的是地方公共服务筹资能力，是地方治理能力的一个重要体现。如果一个地方的税收征管出了较大问题，必然引起诸多不良反应，影响地方治理状况。

税收征管能力包含的内容也比较宽广，它一般是指在税收征收中的计划、组织、决策、指挥、控制、监督等方面的能力，是一个地区治税能力和水平的综合体现。具体而言，主要包括：

一是征管决策能力。决策是税收征管的核心，没有良好的决策，很难产生合意的效果。决策能力反映的是对一个地方税收征收状况总体的判断、规划和掌控能力。征管决策必须符合税收及其征管的内在规律，把握当地的实际情况，并体现前瞻性、科学性、目标性、合法性和创新性等。同时，要充分考虑短期利益与长期利益、征管成本与效益、需要与可能、公共利益与个体利益以及征收机关的利益与纳税人的利益等多方面的关系。

二是征收能力。征管是为组织税收收入服务的，征收能力是征管能力的最终反映。良好的征收能力要求最大限度地提高征收率，使实际征税款尽量接近法定应征税款，做到应收尽收，构建经济与税收良性互动的收入增长机制。

三是依法治税能力。依法治税是依法治国的有机组成部分，是指通过税收法制建设，使征税主体依法征税、纳税主体依法纳税，从而达到税收法治的状态。依法治税意味着要在制度建设的基础上，增强税收征收机关自我约束能力，使其认真执行税法，不得自立章法或滥用职权，有法不依，以权代法、以言代法。同时，要求通过有效征管，提高纳税人诚信纳税意识和税收遵从度，最大限度减少并有效控制偷漏骗税，为社会创造一个公平的税收环境。

四是税源监控能力。税源监控是指对税收的来源进行监督、管理、调节和控制。税源监控能力，就是使用一系列科学方法对所辖区域内各类纳税人的数量、结构、分布及其生产经营状况、税源产出状况、税源结构、税基规模以及税源的发展变化趋势等进行监测和控制的能力。税源监控能力的大小直接影响征管质量。只有通过有效的税源监控和税收征管，才能将潜在的税源变成现实的税收收入。

五是征管要素的配置与优化能力。征管要素的配置状况影响税收征管效率。征管要素即组织征管活动所必备的要件，包括人（征管主体）、财（资金）、物（征管场所、设备）及征管客体（税源、税基、征管信息）、征管结构（组织体系、业务流程、征管方式、征管制度）

等。征管要素的配置与优化能力，首先体现在机构设置和人员配备状况上。税收征管效率与征管机构设置以及人员配备存在必然的因果关系，机构设置的简便精干和人员的高素质是税收征管优质高效的前提条件。其次，征管要素的配置与优化能力体现在征管业务流程的设计上。优化征管业务流程，可以提高税收征管效率和质量，优化纳税服务，降低征收成本和纳税成本。

六是征管信息资源的深加工与分析应用能力。这一能力是税收征管质量和效率得到全面提高的基础和保障。它主要是指利用现有信息资源和数据挖掘、分析技术，对系统信息资源集成能力、整合能力、深加工以及数据分析应用的能力。

2. 构建地方税需考虑地方治理状况和征管能力。

构建地方税，首先需考虑地方治理状况。一个地区的社会经济发展，决定了该区域的税源分布情况。离开经济的发展，税收即成为无源之水，无本之木。地方治理状况影响社会经济发展。从总体上而言，一个地区如果其地方治理状况优良，一般会促进该地区经济社会较好地发展，从而给地方税带来较为充裕的税源。否则，地方治理状况的不佳，将会影响该地区经济社会发展，进而影响其税源状况。

同时，构建地方税，还需考虑地方税收征管能力。从地方税的特点来看，地方税主要是收入零散、规模相对较小的税种，数量多，征管难度大，需要较高的税收征管能力。如果其税收征管能力较弱，则会影响地方税的征收。一个合理的税收制度，必须与其征管能力相匹配。一个税收制度，无论其设计多么优美，如果不能通过有效的征管能力得以实施，最终会成为空中楼阁。因此，设计地方税，不能搞一刀切，需要与地方税收的征管能力结合起来，使地方税与地方征管能力相匹配，这样才能构建一个有效率的地方税体系。如果二者脱节，则会给地方财政收入、中央与地方财政分配关系等带来不利影响。

作者简介：张学诞，中国财政科学研究院公共收入研究中心主任，博士生导师，入选国家百千万人才工程，被授予“有突出贡献中青年专家”荣誉称号，享受国务院政府特殊津贴。担任中国财政学会理事、中国财政科学研究院学术委员、北京财政学会理事、中国税务学会理事、中国税务学会学术委员。

# 税制改革

# 国际税收在全球治理中的新定位及其中国角色

◇ 廖体忠

未来我国税制改革应充分考虑国际税收因素，提高我国税制在全球经济中的优势。

## 一、国际税收在全球经济治理中发挥重要作用

自2007年以来，全球经济进入了历史上漫长的萧条期，十年经济增长乏力。尽管2015年以来开始回暖，但仍没有显著复苏动力。为此，在2016年杭州召开的G20峰会中，习近平主席提出，要完善全球治理，夯实保障基础，加强三个合作，即金融监管合作、国际税收合作、反腐败合作，从而提高世界经济抗风险能力。在该峰会下设的政策协调和创新议题中，要求税收要支持创新增长，支持数字经济，支持技术进步和新工业革命。综合使用货币、财政和结构性政策，避免各种政策的负外部性，提高税收透明度，实行增长友好型税收政策和公共支出政策，促进需求。国际税收合作成为世界三大合作之一，位列第二，贯穿于各个议题之中，其重要性不言而喻。

## 二、中国在国际税收秩序重构中发挥了重要作用

在《2030年可持续发展议程》《巴黎气候协定》以及亚的斯税收倡议中，均提高了“公平与透明”的原则。事实上，公平是一个政策

价值尺度，税收作为公共政策工具，在国际税收领域很难真正做到公平。1923~2013年，运行了90年的国际税收秩序基本没有体现公平，资本输出国输出生产要素到投资对象国，对方国家必须适当让渡税收权益才能换取经济发展的机会，所以税收权益的公平很难实现。随着经济全球化的深入发展，税基侵蚀和利润转移（BEPS，Base Erosion and Profit Shifting）愈演愈烈，引起全球政治领袖、媒体和社会公众的高度关注。为此，2012年，G20财长和央行行长会议同意通过国际合作应对BEPS问题，并委托OECD组织开展研究。2013年，OECD发布《BEPS行动计划》，并于当年9月在G20圣彼得堡峰会上得到各国领导人背书。BEPS行动计划确定了新的国际税收总原则，即“利润应在经济活动发生地和价值创造地征税”，这一原则奠定了国际税收实现公平的思想与理论基础，中国在此过程中做出了重要贡献。

### 三、应从全球治理角度促进国际税收秩序从竞争走向合作

1923~2013年，这90年的国际税收秩序以税收管辖权竞争以及税收吸引外国投资为其典型特征，普遍的情况是以被投资国让渡税收管辖权为代价，换取投资和本国经济发展。其结果是不但无法实现国际税收秩序中的公平原则，更严重的后果是“鹬蚌相争，渔翁得利”，即税基侵蚀和转移，利润被转移到了避税天堂或低税国，而投资国和被投资国在竞争中税收利益均受到伤害。而2013年BEPS行动计划的推出，使得国际税收关系从竞争走向合作迈出了重要一步。全球化是人类历史发展规律，不可逆转。因此，要通过国际税收合作消除或减少全球化障碍，实现世界共同发展与繁荣。

### 四、国际税收竞争日益成为世界税制改革的促进因素

当前，国际税改的特征包括增值税在世界范围推广、所得税税率（个

人所得税和企业所得税）下降和流转税税率上升、“增值税 + 消费税”是现代流转税的基本特征。目前全球大约有 170 个国家征增值税，这是经济全球化背景下的税收趋同表现。个人所得税税率自 1995 年往下调的趋势非常明显，2007 年国际金融危机之后公司所得税下降的也比较明显，尽管自 2009 年开始，个人的所得税有所反弹，但是 2015 年以后基本上又有回落。

国际税改所呈现出的特征与国际税收竞争关系密切。不同的税种与生产要素的关系各不相同。流动性快，流动性强的生产要素在经济全球化的背景下对其征税可能造成经济扭曲，因此减税压力就非常大。同时，对企业所得税和个人所得税征税体现了对资本和劳动力征税，而这两类生产要素较为容易流动，尤其是资本要素，相应企业（资本）所得税税率下降最为明显。而流转税在国际交易里体现了消费地征税原则，理论上是不影响国际竞争力的。此外，土地是最容易不流动的，因此欧盟经常给其给成员国提出改革建议，提高不动产税率，提高流转税税率，同时降低所得税税率。

因此，未来我国税制改革应充分考虑国际税收因素，提高我国税制在全球经济中的优势。

作者简介：廖体忠，伦敦大学法学硕士，北京外国语大学文学博士，现任国家税务总局国际税务司司长（兼任台港澳办公室主任）。曾先后担任联合国国际税收合作专家委员会委员、第一副主席，以及国际税收改革项目税基侵蚀与利润转移（BEPS）指导委员会委员、数字经济行动委员会副主席、多边税收法律工具委员会第一副主席，代表中国参加国际税收规则的谈判与制定，负责中国国际税收事务。2013 年、2014 年和 2015 年分别上榜英国《国际税收评论》（International Tax Review）全球税务界最具影响力 50 人之一。

# 国际税收竞争已成为现代税制改革的主要推动力

◇ 龚辉文

税改有多种原因，但在经济全球化背景下，国际税收竞争已日益成为税制改革的促动因素，提高竞争力已成为国内税制改革的重要目标。

随着经济全球化的发展，生产要素的国际流动日趋便捷和频繁。这意味着税源日趋国际化。由于税率的高低会直接影响生产要素的流动，因此，在经济全球化背景下争相降低税率以吸引生产要求的税收竞争就成为影响国内税制决策的重要因素。

这可以从一些国家的税改背景中得到反映，例如，爱尔兰2013年公司所得税税率从16%降至12.5%，成为世界上公司所得税税率最低的国家之一，给欧盟国家带来很大的竞争压力，特别是邻国英国，其公司所得税税率也被迫逐步下调：2008年度（4月1日开始）从30%下调至28%，此后多次下调，2015年度降至20%，2017年度降至19%。根据已通过的2017年度财政法案，2020年度公司所得税税率将降至17%。再如，澳大利亚公司所得税一般税率为30%，2017年3月31日，澳大利亚参议院通过立法降低小企业所得税税率并逐步扩大优惠范围：追溯从2016年7月1日起，小企业适用的所得税优惠税率从28.5%降至27.5%；2016/2017年度，适用优惠税率的小企业年最高营业标准从200万澳元（约150万美元）提高至1000万澳元，2017/2018年度提高至2500万澳元，2018/2019年度再提高至5000万澳元。对此，作为邻国的新西兰，其国内企业纷纷呼吁政府应借鉴澳大利亚的做法，降低中小企业所得税税率，以保持竞争力。新西兰现行公司所得税税率为28%，比澳大利亚下调前小企业适用的优惠税率28.5%还低0.5个百分点，但澳大利亚小企业所得税率调至27.5%以后，反而比新西兰的低0.5个百分点，使新西兰小企业处于不利的竞争地位。

国际税收竞争推动国内税制改革的最直接反映是体现在主体税种几个方面的趋势性变化。

一是流动性税源的税率下降趋势，主要反映在世界公司所得税税率和个人所得税最高边际税率的持续下降。公司所得税是影响资本流动最重要的税收因素。因此，公司所得税税率就成为税收竞争的首选武器，其下降趋势也成为税收竞争的必然结果。以欧盟为例，欧盟28个成员国公司所得税税率的平均值，1995年为25%，2000年降至32%，2005年降至25.3%，2010年降至23.8%，2015年降至22.8%，税率下降趋势非常明显。另据笔者对220个国家和地区所得税税率变化的跟踪比较，世界公司所得税综合税率（含地方税税率和对企业征收的其他所得税税率）的平均值也呈逐年下降趋势：2006年为27.04%，2007年为26.64%，2008年为25.69%，2009年为25.22%，2010年为24.64%，2011年为23.29%，2014年为23.8%，2015年为23.79%。

如果说公司所得税降税的竞争对吸引投资具有重要意义，那么，个人所得税的减税竞争则在吸引劳动力，特别是争夺高级人才方面举足轻重。纵观世界各国个人所得税制的变化，降低最高边际税率是一个重要特征。仍以欧盟为例：欧盟 28 国个人所得税最高边际税率平均值，1995 年为 47.2%，2000 年降至 45.3%，2005 年降至 40.4%，2010 年降至 38.6%。需要指出的是，受 2008 年国际金融危机的影响，个人所得税最高边际税率的变化出现分化，有的国家下调，有的国家则出于增加财政收入的考虑，提高了最高边际税率，以加大对高收入阶层的征税。这在欧盟变化比较明显：个人所得税最高边际税率平均值，2008 年为 38.5%，2009 年降至 38%，但 2010 年上升至 38.6%，2011 年降至 38.2%，2012 年上升至 38.7%，2013 年上升至 39.4%，2014 年仍为 39.4%，2015 年略有下降，为 39.3%。不过笔者认为，这并不意味着个人所得税在全世界范围内减税步伐的结束，而只是受金融危机的一种临时影响。因为促使个人所得税减税的原动力——经济全球化发展背景下争夺高素质劳动力的税收竞争因素并没有消失，相反存在强化的趋势。因此，可以预见，当金融危机的负面影响消退，财政状况得到改善以后，个人所得税最高边际税率的下降趋势仍将延续。

二是增值税制的世界性普及以及日益规范。增值税自 1954 年在法国最先开征以来，仅短短半个世纪就已横扫世界，成为普及世界的一个重要税种。据笔者对 220 个国家和地区的统计，2017 年已开征增值税（包括具有增值税性质的货物劳务税和其他名称的税种）的国家和地区达 175 个，此外，海湾合作委员会 6 个成员国（阿联酋、阿曼、巴林、卡塔尔、科威特和沙特阿拉伯）已决定将在 2018 年 1 月 1 日同时开征税率为 5% 的增值税。而已经实行增值税的一些国家，则通过税制改革使增值税更加规范，如 2016 年埃及的增值税改革，2016 年印度通过宪法修正案计划于 2017 年 7 月 1 日实施的货物劳务税改革等。

增值税在世界的迅速普及固然有多种原因，但增值税的中性和利于彻底出口退税的特点无疑是关键。它对进口商品征税、出口商品退税和环环相扣的抵扣链条，在保障财政收入的同时，有利于促进本国产品的出口，体现了很强的竞争力。可以说是增值税的这种优点吸引了众多国家选择增值税。反过来，增值税的普及又给非增值税国家造成很大的竞争压力：不实行增值税就会在国际竞争中处于不利地位。

三是间接税和非流动性税源面临增税压力。受财政支出的刚性约束，税收竞争导致公司所得税、个人所得税等流动性税源面临减税压力，需要新的替代税源，以保障财政收入。以增值税、消费税为代表的间接税，虽然其征税对象——货物和劳务具有很强的流动性，但由于间接税实行国际通行的消费地征税原则，即出口退税、进口征税，这使各国间接税制的差异原则上不会影响货物和劳务的国际流动，因此在国际税收竞争的背景下，所得税面临减税压力，而增值税和消费税成为增税的重要替代手段，现实中，增值税标准税率的逐步提高和消费税税率的总体上扬态势比较明显：增值税标准税率，从欧盟国家看，其平均水平已从 2006 年的 19.47% 逐步提高至 2015 年的 21.61%；从经合组织（OECD）实行增值税的 33 个成员国（美国没有实行增值税）看，其平均水平从 2006 年的 17.7% 逐步提高至 2015 年的 19.15%。至于消费税，如对烟、酒、能源产品等消费税税率上调的例子很多。如 2017 年 4 月 28 日吉尔吉斯斯坦总统签署 65 号法律，从 2018 年起至 2022 年，每年提高烟草制品消费税税率；我国台湾地区 2017 年 4 月也已通过立法提高烟消费税税率（从每千支香烟 590 台币提高至 1590 台币）；等等。而非流动性税源的增税压力以房地产税最为典型。近些年来，国际货币基金组织、OECD、欧盟都普遍认为，不动产流动性差，在国际税收竞争背景下，房地产税（不动产税）相比其他税种，对经济的扭曲最小，因此这几个国际组织经常建议加强和适度提高房地产税的改革措施。实践中，一些国家也开始考虑采取扩大房地产税征收范围、提高房地产税税率的改革措施，如摩尔多瓦2016年底通过修订税法规定从2017年1月1日起，对企业按不动产账面价值征收的不动产税税率从现行的0.1%提高至0.3%。

总之，税改有多种原因，但在经济全球化背景下，国际税收竞争已日益成为税制改革的促动因素，提高竞争力已成为国内税制改革的重要目标。美国特朗普政府提出的将联邦公司所得税税率从35%降至15%、个人所得税最高边际税率从39.6%降至35%的税改计划。法国5月7日新当选总统马克龙的减税主张（对企业和个人各减税100亿欧元，在2017年财政法规定将中央公司所得税税率从现行的33.33%降至2020年的28%的基础上计划在5年内进一步降至25%）都是顺应国际税收竞争的体现，其减税政策如果得以实施，反过来也必将进一步加剧国际税收竞争。

作者简介：龚辉文，博士，研究员，现就职于国家税务总局税收科学研究所，任理论税收研究室主任。兼任中国国际税收研究会理事、学术研究委员。研究方向：世界税制比较、环保税、税收竞争与协调等。

# 关于国际税改趋势与国际税收治理规则*

◇ 汤贡亮

逐步适应国家对外开放与参与经济全球化进程的基本要求，公平税负、开放税制、加强税收法治，完善国际税收法律法规，加强国际税收征管。

国际税改的趋势，决定了国际税收治理规则，而国际税改趋势和国际税收治理规则，又对国内进行的税制改革产生很大的影响，这就涉及国际税改与国内税改两个方面，刚才廖司长和龚主任的主题发言，也正好切中了这个主题的要求。

廖司长的演讲全面生动地描述了 G20 杭州峰会税收议题，非常有高度，全方位、全景式地勾画了全球经济金融治理背景下国际税收的发展，以及中国的应对、中国需要做什么，对于在经济全球化这个态势下国际税收合作的趋势，以及对经济全球化背景下国际税收的发展

* 本文系汤贡亮教授对论坛发言人廖体忠、龚辉文的主题发言所做的点评。

做了很好的分析。通过廖司长的分析我们对整个 G20 峰会的意义有了全方位的了解。在这个会议中，税务总局领导就税收对世界经济发挥的作用提出了三点建议：（1）加快完善现代增值税制度；（2）继续深化国际税收改革；（3）不断加强国际税收合作。

归纳一下廖司长的发言，以及他引用的习主席在 G20 杭州峰会上的讲话，其中的一些关键词：经济全球化，良政与法治原则，完善全球价值链，创新增长方式，增长需要国际税收合作，要实施更为增长友好型的税收和公共支出政策，要有效落实国际公认的税收透明度和确定性原则，国际税收不应该成为零和游戏，必须加强协调，开展健康型合作，国际税收合作削弱保护主义倾向，强调提出深化国际税收合作是化解经济全球化与税收法律本地化矛盾的必然选择等，都是很有新意的。

这两方面是两个题目，一个是国际税改趋势，一个是国际税收治理规则。

## 一、国际税改趋势

我赞成廖司长、龚主任从对国际税收形势的基本判断、国际税改的基本趋向和 BEPS 行动计划所推进的税改项目的几方面论述，并注意其对国际税收治理规则与中国税改的影响。

### （一）20 世纪 80 年代以来国际税改的一般趋势

1. 在经济全球化趋势和开放世界的大背景下，各国经济相互渗透、竞争和融合。

2. 各国所得税税率在持续下降过程中趋于平稳，重视个人所得税的收入再分配功能与对中小企业、科技创新的税收激励。

3. 更多的国家开征并继续完善增值税制度。

4. 重视消费税、环境税、财产税，形成趋同性税制改革大势。

5. 金融危机下，减轻纳税人负担与增加政府财政收入并存，结构性调整成为税改的主线。

6. 税收区域化合作发展与国际税收协调的步伐加快，国家间税收关系的协调和规范是一个基本发展趋势。

7. 独立的多边税收协定文件——税收征管互助公约的制定，在维护纳税人权益的同时促进国际税收合作，更好地运用各国税收法律法规。

8. OECD 经 G20 授权制定和发布《金融账户涉税信息自动交换标准》，迎来国际税收合作的新时代，世界进入税收情报交换与税收透明度时代。

### （二）特别是 BEPS 行动计划的推进、G20 税改的影响

1. BEPS 行动计划是由 20 国集团（G20）领导人背书并委托 OECD 推动的一项一揽子国际税改项目，旨在通过协调各国税制，打击国际逃避税，共同建立有利于全球经济增长的国际税收规则体系。

2. BEPS 行动计划包括五大类 15 项行动，协调各国企业所得税制，重塑现行税收协定和转让定价国际规则，提高税收透明度和确定性，开发多边工具，促进行动计划实施。

3. BEPS 行动计划逐步落地，税收信息交换成为必然要求，多国主动修订完善国内反避税法规体系。

以上这些发展反映在税收区域化的合作发展，国际税收协同发展，呈现一种基本趋势。另外独立多边的文件，税收征管互助公约的制定，更好地运用了各国税收体系法律法规。还有一点就是《金融账户涉税信息自动交换标准》迎来了国际税收合作的新时代。

## 二、国际税收治理规则

国际税改的趋势，尤其是突出了 G20 的影响，这对我们如何正确

理解国际经济税收规则非常有帮助。2014 年，廖司长就有中肯分析，国际税收规则是国际经济规则的重要组成部分，G20 税改的结果将产生三个层次的规则协调：一是对各国国内税收立法的建议；二是修订所得税领域的国际规则，主要是 OECD 税收协定范本及其注释和 OECD 转让定价指南；三是形成多边法律工具。

尤其是 BEPS 行动计划的实施将从税收国际规则和国内法两个层面改变现行跨境交易税收规则。

从国际税收规则的角度看，BEPS 行动计划将完善和发展现行税收协定和转让定价国际规则。

从国内法的角度看，BEPS 行动计划将推动建设与现代市场经济相适应的所得税制并完善间接税制度安排，促使各国相应修改国内税法，在全球范围内营造公平的税收环境和秩序。

国际社会必须携手改革现有的国际税收规则体系，适应快速发展的经济全球化趋势。

## 三、讨论国际税改趋势与国际税收治理规则对中国国内税改的意义

### （一）积极参与国际税收治理规则

1. 我国的角色转化。

习主席在 2014 年 12 月 5 日强调加快实施自由贸易区战略时指出，中国应积极参与国际经贸规则制定，争取全球经济治理制度性权利，不能只当旁观者、跟随者，而是要做参与者、引领者。习主席指示，面对当前挑战，我们应该完善全球经济治理，夯实机制保障，加强在金融监管、国际税收、反腐败领域合作，提高世界经济抗风险能力。

近年来，我国税务机关积极参与 BEPS 行动计划，向 OECD 提交我

国立场声明和意见建议1000多条，得到了国际同行的认可，并在BEPS行动计划的成果中得以体现，为国际税改做出了重要贡献。要继续参与BEPS行动计划的后续研究，代表发展中国家的国际税收利益发声。

2. 多边合作。

要进一步适应经济全球化不可逆转的趋势，积极完善多边税收合作法律框架。我国已积极参与到国际反避税合作，未来将进一步增加在转让定价、自动情报交换等领域的合作。我国已承诺实施金融账户涉税信息自动交换标准，将于2018年完成第一次信息交换。

按廖司长的论述，中国需要做的工作包括实行增长友好型的税收政策，通过税收促进公平，迎接全球税收透明度时代的到来，结合我国对外开放实际，加强国际税收合作，打击国际逃避税的同时注意促进国际经济合作，参与国际税收规则的制定，帮助发展中国家提高税收征管能力，促进包容性发展，从加强全球经济治理的战略高度构建中国国际税收新体系。

全球经济发展格局与世界税制变革趋势深刻地影响着各国国际税收发展的战略设计。2012年国家税务总局发布了《关于加强国际税收管理体系建设的意见》，提出了清晰而完整的中国国际税收发展战略，要求着力加强国际税收管理的总体部署，提出了加强国际税收管理体系建设的总体思路、基本原则和主要目标，要求制定或参与制定国际税收法律制度，完善反避税工作机制，完善“走出去”税收服务与管理机制，推进国际税收管理科学发展。这个思路到现在，又有了新的发展。

**（二）构建现代化税收制度**

1. 重视当前国际税改趋向与国际税收环境的新形势。

逐步适应国家对外开放与参与经济全球化进程的基本要求，公平税负、开放税制、加强税收法治，完善国际税收法律法规，加强国际税收征管。促进企业“走出去”，服务“一带一路”建设等。

2. 要构建具有国际竞争力的现代化税收制度。

依据现代市场经济的规则，不断改革与完善我国税制，优化税制结构，增强税收法治建设，进一步完善增值税制度、消费税制度、个人所得税制度、房地产税制度、环境保护税制度，推进《税收基本法》（税法通则）、《财政基本法》的立法。

廖司长和龚主任的主题发言，对宏观上国际税改趋势、国际税收治理规则，都有很中肯的分析。这种分析对我们进一步深入开展中国国内税制改革，同时更好地开展国际税收合作，从国内、国际两个方面来推进税制改革都有重要意义。

作者简介：汤贡亮，中央财经大学财政税务学院教授、博士生导师，享受国务院政府特殊津贴的专家。现任中国财税法学研究会副会长、中国税收教育研究会副会长，中国税务学会常务理事、学术研究委员，中国国际税收研究会常务理事、学术研究委员。

# 理性推进企业所得税改革

◇ 白彦锋

必须高度重视国际税收竞争舆论战，不能被国际税收竞争的烟雾弹牵着鼻子走。我国的企业所得税改革既要考虑到国内外关系，但更重要的是立足于我国社会经济发展需要。

2017年第十二届全国人民代表大会常务委员会第二十六次会议决定对《中华人民共和国企业所得税法》作如下修改：将第九条修改为："企业发生的公益性捐赠支出，在年度利润总额12%以内的部分，准予在计算应纳税所得额时扣除；超过年度利润总额12%的部分，准予结转以后三年内在计算应纳税所得额时扣除。"

事实上，从中长期来看，我国企业所得税法修订还面临多方面的因素需要综合考虑。一方面，我国经济发展进入新常态之后，特别是2016年所谓"死亡税率"问题将我国企业负担问题推上了风口浪尖；另一方面，从国际发展来看，美国总统特朗普减税新政要将美国企业所得税从35%降至15%，减税规模达万亿美元。英国首相特蕾莎·梅也批准在2020年前把英国企业所得税税率降到17%。法国总统的热门竞选人弗朗索瓦·菲永也表示，上台后将使法国的企业所得税税率从当前的33%降到25%。世界越来越多的经济体都将采取针对企业的减税措施。以上两方面的国内外因素使得我国企业所得税“减税”树欲静而风不止，大有“箭在弦上不得不发”之势。

## 一、降低企业所得税“税率”和“税负”是两回事，不能被国际税收竞争的烟雾弹牵着鼻子走

众所周知，资本作为流动性非常强的生产要素在国际间配置的速度很快。这确实对各国税收营商环境提出了较高的调整要求，各经济体之间的税收竞争也趋于白热化。就我国的情况来看，2016年我国企业所得税占全部税收收入的比重为22.13%、占GDP的比重为3.88%。相较于只占全部税收收入比重7.74%的个人所得税来说，企业所得税确实是“大头”，适度降低企业所得税确有必要。当然，需要注意的是，降低企业所得税“税率”和“税负”是两回事。

第一，上述美国、英国和法国信誓旦旦地声称要降低的多是企业所得税的“税率”，如果我们看到这些国家财政支出依然如故、甚至有增无减，那么就不会被这些宣传战迷惑双眼。具体来讲，如果企业所得税税率降低的同时、税前扣除项目减少从而做大税基，企业的所得税负担可能并未真正减轻。从这种意义上讲，对企业发展更重要的是，企业所得税与增值税、消费税等诸税种综合考虑，税费与水电煤气等公用事业负担综合考虑，这是我国推进供给侧结构性改革的要旨所在。然而，我们也要认识到，当前国际经济下行压力较大的背景下，国际税收竞争既有真正降低企业税负的“真金白银”，也有刻意作秀单纯降低名义税率的“虚情假意”。但是，在国际经济竞争日益激烈的情况下，二者都可能对国际资本动向产生实实在在的影响，所谓“假作真时真亦假，无为有处有还无”，我们必须高度重视国际税收竞争舆论战，不能被国际税收竞争的烟雾弹牵着鼻子走。我国的企业所得税改

革既要考虑到国内外关切，但更重要的是立足于我国社会经济发展需要。

第二，减税共赢的结果应该是“拉弗曲线”描述的场景，即如果税率已经超过了最佳税率、进入了“税率禁区”，这时政府部门降低名义税率之后，企业扩大生产经营、税基做大，最终政府的税收总收入没有减少反而可能有所增加。

## 二、企业所得税降税之后的三种选择

假定我国企业所得税确实降税，那么我们面临企业所得税自身、企业所得税与诸税种、企业所得税与财政支出调整三种选择。一是在企业所得税自身课税要素上做文章。第一，降低名义税率的同时减少税前扣除从而做大税基保证税收总收入不降低；第二，通过降低名义税率从而刺激企业投资扩大再生产同样做大税基也可以使税收总收入不受太大冲击；第三，企业所得税税率降低的同时，由于经济发展总蛋糕做大，企业所得税绝对收入保持不变，但是占税收总收入和 GDP 的比重相对降低。二是减低企业所得税的同时，在其他税种上做文章，保证国家税收总收入总体不变。第一，降低企业所得税同时加强个人所得税的征收。这是因为企业所得税和个人所得税之间的重复课税问题长期被人诟病。人们通常倾向于认为，根据实质重于形式原则，所得税课税的重心应该放在个人所得税上、而非企业所得税上。正是由于我国个人所得税征管能力等多方面因素的影响，我国个人所得税的“积弱”使我国以企业所得税为主的所得税结构在国际税收竞争中处于下风和劣势。换句话说，美国、英国和法国等西方国家所得税总税负事实上远超我国，但是其所得税构成以个人所得税为主，这样所谓的“我国企业所得税税负较重”的说法一时间也确实难以辩驳。第二，降低企业所得税的同时加大对消费税、资源税和环境保护税等“绿色税收”的征收力度。我国当前处于转型升级的关键时期，降低企业所得税税率将是“普惠性”的改革，但是一些高能耗、高污染的企业同样会“搭便车”受益，为此相应需要通过这些“绿色税收”的“跷跷板效应”来对冲企业所得税改革的“负外部性”。这样同样可以对冲因为企业所得税减税所带来的“减收冲击”。三是降低企业所得税的同时削减无效的财政支出，不断提高财政支出效率。

当然，以上三种选择彼此之间并不冲突，可以出台针对企业所得税改革的一揽子方案，既包括企业所得税自身税率、税前扣除等课税要素的综合配置，也包括诸税种之间的协调配合，甚至还包括财政支出调整。

## 三、全面深刻认识美国税改战略深意

美国新总统特朗普上台之后，美国倡导的新税改战略绝不仅局限于税收本身。事实上，不管是美国还是欧洲，其财税改革乃至整体政策都是为其所谓“制造业回流”、振兴实体经济发展的总体战略服务的。特别是美国推出页岩气革命之后，通过对页岩气等新能源产业给予战略性扶持，使美国经济摆脱了对海外油气的依赖、降低了美国制造的能源成本、获得了类似于我国劳动力成本较低的“人口红利优势”，从而在国际经济发展中谋取“先机”。为此，包括我国企业所得税在内的财税改革必须提高战略定位，将供给侧结构性改革落到实处。

作者简介：白彦锋，教授、博士生导师。中央财经大学财政税务学院院长、中央财经大学第八届学术委员会委员、应用经济学部委员。

# 关于我国地方税建设的思考

◇ 吕冰洋

当前地方税的特点是，税收在政府间广泛采用弹性分成办法，地方税建设改革的要点在于改变增值税分成办法，以及发挥个人所得税筹集财政收入的功能。

我国现行地方税体系整体架构存在诸多不合理之处，在“营改增”快速推进的背景下，一些问题的解决迫在眉睫。例如，“营改增”之后地方主体税种减少，地方税种筹集的税收收入规模较小，不能充分满足地方政府财力需要，迫使地方政府寻找替代财源，引发收费问题，如工会经费、残疾人保障金大幅度上涨。

关于地方税建设，首先要分析它的理论机制，其次要分析现实情况，前者涉及地方税理论基础，后者涉及地方税收测算。

## 一、关于分税制建立的理论框架和实证分析结果

地方税建设是财政分权的一部分，关于财政分权的理论有多种。我们从其中一种，即契约角度来看政府间财政收入分配，进而来测算政府间税收的分配情况。1994 年确立的分税制，本意是中央与地方按

税种划分收入，但随着时间推移，分税制变成了分成制，其原因一是中央多次改变税收分享办法，将重要主体税种实行共享，如 2002 年《所得税分享方案》出台后，将原属于地方主体税种的企业所得税和个人所得税实行中央地方 60∶40 共享；2016 年“营改增”后将增值税变为中央地方 50∶50 共享。二是我国有五级政府，参与财政收入分配的有四级政府即中央、省、地级市、县，这导致了税收分配规则不统一。

我们对中央、省、地级市、县四级政府的税收分配结果进行测算，结果表明：

第一，各级政府税收分配比例不是固定的。不论是从省级政府层面看，还是从各地市县政府角度看，各地区的增值税分成比例不是固定的。税收分配比例的不同会对地方政府的行为产生重要影响。我们的经济发展当中，很大一部分是县域经济发挥作用，县域经济对经济发展来说非常重要。但是分配的规则差异会影响到地方政府的行为，进而影响到地区经济发展。

第二，各种税收分配差异非常大，各省离散度非常高。根据测算我们得出以下结论：（1）从契约角度看，分税制体现为弹性分成契约，每级政府面对的税收分享比例是不确定的；（2）省级政府是政府间财政关系的枢纽，在财政收入谈判中具有很高的灵活性。经过数据测算后做的大量的实证研究判断，这种税收弹性分成机制会传导到市场上，进而影响到分税与转移支付、分税与地方债、分税与土地出让、分税与政府支出结构、分税与投资等的关系。以分税与投资的关系为例，各地区面临的税收分享比例会影响地方固定资产投资，我们的实证研究结果是：增值税、企业所得税分成比例越高，投资越扩张，进而会导致粗放式经济增长方式的形成。

上述关于分税制建立的理论框架和实证分析结果说明，政府间财政关系和地方税是密不可分的，目前地方财政收入分成比例是不确定的，它体现为在各个税种中都是弹性分成，其背后反映了上下级政府之间的博弈。这种不稳定的财政关系不利于市场在资源配置中发挥决定性的作用。

## 二、建设地方税系

“营改增”之后增值税变为中央地方 50∶50 共享，并且根据文件规定，分成比例在未来 2～3 年保持不变，这种规定会进一步导致地方行为的不稳定性。例如，地方政府在招商引资时，预期项目产生收益后，中央可能将增值税变为中央税，如果地方政府预期到这种行为，开始就不会引进项目。这方面我们是有历史经验可供借鉴的。1999 年为了促进投资，国家出台关于固定资产投资方向调节税政策：从 1999 年 7 月 1 日起，对固定资产投资方向调节税实行减半征收，从 2000 年起免征投资方向调节税。本想当年投资的企业可能因为节税的考虑而选择第二年再进行投资。我们现在在政府间财政关系处理上，还是采用头痛医头、脚痛医脚的办法，这种状况必须改变。

房地产税并不能作为地方财力主体。一方面，房地产税能否开征还有待商榷；另一方面，简单拿数据来看，房地产税也不能充当基层政府财政的主体税种。的确，美国基层政府主要税种是财产税，但是在日本、德国和英国，基层政府财政收入中财产税占比都很小。中国县级政府承担的职能远高于这些发达国家，所需要的财政收入规模也更大，所以房地产税不能成为地方政府的财力主要来源。

转移支付来解决地方财力不足问题也不可行。英国靠大量转移支付来解决地方财力不足的问题，但这并不适合我国国情。转移支付分为专项转移支付和一般转移支付，两者适用前提不一样，专项转移支付适用的前提是信息不对称程度较轻，信息传递链条太长会使得专项资金失去效率，产生所谓“跑步前进”的现象。一般转移支付是按地方人口、发展水平来拨付资金的，适用的前提是地方官员的行为以当地居民偏好为导向，即官员完全是由选举来产生。例如，辖区居民希望将一般性转移支付资金投在教育上，地方政府官员就应该照此行事，否则地方选民会改选。而我国的官员基本是由政府任命的，这样的决策不能反映居民的偏好，所以地方财政收入一定不能主要靠大规模转移支付解决。

综上分析，只能将关注重点落在增值税和个人所得税上。根据国际经验，个人所得税和商品税在很多国家次级政府中占比很高。财政分权理论强调地方政府不能对流动性税基征税，而在现实中这个规则已被打破，例如，零售税收入在美国州政府收入占比很高。

首先考虑改革增值税分享机制。一是考虑开征零售税，将目前的增值税税率降到 11%，在商品的消费环节单独开征零售税，税率为 6%，并将零售税划归地方税。二是如果开征新税有难度，则可以考虑改变增值税分成规则。欧盟曾设想了几种增值税分配改革方案，包括整合性增值税（VIVAT）、补偿性增值税（CVAT）等，我们可以借鉴其思路。我国目前增值税按照生产地原则进行分配，可以考虑改为按照消费或者人口进行分配，即地区的消费量和人口数，决定着增值税分配的比例。

其次要发挥个人所得税筹集财政收入功能。当前，我们把个人所得税赋予了过多的调节收入分配功能，这会大大弱化个人所得税的筹集财政收入功能。实际上，个人所得税对调节收入分配的作用是很微弱的。数据测算显示，当前个人所得税的设计只能使基尼系数缩小 0.7 个百分点，调节分配效果甚微。而且，优化个人所得税设计也不能发挥更好的效果。根据研究，欧盟国家个人所得税平均占财政收入的比重是 25%，占比如此之高，却只能使基尼系数缩小 2 个百分点，而发挥转移支付的作用却能达到 14 个百分点，差别非常大。此外个人所得税应该将劳动综合征收部分归为省级主体税。因为大部分人活动区域在一省内，对劳动综合征收不会产生扭曲。同时，实行统一纳税人号码和账户的制度，不会加大逃税程度，也有利于发挥地方积极性。

总之，当前地方税的特点是，税收在政府间广泛采用弹性分成办法，地方税建设改革的要点在于改变增值税分成办法，以及发挥个人所得税筹集财政收入的功能。

作者简介：吕冰洋，中国人民大学财政金融学院教授、博士生导师，财政系主任，研究领域为经济增长、财税理论与政策。教育部“新世纪优秀人才”，国家社会科学基金重大项目首席专家，兼任中国财政学会理事，中国税务学会学术委员等。

# 关于我国地方税体系构建的几点看法*

◇孙　钢

笔者认为，是否“适合地方征管”可有三条标准：一是税源的禀赋状况，若某种税源各地差异较大，则较适宜作为地方税种，以便地方可以充分依靠当地的特有税源应收尽收；二是效率标准，即某一税种若由地方征收效率更高则可作为地方税税种；三是对于税基稳定、不易移动的税种适宜作为地方税种。

自从2013年党的十八届三中全会提出“构建地方税体系”以来，关于我国地方税改革的研究非常多，成果也很丰富，特别是在“营改增”全面铺开后，面对营业税缺失后给地方税留下的空白，包括本次学会论坛上相关发言在内的各种建言见仁见智，核心的观点集中在两个层面：一是我国的地方税应有多大的规模？二是如何选择并构建今后地方税的主体税种。

---

* 本文系孙钢研究员对论坛发言的点评。

## 一、我国地方税收入应占多大比重

由地方税来满足地方全部支出的需要是不可能的。地方税不同于地方税收。就我国而言，中央与地方的收入分配分两次进行，初次分配由分税制确定，即中央税收入归中央，地方税收入归地方，共享税收入按不同税种的不同比例进行分享。第二次分配由中央通过转移支付、税收返还等方式将一部分收入下拨给不同地区，以平衡不同地方的支出需要。这种两次分配制也成为许多国家处理政府间财政关系时选用的方法。从初次分配来看，中央或联邦政府应该拿多少在理论上并没有一个客观合理的尺度。从各国实践来看，统计数据表明，世界主要国家中央政府在初次分配中掌握70%的财力，地方为30%。例如，据霍军（2014）的报告，2011年，典型发达经济体的中央与地方税收初次分配比例平均为72∶28，其中英国为94，法国、澳大利亚约为80，日本为57，美国、德国为50左右；典型发展中国家的这一平均比例为80∶20，其中，南非、泰国、智利超过90，印度、俄罗斯为50以上。这说明，世界上主要国家在税收的初次分配中，无论单一制国家还是联邦制国家，中央都掌握绝对多数的份额。

2014年我国税收的初次分配为中央47%，地方53%，而最终的支出为中央15%，地方85%，地方税收的满足率约为62%。这表明，我国地方政府掌握的财力无论初次分配还是第二次分配都高于中央政府。

尽管国外中央或联邦政府拿大头，但并不存在一个最佳点，或者说中央所拿份额是没有上限的（前提是存在地方税）。但下限是存在的，尤其对中国而言，该下限就是中央所拿份额在满足中央本级支出后，还有能力平衡地区间的财力差距。

## 二、事权与支出责任如何匹配

既然不存在地方税在初次分配中的最佳比例，那么能否按照事权与支出责任来确定我国地方税的合理份额？逻辑上看这一观点是成立的，但从操作上看颇为不易，因为在我国，事权与支出责任是动态的、不确定的。

从空间来看，首先是政府与市场的划分仍不清晰，即哪些事项由政府管，哪些由市场管，哪些两者都可管？尽管改革已经进行了近40年，但“缺位”与“越位”的问题始终存在并纠缠不清。其次，中央与地方、地方各级之间的事权与支出责任如何划分同样处于不断变化之中，时而事权下移，时而事权上收。

从时间来看，除了“人吃马喂”的部分有比较准确的时间限定外，其他事项的支出则是有弹性的，可以今年干，也可以明年干。增收时可以把明年的事提前到今年来办；歉收时，可能不得不把今年的事推迟到明年办。

在事权与支出责任动态变化之下，以两者的匹配来确定地方税的合理规模不仅说起来容易做起来难，即便是“说”也很不易的。

### 三、何为地方税的主体税种

主体税种一般是指规模大、收入稳定的税种，如增值税就是我国的主体税种。就地方税而言，营业税在很长时期都是地方税中收入最大、增长稳定的税种，是地方税的主体税种。需要指出的是，所谓主体税种的规模大是相对于其他税种而言的，无论是理论上还是实践中，也无论是国内还是国外，都无法确定某一税种必须占据多大比重才算得上是主体税种，因此，主体税种的规模大只是相对而言。既如此，便不需要刻意地选择哪个税种为主体税种，在地方税的征收实践中，哪个税种收入多，哪个就是主体税种，而且由于税源禀赋的不同，各地的主体税种也可能不同。

## 四、哪些税种适宜作为地方税税种

1994年实施分税制时确定的税种划分原则是：将维护国家权益、实施宏观调控所必需的税种划分为中央税，将同经济发展直接相关的主要税种划分为中央与地方共享税，将适合地方征管的税种划分为地方税。但何为“适合地方征管”并不明确，理论上讲，地方也可以征管任何税种。笔者认为，是否“适合地方征管”可有三条标准：一是税源的禀赋状况，若某种税源各地差异较大，则较适宜作为地方税种，以便地方可以充分依靠当地的特有税源应收尽收；二是效率标准，即某一税种若由地方征收效率更高则可作为地方税税种；三是对于税基稳定、不易移动的税种适宜作为地方税种。

## 五、如何构建我国的地方税体系

在当前的经济新常态下，不确定的因素较多，我国地方税体系的构建不可能“一蹴而就”，一步到位。特别是在“营改增”已全面铺开，增值税的分享比例已经调整，环境保护税即将实施，而房地产税方案尚不明确的情况下，马上就明确地方税体系为时尚早，目前出现的各种方案（如在地方开征销售税、把消费税的一部分或全部划给地方等）多呈仓促之举。笔者认为，地方税体系的构建不仅仅是中央与地方的经济分权，更是国家治理现代化目标之下五大发展理念的体现。或许在房地产税和个人所得税改革推出之后再确定地方税体系更为明智。

作者简介：孙钢，研究员、博士生导师。中国财政学会常务理事、中国税务学会学术委员、中国国际税收研究会学术委员。1998年获国务院特殊津贴。

# 基于大数据的现代税收征管体系研究

◇孙 开

在大数据条件下构建现代税收征管体系，不仅是现代财政税收制度建设的一项重要内容，同时也是落实党的十八大报告提出的利用信息化促进改革与发展的现实举措。

伴随着计算机技术日新月异的发展，大数据快速走进政府治理、企业生产、商务运营和居民生活的视野。大数据以其数据的海量性、分散性、无规律性、多样性、价值密度低、处理速度快为特征，为我们带来可供深度挖掘和细致分析的具有巨大潜在价值的信息，同样也对税收征管产生着影响。在此背景下，推进构建适应大数据时代要求的现代税收征管体系具有重要意义。

## 一、大数据与现代税收征管体系构建的契合点

税收征管工作既涉及每个纳税人基本数据的采集，也需要对基层数据进行层层汇总。这些数据不仅服务于税款本身的征收，同时还可

以作为政府治理与决策的重要依据。从这个意义上讲，大数据时代的税收征管工作需要顺应大数据时代的发展，具备大数据的思维方式、掌握大数据领域的技术。在税收征管过程中，受制度、征管手段或其他不确定的因素的影响，同样存在着可能造成税收流失的风险及其管控问题。税收收入风险管理的前提，是能够充分、系统地掌握征纳双方经济行为的各种信息，大数据思维和技术恰恰能够为税收收入风险管理提供详尽的数据和技术支持，即税收征管部门利用大数据技术对各部门所共享的涉税信息进行过滤、分析、对比、甄别，在纳税人进行纳税申报环节判断其精确性，通过控制税源，达到减少税款流失的效果。此外，税务部门还可以对于年度的总体和个体数据进行深度挖掘，探寻事务的内在规律性，对未来年度的税收风险进行战略预测与评估，提高工作的针对性和主动性。

**（一）大数据是税收征管理念创新的突破口**

大数据战略的思维及其运用，不仅有助于提高政府治理的能力和效率，而且在信息共享和大数据分析的条件下也降低了政府运作的行政成本，公民还可以获得真实、全面的应知信息和数据。税收征管理念是在税务机关长期实践感悟和理论探索过程中逐渐形成的，是对税收征管目标取向、方式选择诸方面的思想观念。我国当前的税收征管突出强调“以申报纳税和优化服务为基础，以计算机网络为依托，集中征收、重点稽查、强化管理”，这一理念在指导税收征管实际工作中发挥了重要的作用。在认识到该理念的适用性的同时，也应该看到其不能适应大数据信息时代发展规律的局限性。“信息管税”和“税收征管信息化”虽然一直被政府部门和学者们所提及，但实践中的税收征管信息化建设步伐仍需加快，税务机关对“大数据”的敏感程度仍待提高，也缺乏较强的数据挖掘、深度比较分析的技能。大数据的技术和理念，可以成为税收征管理念创新的突破口，在进一步推动税收征收信息化进程和提高征管效率与质量方面发挥应有的作用。

**（二）大数据有助于全面地掌握各种涉税信息和监控税源**

构建有效的税收征管模式，是将复杂的税收征收管理过程明确化、具体化，从而提高征管的绩效水平。现行税收征管模式中面临着两个突出问题：一是在征纳双方处于信息不对称地位的条件下，征管者难以全面掌握纳税人的所有涉税信息；作为“利己的经济人”，纳税人有时难免会有意识地隐瞒涉税信息，从而造成税款无法精确征收，导致税源的流失。尤其是在电子商务交易领域，B2B（企业对企业）、B2C（企业对个人）、C2C（个人对个人）等多种模式的交易额逐年增长，而这方面的税收征管基本上还处于“真空”阶段，电子商务也成为很多商企和个人的“避税地”。二是现行税收征管中征纳模式仍主要依靠纳税登记、税款缴纳、税务稽查等方式，虽然均以计算机作为载体，但也往往仅限于进行数据的登记与存储，并未充分利用计算机网络进行数据的挖掘与分析，以网络纳税、稽查、复核等为基础的网络纳税服务工作尚未真正开启和实施。在大数据条件下，可以对交易双方、涉税第三方乃至第四方的信息进行全面存储并提炼分析，有助于解决现有跨区电子商务课税中的难题，使交易信息更加对称，进而有效地监控税源。

**（三）大数据视角下税收征管中的责权关系更加明晰化**

现行税收征管体系在责权关系方面存在三个问题：首先，理论上的征收、管理、稽查工作是分开的，且分工明确、责任清晰，但三者之间在实际运行中却存在着有时交叉、有时脱节的情况，影响了税收征管工作的效率；其次，将税款征收作为征管的主要任务，对征税后已存储的数据重视程度不够，通常不会再进行深度挖掘与整理，从中找出更具潜在价值的、可供后续分析、警示和借鉴的内容；再次，税收征管过程中专注于税款的征收与稽查，而对纳税服务、纳税指导和相关培训则重视不够。在运用大数据构建的现代税收征管体系中，涉税信息和数据应该是没有“死角”的，所有的相关信息都会掌握在税收征管机构的手中，供其进行深度分析、对比、挖掘，从而纠正偏差、弥补缺失，进一步明晰征管体系中责权关系方面的责权划分。与此同时，由于税收征管的后期数据的深度测评受到重视并得以实现，因而也有助于税收征管风险的防范。

### （四）大数据在征税人和纳税人之间搭建起一座信任的桥梁

和谐的税收征纳关系，应该是征税人与纳税人之间相互信任基础之上的低成本、高效率的合作关系。从纳税人的角度来说，纳税遵从度的高低，既与税收法制水平、纳税人自身税收知识和道德素养有关，同时也与社会环境、涉税信息透明程度和信息可信度的水平等一系列问题密切相关。当前税收遵从程度的提升空间较大，在很大程度上是由于纳税服务水平有待提高、税法宣传仍未完全到位以及征纳双方信息沟通渠道不畅等原因所致。征管的落实程度、政府的用税效果息息相关。相比较之下，大数据条件下的税务部门可以依靠发达的信息网络资源，通过电子邮件、博客、微博、微信等方式广泛宣传税法知识，还可以利用网络平台进行纳税培训和指导，从而在征税人和纳税人之间构建起信任的桥梁，增进征纳双方的沟通与互信，使征纳关系步入良性循环的轨道。

## 二、构建与大数据时代相适应的现代税收征管体系的思路

在大数据条件下构建现代税收征管体系，不仅是现代财政税收制度建设的一项重要内容，同时也是落实党的十八大报告提出的利用信息化促进改革与发展的现实举措。根据大数据与现代税收征管之间的内在联系和基本特征的要求，我们认为，应该从如下几个方面着力采取有效措施，构建与大数据时代相适应的现代税收征管体系。

第一，将大数据理念融入税收征管体系之中。在大数据已然成为世界各国的国家战略的条件下，谁能够做到掌握大数据、挖掘大数据、增值大数据，谁就可能会在国家竞争、行业竞争中取得未来发展的先机。新的税收征管模式需要树立大数据的理念，但又不能仅仅停留在理念上，而是需要将这种理念贯穿于、内置于税收征管改革和体系建设中去。目前，各级税务机关和人员对大数据在税收征管中的意义的感知程度不一，总体认识水平有待于进一步提高。针对这种情况，首先需要加强宣传和引导，提升税收征管队伍对大数据战略与相关技术的重视程度，从更深层次认知大数据。大数据不仅是信息技术的革新，更是税收工作理念的创新，必将对税收征管工作产生深刻而广泛的影响，进而对经济社会发展起到推动作用。其次，从实践角度来看，大数据的应用能够透过繁杂的征纳现象甄别出隐藏在深层次的内源性税收风险，有助于从整体上提高税收征管的绩效水平。与此同时，全面的涉税信息和先进的分析方法为国家合理用税、安排公共支出提供了可靠的数据支持；这些数据和信息的应用还有助于国家准确地把握宏观经济运行的动态、预测经济发展的趋势，并在总结规律的基础上科学地制定决策和应对措施。

第二，实现征管流程中的多方涉税数据集中共享。税收征管模式的改进与创新，应该充分考虑大数据因素的客观要求并以涉税大数据作为重要基础。对于涉税第三方乃至第四方的数据，也应进行集中共享，通过数据的对比、甄别、修正等措施充实和完善税收征管工作的流程。在新的税收征管流程中，首先由纳税人在税务机关进行税务登记，基层单位将收集到的相关信息上传至涉及各部门的税收信息共享数据库，再由数据库根据第三方及以外的信息进行补充并反馈给纳税人，以确认信息的准确性；其次，纳税人进行纳税申报，由税务部门对共享数据库中的纳税人经济行为进行综合对比后核定应纳税额，并通过征管单位反馈给纳税人进行确认；再次，税务部门定期对涉税信息共享数据库所有数据进行过滤、对比、筛选、挖掘、甄别，就未来的税收征管工作方向和税收风险预期提交详尽报告作为制定下一阶段税收工作规划的重要依据。

第三，推进涉税数据资源的有效整合。大数据时代的税收征管工作应该是一项动态的、有序的系统工作，同时也需要为此营造一个良好的、适宜的大数据条件下的税收征管环境，实现各种涉税信息数据资源的有效整合。为此，一是要进行信息数据的标准化设定，定义统一、规范的元数据，形成大数据时代的“车同轨，书同文”。可以说，数据标准化是涉税信息集中、共享与挖掘的基础，而数据标准化的设定又是各类涉税数据实现信息互通、共享、交换的基础，可谓“基础中的基础”。二是各部门之间涉税共享接口实现技术通畅。经过多年的信息化建设和发展，我国各个政府部门自身均已拥有较为成熟的信息系统，然而值得指出的是，各个部门、系统之间的数据沟通渠道仍不够直接和通畅，使得大量的涉税信息数据散落在各个部门的“信息孤岛”上，难以得到及时、有效的利用。建立各个系统之间的数据共享接口，不仅能保证各政府部门自身数据系统的相对独立性和完整性，而且还有助于实现各部门涉税信息相互之间的充分传递和交换。三是建立税收大数据的维护与管理规程和实施办法，实时更新数据库内容，保障涉税数据的安全，实现涉税大数据采集、使用、发布、查看、共享过程的合理化和规范化。

作者简介：孙开，经济学博士，东北财经大学财政税务学院院长、教授。中国财政学会理事、教育部高等学校财政学类专业教学指导委员会委员。

# 后“营改增”时代增值税制度的改革方向与建议

◇许　文

无论从“营改增”全面试点改革看，还是从统一后的增值税整体制度看，现行增值税制度还存在着一些问题，包括：增值税抵扣链条有待全面打通、现行税率档次过多、服务业一般纳税人认定标准过高、过渡性政策过多、部分行业政策有待完善和明确等，有待进一步的改革和完善。

自2012年率先在上海市交通运输业和部分现代服务业试点“营改增”，到2016年5月1日起进行的全面试点改革，国内已基本确立现代增值税制度。但值得注意的是，由于部分行业增值税改革尚无借鉴、政策出台时间较短和改革的过渡性，无论从“营改增”全面试点改革看，还是从统一后的增值税整体制度看，现行增值税制度还存在着一些问题，包括增值税抵扣链条有待全面打通、现行税率档次过多、服务业一般纳税人认定标准过高、过渡性政策过多、部分行业政策有待完善和明确等，有待进一步的改革和完善。综合看，后“营改增”时代增值税制度的主要改革方向和建议包括以下几条。

## 一、健全增值税抵扣链条，进一步扩大增值税进项抵扣范围

在“营改增”全面改革后，部分增值税试点纳税人认为税负未减反增，其主要原因就是进项税抵扣不足。纳税人抵扣链条的断裂涉及多方面的原因：除了因纳税人管理因素和上下游交易等因素导致纳税人未能取得符合规定的增值税专用发票进行抵扣，以及现行小规模纳税人、选择简易征收、“三流一致”等规定所导致的抵扣不足或不能抵扣外，增值税在制度上也存在着一些不允许抵扣的规定，包括购进的金融服务息，旅客运输服务、餐饮服务、居民日常服务和娱乐服务，部分收费公路通行费等。如有企业提出，让企业可以抵扣贷款利息，对企业来说才是真正的政策红利，同时，一些劳动密集型和人工成本占比高的企业对于人工成本不能抵扣也提出了意见。上述这些问题导致抵扣链条尚不完整，有待打通。

应该说，在“营改增”试点改革的初期，增值税抵扣链条的建立和业务流程等方面还有待完善，对纳税人而言容易形成抵扣不足的结果。随着相关政策的完善和纳税人业务方面的调整，能够抵扣的项目和金额将会逐步增多。同时，针对上述导致增值税抵扣链条断裂的问题，可分类加以解决。

一是纳税人自身应该加强增值税管理，做到应扣尽扣。二是对于因小规模纳税人和简易征收等因素导致的抵扣问题，可通过完善专用发票规定加以解决。三是对于现行增值税制度上的不允许抵扣规定，也应区分不同情况进行处理。例如，不允许抵扣旅客运输服务、餐饮服务、居民日常服务和娱乐服务，是因为这些企业支出与个人消费之间难以准确划分，如果允许抵扣会形成管理上的较大漏洞，仍应保持现行规定。人工成本不允许抵扣，从国际上看也是通行做法，国内目前也采取了部分措施加以解决，如劳务派遣的抵扣和超税负的增值税即征即退等。而对于其他抵扣问题，应综合考虑财政收入、经济形势

等因素，考虑将部分项目的抵扣问题，如可适时将贷款服务等列入可抵扣范围，同时也需要研究政府收费在国内抵扣的可行性问题。

## 二、适当简并增值税税率档次，统一货物和服务税率

“营改增”全面改革后，增值税制度上另一个突出的制度问题就是现行税率档次过多。改革初期增值税税率有17%、13%、11%和6%的4档税率，随着后续税率简并改革，目前已经调整为17%、11%和6%的3档税率。如果再考虑3%和5%的征收率，显然目前在一定程度上还存在着税率档次过多的问题。税率档次过多，税率结构复杂化不仅有违增值税应秉承的“中性”原则，而且增加了征纳管理难度。在增值税和营业税平行征收的时期，就存在着混合销售和兼营不同税率的管理问题，而在“营改增”后这些问题仍然存在。

在增值税税率档次已适度简并的情况下，下一步的问题就是增值税还要不要进一步简并，即参考新西兰和澳大利亚建立单一税率全环节抵扣的现代增值税制度进行改革。应该说，增值税税率档次越少越好，这可以消除各种因税率档次过多带来的管理问题。但简并税率档次也同样面临着一些障碍问题，从国内看，最主要的就是在国内企业对增值税税率和税负问题的理解，在现行税率结构下已经形成了上下游企业之间的利益关系，如果是将增值税税率由高向低进行简并没有问题，但如果将低税率向高税率简并则存在企业的阻力。

综合看，下一步应结合试点运行情况、宏观经济运行情况及企业的承受能力，在整体税制结构优化的基础上，适当简并增值税的税率档次。借鉴国外的经验，除零税率之外，增值税的税率以不超过三档为宜，国内可考虑进一步简并为二档。或者，在三档税率难以调整的情况下，对于不同税率的适用范围可考虑进行调整，实现对绝大部分应税货物、劳务和服务都按照标准税率征税，对少部分应税货物和服

务适用优惠税率。同时，将征收率统一设定为3%。

## 三、逐步统一增值税一般纳税人认定标准，规范纳税人管理

“营改增”后还形成了增值税制度不统一的问题，主要是一般纳税人认定标准。目前看，“营改增”试点改革对服务业一般纳税人的认定标准为年销售额500万元，而原增值税暂行条例下对货物销售的一般纳税人认定标准是：从事货物生产或者提供应税劳务的纳税人，以及以从事货物生产或者提供应税劳务为主，并兼营货物批发或者零售的纳税人，年应征增值税销售额（以下简称应税销售额）在50万元以上的；从事货物批发或零售的纳税人，年应税销售额在80万元以上的。

从增值税的规定看，尽管存在着上述纳税人必须认定为一般纳税人的标准，但同样允许低于认定标准的纳税人申请认定成为一般纳税人。也就是说，并不会因为认定标准的存在对纳税人选择认定为一般纳税人形成障碍。但不同行业的一般纳税人认定标准差别过大，尤其是服务业一般纳税人的认定标准与原增值税一般纳税人认定标准相比明显过高，从企业选择成为小规模纳税人的角度看，还是存在不公平的问题。同时，认定标准过高，也可能加大了小规模纳税人占比，影响增值税“链条”的完整性。因此，有必要考虑对一般纳税人认定标准进行统一。

综合看，随着“营改增”后对服务业纳税人增值税管理的逐步规范，为了提高服务业一般纳税人占增值税纳税人的比例，进一步完善增值税税额抵扣和征管的“链条机制”，平衡增值税新老纳税人之间的负担，可结合原增值税纳税人的认定标准，分次逐步降低服务业一般纳税人的认定标准，将更多的服务业企业纳入增值税抵扣链条。

## 四、逐步清理规范，减少优惠政策和过渡期政策

为了保证“营改增”试点改革的顺利实施，对于建筑业、金融业、

房地产业和生活服务业等部分行业，改革中制定和出台了选择简易征收等特殊政策。同时，在营业税制度下的大量减免税措施仍被保留。以《关于全面推开营业税改征增值税试点的通知》（财税〔2016〕36号）中的《营业税改征增值税试点过渡政策的规定》看，涉及免征增值税的就有40项。过渡性政策和优惠政策偏多，使得增值税制度逐渐呈现碎片化状态，加剧了税制的复杂性，破坏了增值税中性原则。

针对现行"营改增"后增值税优惠政策过多的状况，应结合增值税立法和整体制度的完善加以规范，根据国内服务业行业的实际情况，逐步清理规范增值税优惠政策，缩小优惠面。对于过渡期对特定行业实施的特殊政策，如选择简易征收办法等，也应逐步清理规范。

## 五、统一增值税制度，加快推进增值税制度立法

"营改增"后，从制度规定上看目前实际上形成了增值税暂行条例与财税〔2016〕36号文同时并行执行的局面。两者不仅存在着部分制度不统一的问题，还存在着法律级次偏低的问题，应适时整合、统一增值税制度，提高立法级次，制定增值税法。

按照国内贯彻落实税收法定原则的要求，增值税立法也是未来税收立法中的必然之举。增值税立法应先厘清改革思路，立足长远发展，通盘考虑中国税收制度体系的选择和设计。但增值税立法也不宜操之过急，应在增值税制度设计相对稳定后进行立法，增加税法的严肃性。在增值税立法前，应全面梳理相关税收政策，加以归类、整合，并在此基础上根据形势变化和政策本身的施行效果加以取舍、修订，以有利于税收征收管理。

作者简介：许文，中国财政科学研究院公共收入研究中心研究员。
主要研究领域为税收理论和实践、能源环境经济政策。

# 税收现代化背景下优化增值税税率的国际比较研究

◇ 何 杨

通过借鉴国际上现代型增值税改革的实践，未来我国增值税制度改革应着重进一步减并多档税率，清理不必要的增值税减免税政策，完善增值税抵扣链条，优化金融业增值税政策，改进增值税征收管理，逐步向现代型增值税模式靠拢，从而更好地推动构建我国现代税收制度。

在税收现代化的整体体系中，成熟定型的税制体系是其中的六大支柱之一。“营改增”正是当前税制体系完善的重要内容。2016 年 5 月 1 日“营改增”全面推开，实现了行业的全覆盖，对于中国现代增值税制度完善具有里程碑的意义。新增值税制度运行一年之后，更多的关注转向增值税税率水平和税率结构的探讨上，尽管 2017 年 7 月 1 日之后将取消一档 13% 的税率，但是仍然存在着 3 档税率和 2 档征收率。多档税率是否会和增值税中性的良税目标相背离，是深化增值税改革中必须注意的问题。

目前，全球220多个国家和地区中，有将近3/4的国家和地区开征增值税或类似性质税种（各个国家的叫法不尽相同）。从增值税的收入规模来看，目前增值税已迅速跃升为全球第三大税种，仅次于社会保障税和个人所得税，远远超过企业所得税、特殊消费税和财产税。增值税之所以能够迅速在全球多国开征实施，主要是由于其在增加财政收入方面的突出优势。与其他税种相比，增值税作为政府组织财政收入的政策工具，其作用机制更加接近税收中性，并且依托于更为透明的征管机制。由于增值税实行环环抵扣，从理论上看，单一税率最有利于实现双重征税的消除，使每个环节只对增值额征税。虽然由于一些特殊商品和服务的存在，各国往往在标准税率的基础上增加一两档优惠或特殊税率，但越来越多的国家已经意识到，过多的税率档次会使得增值税税负抵扣不完全，造成新的经济扭曲，影响增值税中性优势的发挥。

## 一、现代型增值税模式的探索和推广

设置多档税率最为典型的是欧盟的增值税模式。因为欧盟增值税制度是在原法国增值税基础上发展起来的，成员国之间原有税制基础不同，因此保留了许多特定的临时性条款，欧盟各国的增值税税率和具体征收办法存在较大差异。欧盟第六号指令《关于成员国流转税的法律协调——增值税统一纳税基础》在欧盟范围内明确了最低增值税税率和适用的基本原则，确保增值税在欧盟内部能够顺利协调运行。但多档税率所造成的问题，已经引起了欧盟国家的关注。

在现代型增值税模式下，除对极特殊的行业免税或另征其他税外，最大限度地将所有商品和劳务都纳入增值税的征税范围，同时尽可能地缩小减免税范围。在税率方面，对应税商品和劳务均按照单一税率征收增值税。现代型增值税具有税制简化、机制严密、对经济扭曲程度低、征纳成本低、易于管理等优点。一般认为，现代型增值税更接近于增值税中性特征。

新西兰于1986年10月起开始实行的单一税率的增值税被认为是现代型增值税模式的典范。即对各种商品或劳务在各个环节都按同一税率课征。单一税率能够体现增值税税负中性，便于计征，但不利于对不同商品或劳务的生产和消费进行调节。目前，实施现代型增值税模式的国家主要有澳大利亚、加拿大、韩国、新加坡、南非等国。

## 二、增值税税率设置的国际比较

在实行增值税的168个国家（地区）中，实行单一税率的国家有80多个，达到将近一半的比重。另外较为常见的税率形式是实行一档标准税率加一档或两档低税率。个别国家在一档标准税率的基础上，对赌博、旅游等特殊服务业征收一档高税率。少数国家实行四档及以上税率。

按照理论上中性的增值税制度，主要是通过多环节征税，多环节抵扣的征税方法实现的。采用单一税率既使各道环节的税负平衡，又便于计算。如果采用多档税率，则前道环节实行低税率，到后道环节就要补足前道环节减少的税负。若是在最后一道环节采用低税率，则有可能要产生大量的退税（或留抵税额），对管理和公平税负以及税收收入不利。如果综合考虑到政治和经济因素，在不影响或少影响前后环节抵扣的情况下，对农产品、食品或小规模纳税人等再设置一档低税率，其影响是可以接受的。但是，如果设置三档以上的税率则会造成实施上的许多障碍，也不利于贯彻增值税“公平”税负、计算简便的原则。因此，减并税率向单一税率靠近，也是现代型增值税改革的一大趋势。

比较一下我国周边国家（地区）的增值税税率情况可以进一步发

现，减并税率已经成为现代型增值税改革的一大特征。如表1所示，在这11个国家中都征收增值税或者增值税性质的货物劳务税。除了印度受复杂的联邦体制影响，各州税率不同之外，韩国、日本、新加坡、泰国、柬埔寨、蒙古、马来西亚都实行单一税率，并且标准税率都在10%及以下。中国台湾地区、越南和菲律宾实行一档标准税率加一档低税率模式，税率最高仅为12%。相比这些周边国家（地区），我国“营改增”全面扩围之后，虽然取消了13%的税率，但是仍然有17%、11%和6%三档税率，再加上小规模纳税人的征收率，多档税率的存在使得增值税的中性作用大打折扣。13%税率的撤并在税率减并上迈出了重要一步，但是13%所涉及的行业较少，而且多是政策鼓励性行业，所产生的影响是有限的。因此，未来我国仍存在进一步减并增值税税率的空间。

**表1　周边国家（地区）增值税税率实施情况**

| 序号 | 国家（地区） | 税率模式 | 标准税率 |
|---|---|---|---|
| 1 | 中国台湾 | 1+1 | 5%（加1%低税率） |
| 2 | 韩国 | 单一税率 | 10% |
| 3 | 日本 | 单一税率 | 8% |
| 4 | 越南 | 1+1 | 10%（加5%低税率） |
| 5 | 新加坡 | 单一税率 | 7% |
| 6 | 泰国 | 单一税率 | 7% |
| 7 | 柬埔寨 | 单一税率 | 10% |
| 8 | 菲律宾 | 1+1 | 12%（加5%低税率） |
| 9 | 印度 | 各州税率不同 | 12.5% |
| 10 | 蒙古国 | 单一税率 | 10% |
| 11 | 马来西亚 | 单一税率 | 6% |

资料来源：Fabiola Annacondia，Overview of Turnover Tax and Tax Rate，International VAT Monitor，（Volume 28）No. 2. 信息截至2017年1月。

## 三、当前国际增值税税率制度的主要改革聚焦点是简化税率

基于增值税的税收中性目标，增值税应覆盖到所有商品和服务领域，且实施单一税率。

尽管目前只有一半左右的国家实施的是增值税单一税率，但是从提高税收效率的角度而言，简化税率、缩小减免税范围、拓宽税基是未来改革的趋势，这主要是与增值税的特征密切相关。

非洲国家大多数实施非全面型增值税，但在税率方面多采用单一税率。1990～1999 年开征增值税的 21 个非洲国家中，有 14 个国家实行单一税率。自 2000 年以来，在开征增值税的非洲国家中，有 89% 的国家采用的是单一税率。

近年来，实施欧洲传统增值税模式的欧盟国家也在不断调整各国的增值税税率及征收政策，除了提高标准税率之外，一些成员国（如法国、希腊、挪威、波兰、葡萄牙和捷克）近期都已经取消了低税率或者提高低税率，或者缩小了适用低税率的商品及服务的范围。2007 年瑞士在对增值税开征十年进行政策评估时，公共咨询会多数成员提出将增值税体系改为单一税率。在 2008 年瑞士国会关于增值税改革的议案中，其中一条就是以单一的、更低的标准税率（6.1%）替代当前的多档税率，并且将当前的免税项目由 25 项减至 5 项。

上述各种调整趋势最终可能会导致大部分欧洲国家转向更为简化的增值税税率。近年来欧盟国家不断扩大增值税税基，不断缩小免税和优惠税率的商品及服务的范围。2010 年 12 月，欧盟委员会发布了一份增值税绿皮书《增值税的未来：面向一个更加简单、健全和有效的增值税制度》，2012 年 5 月 15 日通过了《关于增值税的未来》的决议，这份决议将增值税改革的方向定位于更加简单、有效、中性、健全的制度以及加强反避税。由此可见，作为传统增值税模式的欧盟国

家也在逐步引导增值税改革向简化税率、拓宽税基的方向推进。

## 四、对我国增值税税率优化的启示

无论在经济发达国家，还是经济落后国家，增值税在整个税收制度中的作用地位已越发重要。从国际增值税制度的改革趋势来看，拓展征收范围、减并税率、完善抵扣链条等举措都使得各国增值税制度更加靠近现代型模式。即便是在澳大利亚、新西兰等实施现代型增值税模式的国家，也并非完全实现增值税中性，主要是因为实践与理论之间存在现实差异性。尽管如此，“宽税基、单一税率”已经成为国际上增值税制度设计的重要改革方向。在增值税征管制度方面，完善增值税退税制度、防止增值税骗税行为，同样是各国当前面临的现代型增值税制度改革难点与重点。

尽管我国于2016年完成了增值税制度改革的重要环节，进入全面型增值税制度，并且于2017年在税率减并方面实现了新的改革突破，我国目前的增值税制度与现代型增值税制度相比，仍存在较大差距。通过借鉴国际上现代型增值税改革的实践，未来我国增值税制度改革应着重进一步减并多档税率，清理不必要的增值税减免税政策，完善增值税抵扣链条，优化金融业增值税政策，改进增值税征收管理，逐步向现代型增值税模式靠拢，从而更好地推动构建我国现代税收制度。

作者简介：何杨，中央财经大学财政税务学院副院长、副教授，首批全国税务领军人才。

# 全面“营改增”后仍需致力于增强增值税抵扣链条的完整性

◇ 庞凤喜

全面“营改增”后，并不意味着增值税税制改革的完成，相反，仍有诸多工作要进一步展开，综合来看，这些工作集中体现为需要继续致力于增强增值税抵扣链条的完整性。

迄今为止，全面实施“营改增”已走完一年的历程，盘点其实施效果，应该说与政策初衷大体相当，其在规范税制、降低企业税收负担、激发企业活力、促进产业结构调整等方面都发挥了积极的作用。但对照规范的增值税所要求的“普遍征税、环环征税、单一税率、没有税收优惠”特征，仍有继续改善的空间。因此，全面“营改增”后，并不意味着增值税税制改革的完成，相反，仍有诸多工作要进一步展开，综合来看，这些工作集中体现为需要继续致力于增强增值税抵扣链条的完整性。

不同于传统商品劳务税，增值税的独特性在于，其课税对象与计税依据为增值额。而所谓的增值额，笼统地来看，大体相当于某种商品或服务的进销差额；具体从一个企业或一个纳税人的角度来看，则是指该企业的销售额或营业额扣除外购品（服务）金额后的余额。因此，若以公式简单表示，则增值额 = 工资 + 利润，或增值额 = 产出 - 投入。但实际的征收中，企业一定时期应当缴纳的增值税税款数量，并不是先求得增值额再以税率相乘得到的结果，而是对每一产品或服务的每一销售环节，均以按销售额或营业额乘以增值税税率得到的销项税额，扣除向上一环节购进时支付的并且在专用发票上注明的（进项）税额，计算求得该环节应缴的增值税税款。而这也是全世界通用的、规范的增值税计税方法。

上述过程中，本环节计算得到的销项税额是下一环节可以抵扣的进项税额，上一环节的销项税额则是本环节的进项税额，而税额能否被允许抵扣，其关键还在于必须取得规范的增值税专用发票，并由此形成一环扣一环，环环紧扣的链条般征收过程，也将各环节相关增值税纳税人连成一个闭合环。显然，链条中的任何一个环节出现问题，都将影响增值税特有的链条机制的有效运转。

换言之，增值税特有的计税依据与计税方法，及其由此形成的自身独有的链条机制，只有在税制满足普遍征税、环环征税、单一税率征税、没有税收优惠的征税条件下，增值税的链条才是真正完整不断裂的闭合环，所征收的增值税也才是真正的对增值额的课税。

正因为如此，我国耗时数年才最终完成的“营改增”，其实质就是增值税征税范围的扩大，以使之符合理想增值税对征税范围和扣税范围的要求。而无论是“营改增”，还是前期于 2009 年初完成的增值税由生产型、全面转型为消费型，除经济上的考虑外，税制上都是增强增值税抵扣链条完整性的重要举措。

当前，“营改增”的全面完成，标志着我国税制朝着规范化、科学化、现代化大大迈进了一步，但不容忽视的一个基本事实就是，一部分一般纳税人的税负确实提高了。尽管税制改革本身就会涉及利益的再调整，即税负提高有合理的成分在里面，但问题是，部分一般纳税人税负的提高，从直接的意义上看，大多源于因抵扣链条断裂所导致的抵扣不充分。正因为如此，全面“营改增”后，仍应继续致力于抵扣链条的完整性。

具体从当前“营改增”全面推开后的现实状况来看，因抵扣链条不完整而导致企业税负上升的情况，主要包括以下方面：

第一，无法取得规范的增值税专用发票。而这主要又包括三个方面：一是因供应商为个体或个人而无法提供专用发票。具体情形则既包括相对偏远地区的租赁服务与其他购进事项，也包括大中城市中诸多购进事项无法获得专用发票的问题。二是大量小规模纳税人的存在，即使有专用发票，同样并不规范。在我国，粗略估算，在全部增值税纳税人中，一般纳税人的占比即使在发达地区也不足20%，欠发达地区则不足10%，换言之，小规模纳税人的比重高达80%～90%，因此，即使从小规模纳税人处购进产品或服务能获得税务机关代开的专用发票，也因为能够抵扣的比例仅为3%，而征收适合的税率则高达17%、13%（2017年7月1日起取消）、11%、6%，因而这类购进越多，则企业负担越重，何况我国当前一般纳税人在不少场合也是按简易办法计税，因而这类发票事实上都属于不规范的专用发票。三是“三流”不能合一，只有销项税额而无进项税额。在增值税计税方法下，允许抵扣的税款，从某种意义上相当于获得国库退税，因此，“营改增”后，税收征管中特别注重合同流、发票流和资金流需“三流合一”，否则，不能获得抵扣。但企业经营中，以建筑业为例，在现有管理体制下，往往会出现合同签订方是拥有资质方，且通常是集团总部，而具体负责施工方为其下属单位，从而出现有进项税额者无销项税额，而有销项税额者无进项税额抵扣的情况。建筑施工中，由建设单位采购主要材料再分配给施工企业使用的“甲供材”现象，也会出现相同的问题，尽管“营改增”前，这一现象就普遍客观存在，但问题是，“营改增”后，适用税率由原营业税的3%变为增值税的11%，且企业无进项税额抵扣，由此必然使得企业“税痛”之感大幅上升。

第二，购进项目不允许抵扣。2016年5月1日，我国“营改增”全面完成，理论上也意味着我国全面推开完全意义上的消费型增值税。但实际上，按现行税制规定，仍有不少购进项目不允许抵扣，而其突出表现：一是购进金融服务。资金是企业赖以生存的血液，资金的良性周转和流通是企业开展投资经营活动的重要前提与基础。从实践来看，几乎所有的企业都要借入资金，并相应支付利息，而自有资金比例越低，或借入资金比例越重，则企业利息负担越重。据《证券日报》记者根据Choice金融数据所做的统计分析，2015年上半年，我国沪深两市2780家上市公司的平均资产负债率高达85.45%，而资产负债率超过100%的上市公司高达9家。对于成千上万的中小微企业而言，还更多使用的是高昂的民间借贷，而利息支出无疑都属于企业购入的服务价值，理论上应该允许抵扣，且我国金融业也已经实行“营改增”，因此，对这种购进扣除项目不允许抵扣，无疑会导致抵扣链条断裂，并必然加重企业税负。二是“营改增”前购进的扣除项目不允许抵扣。我国自1994年实行规范的增值税后，其改革与完善经历了从生产型增值税转型为消费型增值税，以及“营改增”所实现的增值税扩围两项改革，均采取了分地区、分行业、分时间逐步试点推开的操作路径，而另一个共同点则是都不允许扣除试点之前购进的扣除项目。这种处理对于稳定财政收入、简化征管当然有好处。但其不足是，对于一些购进扣除项目金额较大而使用期限较长的企业而言，其由此导致的税负上升与长期难以消化同样有失公平。

第三，免征增值税范围过宽。前已述及，理论上，为保证增值税征税抵扣链条的完整性，增值税应尽量避免实行税收优惠。但我国的现实情况是，由于诸多原因，我国增值税税收优惠较为普遍，以本轮金融危机冲击以来为例，据统计，从 2009 年 1 月 19 日至 2016 年 3 月 31 日，作为结构性减税政策的基本实现方式，我国共出台增值税优惠政策 202 条，共出台营业税优惠政策 142 条，“营改增”后，后者的税收优惠也几乎全部平移到了增值税，由此使增值税的抵扣链条极易断裂。

正因为如此，以武汉市某建筑业企业为例，尽管测算出的加权平均进项税扣除率接近 15%，但实际的情况则仅为 6.6%，无疑是该样本企业“营改增”后税负上升的重要原因。

因此，尽管我国已全面实现“营改增”，但仍有必要做以下改革：一是降低小规模纳税人的标准，努力扩大一般纳税人在全部纳税人中的比例；二是减少并规范税收优惠，尤其是中间环节的减免税优惠；三是适当放宽对“营改增”前购进的大型扣除项目，允许依折旧年限进行适当抵扣；四是允许企业对正常利率标准内的购进金融服务实施税款抵扣。

综上所述，“营改增”全面完成后，仍然存在的小规模纳税人数量过多，包括起征点过高进一步使小规模纳税人整体占比偏高，以及税率档次过多，税收优惠范围过宽等问题，事实上都构成了影响现行增值税抵扣链条完整性的基本因素，有必要继续加以改进。

此外，追究增值税抵扣链条断裂而导致企业税负上升，并加剧“税痛”的原因，应该说，更多地与我国增值税税负较高有着较为直接的联系。因此，改革中还应该尽快从宏观上重新调整税负分配格局，以便为增值税税率的适当降低并简并税率档次提供空间，使增值税尽可能靠近理想状态，并有效发挥其促进经济增长与经济发展的积极效应。

作者简介：庞凤喜，中南财经政法大学文澜特聘教授、二级教授、院学术委员会主任，兼任国家税务总局特邀税收评论员、中国税务学会常务理事等职，享受国务院政府特殊津贴。主要从事税收理论、税收政策与税收制度等问题的研究。

# 振兴实体经济的税收政策建议

◇许　生

降低实体经济税收负担的基本思路是，将振兴实体经济与促进公平竞争、健全完善增值税制度紧密结合，减并税率档次，促进税收公平。统筹考虑工商业与服务业、服务业内部各行业之间的税负公平，纠正长期以来对工商业实体经济的过度课征和税收依赖，均衡产品和服务税收负担，切实改善实体经济税收环境。

无工不稳，无商不兴。当前乃至今后很长一段时期，我国实体经济特别是工商业正在经受凤凰涅槃般的考验与洗礼。工业互联网、智能制造、大数据等技术应用方兴未艾，“互联网＋”、移动互联等技术对商业组织模式的改造持续深化，传统价值创造与分配模式继续发生重大变化，传统工商业面临的生存挑战前所未有，转型升级、融合发展成为必由之路。降低税费、促进创新，助推和引导实体经济脱胎换骨、减轻阵痛，是加快推进供给侧结构性改革、更好发挥政府作用的题中应有之义。

## 一、我国实体经济增值税负担相当沉重

2012年“营改增”改革试点前，我国对工商业实体经济征收增值税，对服务业征收营业税，是现行税制下按照行业不同设计征收不同税种的税制安排。增值税和营业税脱胎于原产品税，都是依托于产品和服务对消费者的课征。除此之外，现行我国绝大部分税种并不针对特定行业征收。因此，实体经济税收负担的关键构成要素是增值税负担，增值税负担的高低直接决定或左右整个实体经济的税收负担水平。

我国自1985年开始对实体经济行业征收增值税，特别是1994年分税制财税体制改革以来，增值税一直是我国第一大税种，增值税收入占全部税收收入的1/3以上。就增值税税收负担看，据测算，“营改增”之前的2010~2011年，在结构性减税等一系列积极财政政策影响下，实体经济增值税负担有所降低，二产增值税负担由8.5%降为8.1%，其中工业增值税负担由12.2%降为9.4%；商业增值税负担由13.7%降为13%。尽管工商业9%左右的增值税实际税负远低于其17%的最高名义税率，但这一水平已经是美国销售税或者零售税实际负担率的1.5倍左右。

我国实体经济长期面临不公平的税收待遇。由于资本有机构成相对较高，工商业实体经济增值能力长期以来一直低于第三产业。据调查测算，2009~2011年，工商业企业平均增值率为27.3%、27.6%、26.6%，分别只有服务业企业的48.3%、54%和31.7%。但是在原增值税和营业税制度下，工商业一直执行基准税率为17%（实际税负为9%左右）的增值税制度，服务业一直执行基准税率分别为3%或者5%（仅有少部分服务执行20%的高税率，第三产业营业税实际税负为6%左右）的营业税制度。工商业实体经济增值税负担一直高于服务业行业营业税负担。2010~2011年，工商业增值税负担分别为9.1%和

8.8%，第三产业营业税负担分别为6%和6.3%，前者高出后者2.5%～3.1%。增值率低、纳税率高，一直是我国工商业实体经济税收环境的真实写照。

“营改增”后实体经济税收负担仍远高于其他行业。2012年，随着“营改增”在上海部分行业开展试点并逐步扩大地区和行业范围，“营改增”的税负抵扣效应开始在产业内部和不同产业之间进行传递。二产增值税税负逐步下降，但三产税收负担下降并不明显。2012～2014年，二产增值税负担逐步由8.2%、8%下降到7.7%。其中工业增值税负担由2012年的7.8%下降到2013年的4.7%，2014年又大幅回升到9.2%；制造业增值税负担逐步由8.6%、8.5%下降到8.3%。批发零售业增值税负担由11.3%、10.9%下降到接近10%。除批零业外的三产其他行业，税负（原营业税与“营改增”后的增值税之和）基本为不降反升，由6.4%逐步提升到6.6%。二产税收负担仍然高于三产1.3%～1.8%。2015年工商业实体经济增值税负担高于三产营业税负担2个百分点，实体经济税负比服务业税负高近30%（见表1）。

**表1　2010年以来我国二、三产业货物及劳务税税收负担**

| 年份 | 国内增值税负担（%） | | | | | 营业税负担（%） | |
|---|---|---|---|---|---|---|---|
| | 总额 | 二产 | 工业 | 制造业 | 批发和零售 | 三产 | 总额 |
| 2010 | 9.1 | 8.5 | 12.2 | | 13.7 | 6.0 | 7.9 |
| 2011 | 8.8 | 8.1 | 9.4 | | 13.0 | 6.3 | 8.2 |
| 2012 | 8.7 | 8.2 | 7.8 | 8.6 | 11.3 | 6.4 | 8.5 |
| 2013 | 8.5 | 8.0 | 4.7 | 8.5 | 10.9 | 6.6 | 8.6 |
| 2014 | 8.1 | 7.7 | 9.2 | 8.3 | 10.0 | 6.6 | 8.6 |
| 2015 | 9.0 | | | | | | 7.0 |

2016年5月全面推开“营改增”改革试点后，5～9月，工业、建

筑业、金融业、房地产业四大行业所缴纳的增值税结构性占比分别为85.42%、5.11%、2.50%和6.97%，相较于这四大行业增加值的结构性占比，工业制造业所缴纳的增值税占比远远高出其增加值的占比23.61个百分点，工业制造业增值税负担相当沉重。而金融业税负本身最轻，减税最多，减税效果相当不均衡。2016年5~9月，金融业所缴纳的增值税占比低于其增加值占比12.61个百分点，2016年5~11月减税额度占比高出其增加值占比6.19个百分点。但是，建筑业和房地产业减税效果不甚明显，减税占比分别低于其增加值占比8.46个和4.41个百分点（见表2）。

表2　　主要行业增值税占比及“营改增”减税比较

| 行业 | 2015年增加值（亿元） | 2015年增加值占四大行业总和比重（%） | 2016年5~9月四行业增值税缴纳额总和（亿元） | 2016年5~9月增值税缴纳额占四行业总和比重（%） | 2016年5~11月减税额度（亿元） | 2016年5~11月减税额度占四行业总和比重（%） |
|---|---|---|---|---|---|---|
| 工业 | 235183.50 | 61.80 | 13033.66 | 85.42 | 1180.00 | 68.49 |
| 建筑业 | 46546.60 | 12.23 | 780.24 | 5.11 | 65.00 | 3.77 |
| 金融业 | 57500.10 | 15.11 | 382.03 | 2.50 | 367.00 | 21.30 |
| 房地产业 | 41307.60 | 10.86 | 1063.21 | 6.97 | 111.00 | 6.44 |
| 合计 | 380537.80 | 100.00 | 15259.14 | 100.00 | 1723.00 | 100.00 |

## 二、振兴实体经济的税收政策建议及效果估测

降低实体经济税收负担的基本思路是，将振兴实体经济与促进公平竞争、健全完善增值税制度紧密结合，减并税率档次，促进税收公平。统筹考虑工商业与服务业、服务业内部各行业之间的税负公平，纠正长期以来对工商业实体经济的过度课征和税收依赖，均衡产品和

服务税收负担，切实改善实体经济税收环境。

坚持公平配置税率原则。在原增值税和营业税并存税制下，尽管我国工商业整体增值能力不高，但由于对其一直单独实行增值税制度，其税收负担长期高于服务业行业。实体经济在为国家税收收入筹集做出不可磨灭的重大历史性贡献的同时，也为此付出了惨重代价。为促进实体经济转型升级、减轻阵痛，顺利完成凤凰涅槃，重新走上可持续发展之路，建议全面废除17%和13%的现行增值税率，对原执行17%和13%增值税税率的工商业实体经济统一适用11%的增值税税率，与“营改增”后的服务业行业中11%的税率相一致。

尽管最高名义税率由17%降到11%，降低了6个百分点，但从实际税负仅相当于名义税率一半以上的实际水平看，调整后实体经济增值税税负将由原来的9%降到大约6%，与“营改增”前服务业行业营业税负水平基本相当。这一方面既符合了税率配置原则，另一方面也能对工商业整体有所补偿，从而切实改善实体经济税收环境，促进行业税负公平。

降低实体经济增值税税率有利于降低和消除“营改增”税制转换可能带来的事实上的增税效应。鉴于2016年所获得的减税主要基于过渡期适用简易征收办法，运用较低征收率的企业较多，外加受地方政府提前预征营业税使后期增值税失去相应税源基础等主客观原因影响，现行“营改增”的减税并不具有可持续性。据我们研究，随着“营改增”逐步结束过渡期，现行税率结构下“营改增”会体现显著的增税效应。按照2014年税收收入结构测算，估计“营改增”行业增税在20%以上，约10000亿元。由于服务业“营改增”可以增加工商业相应抵扣，计入抵扣的因素约占增税效应的1/3，预计实体经济相应减税3000亿元。增减因素相抵后，预计2017年因“营改增”税制变换政府会增税7000亿元左右。

如果将实体经济增值税税率统一调整为11%，使其实际增值税负担由9%下降到6%左右，则可实现减税9000亿元左右。以上增减税因素相抵，预计2017年可实现净减税2000亿元。即如果将实体经济增值税税率统一调整为11%，在不对“营改增”行业现行税率结构做出进一步调整的情况下，实体经济降税不仅可以助力实体经济转型升级，而且可以全面消化“营改增”事实上的增税效应，实现净减税，使“营改增”改革达到结构性减税的基本初衷。

作者简介：许生，国家发改委经济研究所研究员，财税研究室主任；山东大学、上海财经大学研究生导师，中共中央党校特约专家；中国财政学会、中国现场统计学会理事；多次获得国家发改委、财政部、国家税务总局优秀科研成果一、二、三等奖。

# 从国际税收治理看特朗普税改

◇梁　季

中国作为大国，尤其作为 BEPS 行动的重要推动者，应密切关注特朗普税改动向，与世界其他主要国家合作，积极推动落实 BEPS 行动计划，将国际税收合作而非竞争作为国际税收治理的主流方向，以顺应当今不可逆转的全球化进程，实现全球的共赢和发展。

自特朗普就任美国总统以来，其税改方案便成为全球关注焦点。国内有关于此的讨论也络绎不绝，分析角度也非常多元，各有侧重。本文拟从国际税收竞争和国际税收治理秩序重构的角度对特朗普税改做简要分析。

## 一、特朗普税改的重要背景之一：深受“税基侵蚀和利润转移”之困扰

随着经济全球化的不断深入，国际税收管辖权竞争日趋激烈，世界各地出现了为数众多的“无税”或“低税”的“避税天堂”。相应跨国公司将税基或利润转移至避税地，以实现其税后利润最大化。不

断恶化的国际税收竞争秩序带来的结果是“鹬蚌相争，渔翁得利”，即税基侵蚀和转移，利润被转移到了“避税天堂”或低税国，而投资国和被投资国在竞争中税收利益均受到伤害。

美国现有的税制安排叠加规模巨大的资本输出，使其深受税基侵蚀和利润转移问题之困扰。首先，美国现行企业所得税最高边际税率为39%，位居世界第三，远高于其他国家。如2015年全球173个国家和地区的企业所得税税率简单平均值为22.8%，按GDP的加权平均值为29.8%，美国高出其10~16个百分点。其次，在近十多年来全球各国企业所得税税率呈现出明显的下降趋势的情况下，美国企业所得税最高边际税率始终保持在39%的高水平。全球企业所得税税率简单算术平均值从2003年的30%下降至2015年的22.8%，按GDP的加权平均值从35.5%下降至29.8%（这主要是由于美国的GDP权重大，且边际税率高）。最后，美国税制规定，跨国公司的海外利润在“汇回”国内时才缴纳企业所得税。在高税率和海外利润滞留海外不纳税的制度安排下，美国跨国公司不但不愿意将海外利润汇回国内，还利用种种避税手段，将国内利润转移至国外。典型的避税手段包括：（1）人为转移资产所有权所在地，例如，美国跨国公司将核心技术在美国开发的专项技术，人为转移至开曼群岛等避税地，子公司从开曼群岛购买知识产权且向该地支付专利费，从而使利润从高税率的美国转移至低税的开曼群岛；（2）“收入剥离”，即人为安排美国母公司向子公司借款，而非支付股利（股息），以增加高税率国家母公司的财务费用，从而减少应纳税所得额，进而减少企业所得税缴纳；（3）收入倒转，即将母公司从法律层面上迁移至低税国，以规避母公司全球收入在高税国纳税的义务，但其母公司的各项实质业务仍在美国，这样一方面享受美国市场的所有好处，另一方面又规避了在美国纳税的义务。

同时，美国又是全球最大的资本输出国，跨国公司数量最多，资本输出规模最大。联合国贸易发展组织发布的《2015年世界投资报告》显示，2015年美国对外直接投资位居世界第一，总量达到3000亿美元，远远超过位居第二的日本。在上述税制安排和资本输出规模巨大的双重影响下，美国经济深受“税基侵蚀和利润转移”之苦。美国乐施会的一项研究表明，2008～2014年，美国排名前50的跨国公司在全球获得4万亿美元的利润，而滞留在“避税天堂”的利润高达1.4万亿美元。这50家跨国公司的企业所得税实际有效税率仅为26.5%，远低于35%的联邦法定税率，且只有5家公司全额缴纳35%的企业所得税。据美国伯克利大学经济学家Gabriel Zucman估计，美国公司滞留在“避税天堂”的利润占比从1984年不足3%上升到2012年的20%以上。税基侵蚀和利润转移给美国经济发展和财政收入带来严重的不利影响。因此，特朗普税改也将提高本国税制竞争力，吸引海外利润回流作为本次税改的主要目标之一。

## 二、提高本国税制的国际竞争力是特朗普税改的主要目标之一

特朗普税改方案主要有三个版本：第一个是特朗普竞选网站上的方案；第二个是众议院方案，由众议院负责税法起草委员会的前后两任共和党籍主席于2016年6月联合提出；第三个是特朗普上任100天，即2017年4月底公布的一项税改计划。从国际税收竞争的角度看，均体现了提高本国税制竞争力和吸引海外利润回流的政策意图，这主要体现在：

1. 降低企业所得税法定税率，以提高本国税制竞争力。三个版本的税改方案均提出大幅降低企业所得税税率，如众议院方案建议降至20%，而其他两个版本建议降至15%。

2. 鼓励海外利润回流本国。如特朗普竞选时税改方案建议将汇回海外利润的税率从目前的35%降低至10%，而众议院方案则建议降至

3.5%或8.75%。

3. 以目的型现金流量税替代现行的企业所得税。目的型现金流量税是美国加州大学伯克利分校教授Alan Auerbach多年倡导的一个新税种，其税基介于企业所得税和增值税之间，是在消费型增值税税基上扣减职工工资薪金，即目的地型现金流量税税基=（产品销售收入-原材料成本-工资）。相较于企业所得税而言，其特点在于：(1)资产类投资可以在当期扣除，而企业所得税则是通过折旧形式多年扣减，从而鼓励企业投资；(2)债务利息支出不可扣除，保证了企业股权投资和债券投资同等待遇，从而可以降低企业的杠杆率；(3)对于跨国公司而言，征税地为产品销往地，而非产品生产地和公司资本注册地，即出口产品免税，从而提高本国产品的竞争力，避免税基侵蚀和流失。

4. 推动企业所得税"属地"制改革。从国际税收管辖权的标准来划分，税收管辖权可分为"属地"管辖权和"属人"管辖权两类。"属地"管辖权是指一个国家（地区）以地域概念为标准行使其管辖权，而"属人"管辖权是指一个国家（地区）以人的标准作为其行使管辖权标准，相应各国企业所得税的征收遵循"属人""属地"以及"属人"和"属地"双重标准。企业所得税的"属人"原则要求本国纳税人就其全球所得纳税，而"属地"原则要求纳税人就来源于本国的所得纳税。如果某个国家企业所得税兼而适用"属人"和"属地"双重标准，相应会将纳税人分为居民纳税人和非居民纳税人，前者需要就其全球所得在本国纳税，后者需要就来源于本国的所得纳税。从目前实践来看，世界主要大国一般采用"属地"和"属人"双重原则，如美国和中国；而避税地则采用"属地"原则，如新加坡和香港。

美国推动企业所得税的"属地"制改革则意味着美国企业仅就其在美国境内的所得纳税，而境外所得即使汇回国内也无须缴纳企业所得税，从而鼓励美国跨国公司的境外利润回流美国，避免税基流失和利润转移；另外，如果美国企业所得税实行“属地”原则，则会吸引其他国家企业到美国注册，以规避全球所得纳税，提高美国税制竞争力。

## 三、特朗普税改可能会对国际税收竞争治理秩序产生重要影响

从上述分析中可以看出，国际税收竞争对特朗普税改有重要影响，同样，特朗普的税改对国际税改趋势以及国际税收竞争秩序重构也会产生重要影响。

首先，可能会恶化国际税收治理环境，阻碍 BEPS 推进进程。国际税收竞争始于各国的资本输出，并随全球化进程的推进而愈加激烈。1923～2013 年的国际税收竞争中，资本输入国往往以让渡本国税收管辖权为代价，以吸引外国投资、促进本国发展，国际税收竞争的“公平”原则难以体现，更严重的后果是“鹬蚌相争，渔翁得利”，即税基侵蚀和转移，利润被转移到了“避税天堂”或低税国，而投资国和被投资国在竞争中税收利益均受到伤害。而 2013 年 BEPS 行动计划的推出，使得国际税收关系从竞争走向合作迈出了重要一步，即通过国际税收合作消除或减少全球化障碍，实现世界共同发展与繁荣。而特朗普税改方案中处处体现了恶化国际税收治理环境的踪影，如将企业所得税税率降至 10%～15%，这是远低于主要发达国家平均税率水平（具体数据见前文）的税率，也是少数国家适用的税率水平（2015 年全球 173 个国家，仅有 15 个国家的企业所得税税率在 10%～15%，而 OECD 国家、G20 国家等世界主要国家的企业所得税的简单平均或加权平均税率都在 25%～30%）。美国一旦实施此税率，可能会加速全球降低企业所得税税率改革，使国际税收竞争“白热化”。另外，如果美国实施企业所得税的“属地”改革，与避税地适用同类征税原则，则与 BEPS 行动削弱避税地吸引力的努力方向相反，对初步搭建的国际税收

合作框架形成不利影响，阻碍 BEPS 行动进程。

其次，可能会影响国际税改进程，乃至世界各国税制体系格局。尽管目的地型现金流量税真正实施还面临着诸多国际规则（如 WTO 规则）障碍，且在百日税改方案中并未提及，但它的可能影响应引起重视。如果美国一旦以目的性现金流量税替代企业所得税，则可能倒逼其他国家效仿或者不断降低企业所得税税率以提高本国税制竞争力，其结果可能是企业所得税如关税一样，逐渐淡出，而目的地型现金流量税登上历史舞台，从而改变各国税制体系格局。

综上所述，国际税收治理是特朗普税改的重要考量因素，同时特朗普税改可能对国际税收治理产生重要影响。中国作为大国，尤其作为 BEPS 行动的重要推动者，应密切关注特朗普税改动向，与世界其他主要国家合作，积极推动落实 BEPS 行动计划，将国际税收合作而非竞争作为国际税收治理的主流方向，以顺应当今不可逆转的全球化进程，实现全球的共赢和发展。同时，持续跟踪、深入研究目的地型现金流量税的发展，分析其对中国乃至世界税制改革的影响，及时应对。此外，应积极推进我国税制改革，提高中国税制在国际上的竞争力。积极推进理论创新，建立与适应未来经济社会发展（如数字经济）的税制和税收管理理论，引领世界税收理论发展。

作者简介：梁季，经济学博士，研究员，硕士生导师，现就职于中国财政科学研究院公共收入研究中心，研究方向为税收理论和政策、收入分配和财政体制等。

『谈 财 论 治』

# 财政政策

# 如何使财政政策更加积极有效

◇ 胡洪曙

积极“举措”：(1) 时不我待，建立广泛的共识。新常态下财政政策更加积极，首要体现在更加主动、更加灵活，而且还要达成广泛的共识，倾听民众和企业呼声。(2) 减税降费可以更加“积极”。(3) 财政支出可以更加“积极”。(4) 预算约束力可以更加“严厉”。(5) 债务管控机制可以更加“实际”。

## 一、当前经济形势和财政政策

我们从当前经济的增长情况可以发现，尽管 GDP 总量还在增长，可是 GDP 增速呈现持续下降的态势，2016 年财政收入增长率为 4.5%，为历年新低，这对我们来讲是一个挑战。我们为什么要实行积极有效的财政政策，就是因为经济增长和财政收入增长速度在不断下滑。刚才的演讲人从政府部门的角度谈了很多值得高兴的地方，政府部门经常是看到喜的一方面，我们研究者看到更多的则是忧的一方面，我们看问题的角度不太一样，互相补充一下也是非常好的事情。

国际货币基金组织发布的最新的一份预测报告显示，2016 年中国为全球经济增速贡献了1.2个百分点，而美国贡献0.3个百分点，欧洲贡献0.2个百分点。这意味着中国对世界经济增长的贡献超过发达国家之和，中国为全球经济增长贡献达39%。这是比较高兴的一方面，说明我们为全球的经济增长贡献是很大的，中国仍然是世界经济增长的主要引擎。

《世界经济展望（2017）》预计2017年中国经济增长率为6.6%，而全球经济增长率预期为3.5%，2018年为3.6%。我们可以看到，日本增长1%就觉得满足，美国增长1.5%～2%就觉得很高兴，我们增长6.7%还感到很忧心，这是为什么？这个问题也值得深思。

根据中国统计局的数据，2017年一季度，我国GDP同比增长6.9%，环比增长1.3%。整体来看，经济形势在企稳回升，稳定增长预期基本形成，对世界经济增长的贡献应该说是不可替代的。

有好的方面，同时也有一些问题。

一是资源错配加剧。有研究指出，资源配置扭曲导致中国全要素生产率TFP平均下降了30%～40%。我们国家全要素生产率从世界的角度来看本就偏低，资源的错配导致了生产要素的浪费，如果要以内生增长为主，则还有很多问题需要解决。

二是经济政策的不确定性。经济学的许多研究表明，经济政策的不确定性会加剧经济波动与下滑，导致机会主义盛行。由于协调机制缺失，经济政策之间也存在相互矛盾的地方。例如，金融信贷政策和产业政策制定及实施效果的不确定性，给财政政策带来巨大的冲击和风险。

三是发展不均衡问题没有得到有效缓解。城乡收入差距自东向西逐渐递增，局部地区脱贫困难，贫困的代际传递与基本公共服务非均等供给相互交织，马太效应愈演愈烈。我曾经去访问过的一些国家级的连片贫困地区，那些地方的贫困仍然非常严重。

四是环境恶化趋势没有得到根本遏制。当前我国北方的雾霾还是没有得到有效的控制，其他各地方的水污染问题也没有得到有效的缓解，这些问题对我们都是挑战。经济和社会发展所导致的环境恶化问题加速显现，环境治理的成本不断提高，如何实现环境与经济发展的有效协调值得思考。

五是其他问题，包括城镇化压力、留守儿童问题、人口老龄化等等。

现在我们的城镇化进行了很多的改革，但是核心的问题还没有得到解决。例如土地流转的问题，农民已经进城了，实际上他还是农村人，土地还是原来的样子。再如留守儿童的问题、空巢老人的问题、还有人口老龄化的问题等，这类问题还是没有得到很好的解决。这些问题的背后多少因素与财政政策有关，财政政策能够发挥多大的作用，都需要客观的全面评估。

十八大后：积极财政政策的连续性和持续性

我梳理了一下从2012年到2017年中央经济工作会议对积极财政政策的表述。2012年说的是要继续实施积极的财政政策和稳健的货币政策，充分发挥逆周期调节和结构调整作用，实施积极财政政策，并结合税制改革完善结构性减税政策。其实从2012年到2017年的提法基本上一致，2017年提的是财政政策要更加积极有效，预算安排要适应推进供给侧结构性改革、降低企业税费负担、保障民生兜底的需要。

我们的供给侧结构性改革跟美国有点不一样，美国的供给侧改革是降低税费，同时降低政府的公共支出，我们的供给侧结构性改革落到财政政策上，确实要求降低税费，但是并没有明确说降低政府的开支。我们国家的财政开支比较刚性，财政赤字在增长，我们也可以考虑一下，如果这种情况持续下去，我们是否能坚持得住？我们现在希望通过这样一些措施加速经济增长，并通过经济增长来使财政收入有一个实质性的增长，但如果达不到我们的预期怎么办？这些问题有没有相应的预案？

传统财政政策研究：财政政策主要是经济政策、总量政策和调控政策新常态下财政政策的新内涵：

一是财政政策是国家的基础政策和支柱政策。全国财政学教学研究会的一些专家提出，既然国家把财政提到这么高的地位，财政学是否应该脱离经济学成为一级学科？对于这个问题应谨慎对待。因为在国外甚至没有财政学这个专业，现在要提升为一级学科难以跟国际接轨。尽管财政政策对我们国家非常重要，但是现在来看还是应该在经济学的大框架下来研究这一领域的问题更适合一点。另一方面，财政政策要总揽全局，注重与政治、经济、社会、文化和环境协调。

二是财政政策是结构政策。我们搞结构性改革，内部结构协调（减税与举债协调、减税与增支协调），外部结构协调（产业结构、地区结构等）。

三是财政政策应重视资源配置职能。收入分配和经济稳定在很大程度上取决于资源配置的形式、内容和结构，从源头配置好了资源，收入分配问题和经济波动问题也就不会那么严重了。

## 二、财政形势变化的新特征、新常态

1. 收入降速趋势明显。一些地区财政收入呈现断崖式下滑，例如，2015 年，辽宁的财政收入下降了将近 33.4%，这是一个很吓人的数字。虽然上海、深圳等地表现比较好，但山西、东北这些地方非常不乐观。

2. 财政支出刚性大，勒紧裤腰带过日子的时期已经到来，进入放水养鱼阶段。很多高校原来没有感觉到预算紧，现在切实感受到了。

3. 财政改革进入深水区。很多方面不好改了，我们总是讲经济增长需要从改革里面得到红利，邓小平同志时代可以摸着石头过河，但是现在随着改革越来越深入，很多地方不好改了。例如，农村的联产承包责任制和现在的社会经济发展出现了一些不协调的地方，需要改革，但是改革的难度很大。

4. 财政支出集权化和收入分权化同步推进，现在推进这个思路需要调动“两个积极性”，怎么样协调也是财政领域需要研究的问题。

## 三、积极“举措”

1. 时不我待，建立广泛的共识。新常态下财政政策更加积极，首要体现在更加主动、更加灵活，而且还要达成广泛的共识，倾听民众和企业呼声。

2. 减税降费可以更加“积极”。我们国家很多物价都超过了国外，所以很多人跑到国外购物，和消费相关的税是否可以考虑降一降，这样更多的消费可以留在国内。

3. 财政支出可以更加“积极”。财政可以更多地投入民生领域，社会性支出及分配可以再公平些、质量再高些，让中下阶层具备更多向上流动的机会和能力。

4. 预算约束力可以更加“严厉”。可以看得到美国的地方政府或某些部门经常要关门，为什么要关门？因为预算花完了。但是中国的地方政府从来没有此类问题，这是否也证明中国的预算较软？

5. 债务管控机制可以更加“实际”。与其搞一些隐性的债务，还不如搞到明面上来。我们可以研究一下，一些有赢利空间的地铁、高速公路，如果由地方政府直接发行债券，是不是可能更为科学合理？

## 四、有效“举措”

1. 明确财政政策“有效”的标准。到底什么样的财政政策是有效的，我们要提出标准来。财政政策要定位于国家治理能力和治理体系现代化。

2. 财政资源分配更加注重效率和公平。这方面应该提出一些标准来，而且要进行绩效考核，提高效率，促进分配公平，在此基础上，政策的目标和指向性就会更加有效。

3. 财政政策要有连续性和持续性。很多方面的政策随时间推移就没有了，政策不连续。财政政策如果连续性、持续性强一点，大家的可预见性就会更强。明确的、清晰的预期有利于经济的发展。

4. 财政政策要建立瞄准机制，定向发力。财政政策手段可分解细化，对接每一项改革目标，精准定向发力。

5. 财政政策评估应该有科学的方法和数据作为支撑。财政政策到底有没有效，要有一整套的评价体系，并且应该有数据作为支撑。不以数据作支撑的评估，很难让人信服，不做实地调研的研究，很难让人诚服。

作者简介：胡洪曙，中南财经政法大学财税学院院长、教授。

# 积极财政政策的观察与建议

◇ 彭龙运

不要指望用扩张性财政政策来实现结构调整目标。如果把调控重点放在结构上，积极财政政策就不再是扩张的财政政策。所以总量的政策应该归结于总量调节，不应该把总量政策作为结构性政策来用。

## 一、反周期财政政策应该注意的几个问题

现在，积极的财政政策已经不仅仅是积极财政政策本身的问题，在这期间像唱戏一样，各种角色、人物都有声音，有身形，各种各样的表演都在里面，这样就把积极的财政政策的含义扩展到很多方面，延伸到很远的地方，有些东西已经超出了财政政策本身可以控制的范围。所以开始要建立一个基础，谈一些基本的看法，然后再找到实际的解决方法。

首先来看反周期财政政策的目标和效果的问题。财政政策为什么会成为政策工具，因为它能影响总需求，进而通过总需求变化影响总供给，这样的话，财政政策通过自己的变化影响到宏观经济，使它有可能成为一种政策工具。这是理想的状况，能不能达到理想的状况还

需要注意很多事项，还有很多假设条件和潜在的风险。我们在讲积极财政政策的同时，没有注意到假设条件和风险，以为一厢情愿的好的动机一定会产生好的结果，但是事实上未必如此。积极财政政策作为一个政策工具是调节总量的，因为总量从需求开始过渡到供给，其中有很多复杂的环节，有很多的参与者，并不一定能达到那个彼岸。

第二，财政政策有三种形态，除了常态，还有扩张和紧缩。判断财政政策形态，主要看财政收支差额。现实当中是一年连着一年，要动态地看，就要看收支差额的变化。静态地看，如果今年财政是平衡的，零赤字，今年就是常态。如果今年有100亿元赤字，那就是扩张的财政政策，如果是-100亿元的赤字，那就是紧缩的财政政策。这种静态观察割断了时间联系，要从连续变化的动态角度观察。如果今年有100亿元的赤字，但去年也是100亿元的赤字，两年相比，赤字既没有扩大，也没缩小，就不属于扩张。如果去年100亿元赤字，今年200亿元的赤字，这才叫扩张。如果今年赤字减少或归零，那就是收缩。

第三，从总需求到总供给中间有很多环节，其中有很多难点，还有时机问题、力度问题、长期影响和短期影响等问题，总之，有很多不确定性。所以，扩张性财政政策并非总能达到预期目标。

反周期的财政政策中间有一些假设。有了好的目标和好的动机，不一定能实现好的结果。忽略了中间的一些假设条件，实际上就忽略了很大的潜在风险。以扩张性财政政策为例，我认为扩张不等于积极，为什么？积极不是财政政策里面的专业术语，积极是从执行的理想效果来讲的，执行的效果要积极。另外是从做事的态度来讲要积极，不能消极，但是它不等于扩张性财政政策或者是紧缩的财政政策。从这个角度讲，怎么把扩张性的政策变成一个积极的政策呢？就是一厢情愿的想法而已。要做到真正积极的话，首先要知道它有条件，如果经济当中没有剩余量，实际的经济增长速度跟潜在的经济增长速度已经过热了，这个时候是不可以的，态度再积极也达到不到积极的效果。第二当判断出经济形势不行的时候，经济要下滑的时候，对下滑的预测要准，如果预测不准的话，很难及时采取措施。同时，要预测出下降的程度有多大，危害有多大。第三是快速决策和实施效果的问题，就是内部时滞的问题。如果经济学家能够准确预测到失速风险，他首先得说服决策者相信确实有风险了，决策者从采纳建议到制定措施，再到政策实施中间的过程称之为内部时滞。不同的政经体制下，内部时滞的长短不一样。如果时滞较长，扩张性政策实施时，经济可能已经自愈并开始停止下降甚至开始复苏；在经济上升时实施了扩张性财政政策，就可能产生反效果。

第四是组合措施。宏观措施通常是很多政策要配合实施，那么配合的好和不好也会对效果产生影响。

扩张财政政策的提出是针对欧美的经济状态提出来的。欧美的开放型结构和市场经济运行方式，以及重大经济政策的决策过程，与我国的国情比，存在着较大的差异。这是有差别的存在，会影响到特型财政政策的实施效果。虽然对这些差别研究很少，但是，我们利用这个政策却非常自信，自信一定会实现预期的政策效果。但是，关于这个政策理论，欧美经济学界却一直争论不断，而在讨论中占优势的结论却偏向负面，最多只能说是中性，不输不赢。

此外，还有一个新的经济现象不容忽视，即虚拟经济的发展。现代经济中，虚拟经济占比非常大，实体经济和虚拟经济已经变成相对独立的两个经济组件，这与扩张财政政策理论产生及其后来的发展过程，有着明显的差异。这种情况下，积极财政政策如果能实施到位，最终调控效果都能体现在实体经济部分，或许可以达到预期的效果。相反，如果积极财政政策实施不到位，调控资金通过某个渠道转移到了虚拟经济部分，并在虚拟经济运转而无法传递到实体经济中去，积极财政政策能起到多大的作用，达到什么样的效果，就非常值得怀疑。

我们讲扩张不等于积极，其中还有一些风险问题。所谓风险，就是预期效果不能实现，政策实施和预期效果有较大的差距。除此之外，还有一类风险，即财政政策的副作用。我们在讲积极财政政策的时候，主要关注积极的态度和积极的效果，很少注意有可能产生的副作用。例如会引起通胀的风险，大家认为积极的财政政策大多数情况下都会带动经济的增长。在评估 1998 年积极财政政策效果时，有测算显示，其带动了几个百分点的 GDP 增长。但是，这个结果究竟是怎么算出来的，没有人能说得明白。当时有 1.5 个百分点、2 个百分点的说法。西方经济学研究的结果则没有这么积极，多数研究认为，可能不一定会带动经济增长，更多的可能是带动通货膨胀。我个人认为，这个结论可能也适合我国的国情，值得重视。

此外，短期和长期的效果也是不一样的，从短期来看可能会引起需求的波动，从长远来看，经济增长是由增长要素决定的，而不是由财政或者是货币来决定的。我想声明的是，财政和货币本身不创造财富，不创造 GDP，而是通过其影响总需求和总供给，形成扩张或者紧缩供需环境，来达到政策的预期效果，它本身并不是创造财富的。从扩张性财政政策效果分析，即使在短期内，对总需求和总供给产生了影响，刺激经济增长。但是，从长远看，这种短期效果终究要被长期经济增长趋势替代。虽然可以缓解短期经济降幅，熨平经济波动，但不可能成为经济增长的长期动能。

## 二、积极财政政策的观察与建议

### （一）对积极财政政策简要的分析

1998 年和 2008 年，已经实施了两轮积极财政政策。我们重点分析一下 2008 年这一轮积极财政政策。2009 年，财政赤字是增加的，增加到了2.7%，也就是在3%以内。往后基本上没有什么变化，都是很小的变化。这里有一个问题，财政只是宏观经济的一个部分，财政赤字只是判断宏观经济的众多指标之一。而且财政赤字和货币数据整合起来不能形成闭环。财政赤字这个概念很小，只是一个预算赤字概念，地方债务不在里面，还有预算外的债务也不在里面，地方的收支差也不在里面。打个比方，2009年2.7%的财政赤字，GDP当时在60万亿元，我们能拉动多少？如果用2.7%的赤字能拉动几十万亿元的经济总量的话，宏观经济就好管了。所以我想寻找一些替代的概念，让这个概念变得能自己说明自己，我们费了很大劲儿找数据，但是找不着。我们找到了一些加工的数据，给大家提供研究财政风险的路径。

国际清算银行提供了一个数据，他们有一个社会信用总量的概念，从社会信用总量的数据中可以看出分为三部分，政府融资、家庭融资、企业融资，这三部分加起来等于社会融资总和，这是一个闭环的数据。先看一下它的变量，从2007年到2016年，积极的财政政策并不是一直都是积极的，而是一种积极的做事态度。再看总融资量的变化，实际上有两次变化，一次是2009年，从-3.6%突然上升到了34.7%，社会总融资占GDP的比重由140%多上涨到170%多，从2009年开始，确实是大量的扩张，扩张的力度非常大，占GDP的比重是30%多，可以算算这个量有多大。接下来看政府的融资变量，当年政府的融资变量增加到5.6%，家庭融资变量也是5.6%，企业融资变量是20%多，30%多里面财政占了很小一部分，企业占了最大的一部分，政府融资变量是大财政的概念。我们没有办法算出财政赤字当年到底是多少，因为数据太复杂了，我们能从社会融资的角度看。接下来的几年没有太大的变化，虽然我们也在强调要实施积极财政政策，但是社会融资总量变化并不大。到2012年的时候，重新有一次大波动，后面的变化同样不大。因为上了这个台阶以后，融资量在同样的变量上，这几年的贷款在增加，但是政府和家庭融资相对比较稳定，从财政这个角度看也相对比较稳定。

我想说明一个问题，从开始到持续这么多年，增加的力度是不变的，即使我们讲的是积极的财政政策。稍微延展一点，看一下2016年社会总融资占GDP是255.6%，在新兴国家当中，这个指标是190%左右，其中政府融资和家庭融资、企业融资的比值是30%、60%、100%左右，中国的这一比例是，政府融资46%左右，家庭融资43%左右，企业融资160%多一点儿。再看发达国家，例如，美国社会总融资占GDP的250%多，但是政府融资接近100%，家庭融资占20%多，企业融资占140%左右。总体来看，中国政府融资在社会总融资中的比例并不大，但是总的社会融资规模相当于发达国家的水平，企业的融资大于发达国家的水平。从政府本身的角度讲财政政策的风险并没有达到失控或者说是危险的程度。相反倒是因为货币政策这一轮扩张的力度非常大，货币大量扩张以后流进了企业融资，而且国有企业占了很大的比例。如果要说存在金融方面的风险和财政方面的风险，主要应该关注企业融资，将来企业融资出现风险的可能性要比政府出现风险的可能性更大。

**（二）减少积极财政政策不确定性的几点建议**

经验研究证明，扩张性财政政策收缩在短期内是可以产生激励效果的，但是，是有条件的，需要避免几个问题。

1. 短期措施长期化。

积极财政政策只是一项反周期宏观调控政策，经验数据证明，如果运用及时，政策措施又具有较强的针对性，可以产生短期的激励效果，熨平经济波动幅度。同时，也有大量实证研究表明，从长远看，扩张性财政政策对经济增长的贡献更多倾向于中性偏负面，而且可能导致通货膨胀。因此，要避免持续多年采用扩张性财政政策，并密切关注通货膨胀指标变化。

2. 总量政策结构化。

积极财政政策属于宏观调控政策，主要通过影响总需求和总供给来调节经济周期波动。当然，在调节总量的过程中，也会有结构的变化问题，如汇率问题，投资问题，储蓄问题，地区受惠不均问题，以及边际效率衰减问题等等。但是，这些问题是在总量调节过程中无法回避的，不是扩张性财政政策的主要目标。不要指望用扩张性财政政策来实现结构调整目标。如果把调控重点放在结构上，积极财政政策就不再是扩张的财政政策。所以总量的政策应该归结于总量调节，不应该把总量政策作为结构性政策来用。

3. 扩张的效果理想化。

利用扩张性财政政策调节总需求进而影响总供给，是一个复杂的过程。能否实现预期目标，受许多不确定因素影响，在理论研究中，把这些不确定性假设为有利于政策向预期目标的方向发展。现实中，这种有利假设并不总时存在。因此，多数情况下，应作多种预案，不断调整政策着力点。

4. 积极财政政策常态化。

由于把扩张性财政政策当成积极的财政政策，如果将扩张性财政政策转变为中性财政政策，则有可能被误读为消极的财政政策。这种将中性财政政策边缘化的倾向具有一定的危险性。一是正常的中性财政政策就没人敢执行了。二是积极财政政策因为含有积极的态度和积极的效果等非技术因素在内，就没人敢停止，就一直在执行。因此，现在的重点不是说谈积极财政政策怎么再进一步积极的问题，而是要关注如何让它回归到中性、回归到常态的问题。

5. 财政赤字扩大化。

国际经验数据表明，财政赤字也具有很强的刚性，因为财政支出是刚性的。对任务重资金少的政府部门来说，发行债务融资具有很大的诱惑力，一旦达到某种规模，很难止住。1998 年实施积极财政政策时，很多人倾向在 2000 年退出。但由于一些部门强调项目的完工收尾和支出的刚性，最终延后了好几年。中性财政政策应成为常态，从动态角度看，不是强调每一年都要平衡，而是要强调一个周期的平衡。实施扩张性财政政策时，必须明确进入点和退出点，否则，赤字就有可能扩大化。

作者简历：彭龙运，亚洲开发银行驻中国高级经济学家。

# 积极财政政策的风险和可持续性

◇ 花长春

积极财政政策在决策的产生、执行以及事后都可能产生一些政府预期外的影响或风险，主要包括债务、通货膨胀、效率损失和社会风险。

## 一、积极财政政策与风险的联系

### （一）积极财政政策可能带来的风险

积极财政政策在决策的产生、执行以及事后都可能产生一些政府预期外的影响或风险，主要包括债务、通货膨胀、效率损失和社会风险。

1. 债务风险。从狭义角度来看，债务风险主要是政府赤字的扩大所带来的债务风险，即政府债务的可持续性。从广义角度来看，债务风险也反映在财政刺激引发的企业、居民加杠杆而导致整个社会的债务风险的上升。

2. 通胀风险。通胀风险主要在于执行过度财政刺激政策（减税或增支）而可能引发高通胀的风险。另外，财政刺激虽有时没有产生高通胀，但却可能刺激了资产价格（如房地产价格等）的飙升，此类情况也可视为通胀风险。

3. 效率风险。效率风险主要表现为：(1) 对私人部门投资的挤出效应；(2) 扭曲经济结构、延缓市场出清的风险。积极的财政政策可能产生挤出效应，即政府赤字的增加促使利率上升从而挤出私人部门的投资，在此过程中有可能产生效率的流失。另外，财政刺激的资金若流入旧经济、僵尸企业，则会延缓市场出清、阻碍结构转型，导致投资效率的下滑。

4. 社会风险。这类风险主要在于财政刺激过程出现利益分配不公，甚至腐败现象所带来的风险。任何财政政策均指向一定的利益群体，在政策制定、执行过程中存在寻租的可能。另外，政策都是人执行的，财政刺激过程中，难免会出现利益分配不公，甚至腐败的问题。

**（二）积极财政政策产生风险的条件**

当然，积极财政政策并不必然产生上述四种风险，我们认为上述风险是否出现与下面几个因素有着重要关联。

1. 经济下行时期，财政宽松的适度性。

财政宽松的适度性既包括量的适度又包括结构方面的适度。显而易见，财政政策方面过度的扩张容易导致债务、通胀等风险，因此在经济下行过程中，宽松的适度性有利于发挥积极财政政策优势并避免产生上述风险。同时，政府需要区分经济的下行是周期性的还是结构性的，从而做出适度、适当的财政宽松措施。

为了确保政策的适度性，政府需要对财政宽松进行全口径把握，既关注预算内情况，又关注准财政情况。我国预算内财政赤字在过往几年当中均保持在3%以下，但实际上，若考虑到政府动用的财政结余资金及地方专项债券，2016 年财政实际赤字率就达 4.3%（见表 1）。IMF 将官方财政赤字、地方政府融资平台举债、卖地收入等项目纳入广义财政统计口径，得出 08/09 年后中国广义财政赤字率保持在 10%左右。此外，近几年国开行等政策性银行、PPP 项目、产业引导基金以及地方资产管理公司（AMC）等准财政也层出不穷。

**表1　　2015～2017年预算赤字与实际赤字率**

| 年度 | 预算赤字率 | 政府赤字率 | 政府赤字率 | IMF定义的广义财政赤字 |
|---|---|---|---|---|
| | （1） | （2）=（1）+留存结余的动用 | （3）=（2）+专项债 | （4）=（3）+地方融资平台债务+土地出让净收入 |
| 2015年 | 2.3% | 3.4% | 3.6% | 9.5% |
| 2016年 | 3.0% | 3.8% | 4.3% | 10.1% |
| 2017年 | 3.0% | 2.9% | 3.9% | 9.8% |

资料来源：2015～2016年预算报告，IMF，国泰君安证券研究。

2. 经济结构调整时期，资金投向的有效性。

若积极财政政策的资金投向是顺应经济结构的变化，甚至引领新经济的发展，则可能会事半功倍，更加有效。反之，若资金投向主要是维系旧经济，则可能会延缓经济出清，影响经济效率。举个例子，2013年以来，我国经济一路调整，若积极财政政策主要是把大量资金投放基建，补贴国企，维系过剩产能行业，则可能导致高杠杆率、效率损失等；但若允许经济转型，把资金投向解决因转型而带来的失业问题（如培训失业工人再就业），减税来减轻企业负担，并对新动能加以扶持，则可能减少上述风险。

3. 财政政策短期和长期的协调性。

财政政策既有短期效应，也有长期效应，两者若能协调，则有利于发挥政策作用，减少政策带来的风险。一般来说，需求侧调节的积极财政政策更多是重视政府直接扩大投资支出，对经济拉动作用会立竿见影；供给侧改革下的积极财政政策更多侧重政府让渡资源给企业，发挥企业主体的积极性，短期内效果有限，但长期有利于企业扩大内生增长能力。因此，如果是用于提高企业效率的积极财政政策，从长期看反而是风险的释放。

4. 财政制度的公允性及其执行的严肃性。

同样的财政政策到底是发挥作用还是产生风险，财政制度的公允性，尤其是执行的严肃性是至关重要的。当前我们的积极财政政策所带来风险很多与财政制度执行方面的问题密切相关，尤其是地方政府举债机制：地方政府事权多，但举债渠道却不通畅，“堵后门、开前门”远没有到位，从而使得中央控制了一个地方政府又创新了另外一个。

## 二、积极财政背景下的政府债务风险

当前，积极财政最大的风险无疑是地方政府债务的风险，但值得强调的是，风险不在于债务规模本身，而在于其过快的增速、举债机制的非标准化。如 PPP、引导基金等在促进财政政策更加积极有效方面做出了重要的贡献，但是过快的扩张速度、资金来源结构的不透明可能成为新的政府债务的雷区。

### （一）地方债务的风险不在于其当前的规模

根据官方口径，我国政府总债务占 GDP 比重约为 40%，但如果考虑地方融资平台负债等或有债务，进行初步估算约为 55% ~60%（见图 1）。IMF 测算中国政府债务占 GDP 比重在 60% ~65%，比我们测算略高些。不管是我们测算的结果还是 IMF 的测算，这一数字基本上处在欧元区给其成员国所规定的警戒线上（60%），但在国际上尚不是很高的水平，因此我国当前政府债务的水平并不是我们最担心的地方。

另外，地方政府债务风险很大程度上取决于中央政府对国家债务风险和全局经济的把控程度。以 2013 年为例，地方政府债务风险问题引发各方担忧，在当时若取消财政补贴，我们测算将有一半的地方政府债务平台出现利息支付违约情况，但是后续中央政府推出债务置换，

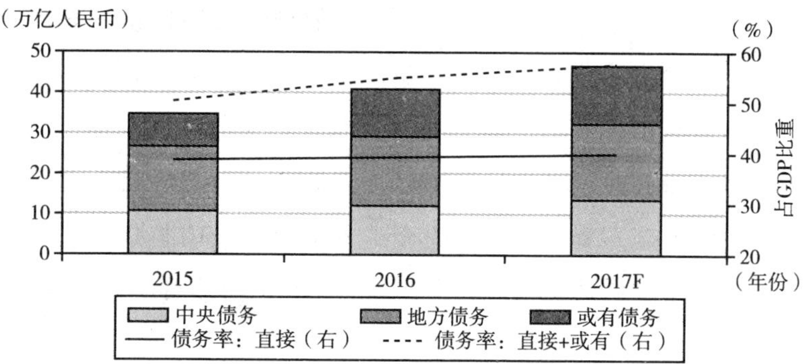


**图1　包括或有债务的政府负债占GDP的比重接近60%**

数据来源：wind，财政部答记者问，国泰君安证券研究。

注：这里或有负债主要是地方融资平台债务，尚没有包括PPP里面归属政府的债务。

即利用高信用的政府债务置换地方融资平台债务，不仅避免了地方政府融资平台违约事件的发生，也缓解了市场对于地方债务风险的担忧。

而且，根据对目前地方政府债务统计，地方政府债券到期高峰期将在2021年出现（见图2），因此短期内发生地方政府债务风险的概率较小。

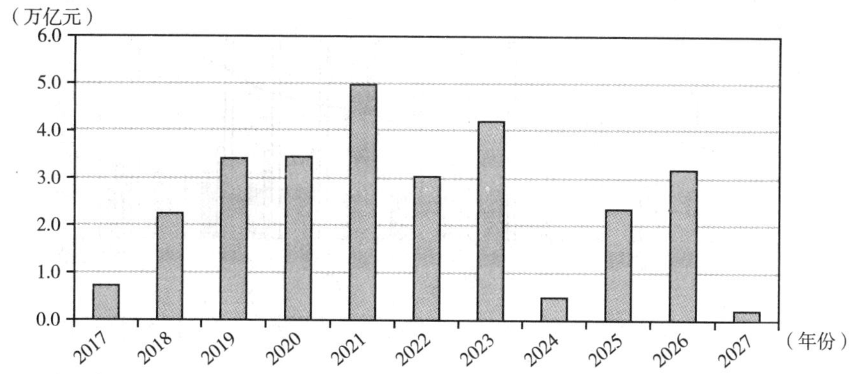


**图2　地方政府债务到期高峰将于2021年出现**

数据来源：wind，国泰君安证券研究。

## （二）地方债的最大风险在于其过快的增速及举债机制非标准化

2013 年中央政府通过债务置换解除地方债务风险的同时，也引发道德风险——虽然中央一再强调不会为地方政府债务兜底，也不允许地方财政担保项目债，但市场仍然预期若地方政府债务、项目债务等真出现风险时，政府不会不管的。在中央和地方的事权、财权仍不配套的情况下，地方政府相关的债务仍然在高速增长，只不过换种形式出现。

1. PPP。

PPP 发展迅猛，截至 2016 年末，PPP 储备投资总规模为 13.5 万亿元，其中进入执行阶段的规模为 2.23 万亿元，落地率为 31.6%，项目落地的数量和投资规模均是 2016 年初的 4 倍多（见图 3）。PPP 模式提供了投融资的新方式，但非标准化的 PPP 和高杠杆问题却构成了新的隐形债务。我们草根调研发现，以 100 亿的 PPP 项目为例，其中 20 亿元为资本金，其余 80 亿元来自银行等贷款。20 亿元资本中，16 亿元来自社会资本，4 亿元来自政府资本，而社会资本中很大部分的资金来源仍是银行等负债。当前许多地方政府拥有多个 PPP 项目，存在不能

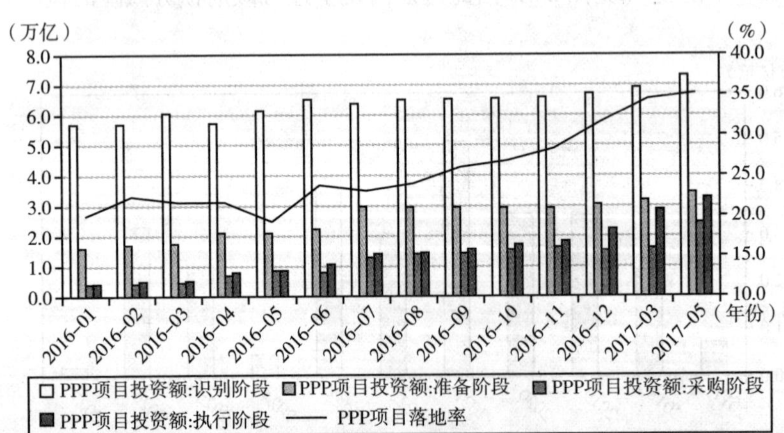


图 3　2016 年来 PPP 发展迅猛

数据来源：PPP 中心网站。

全额支付政府资本的情况，通过表外融资渠道进行融资。因此，原本杠杆率就较高的 PPP 项目，进一步通过社会资本和政府资本放大了杠杆率，最终的杠杆率要远超过地方融资平台。

2. 政府引导基金。

在地方政府融资平台再融资规模受到限制与监管的情况下，政府出台各式各样的引导基金，是否造成新的债务源泉值得关注。赛迪数据显示，2014 年政府引导基金规模达到了 2881 亿元，同比增长 286%，2015 年政府引导基金规模达到 1.5 万亿元，同比增长 424%，截至 2016 年 12 月，政府引导基金规模达到 2.4 万亿元，同比增速 59%。大部分基金确实在引导资金流向高新技术行业，促进财政政策更加积极有效方面做出了重要的贡献，但是过快的扩张速度（见图 4）、资金来源结构的不透明可能成为新的政府债务的雷区。

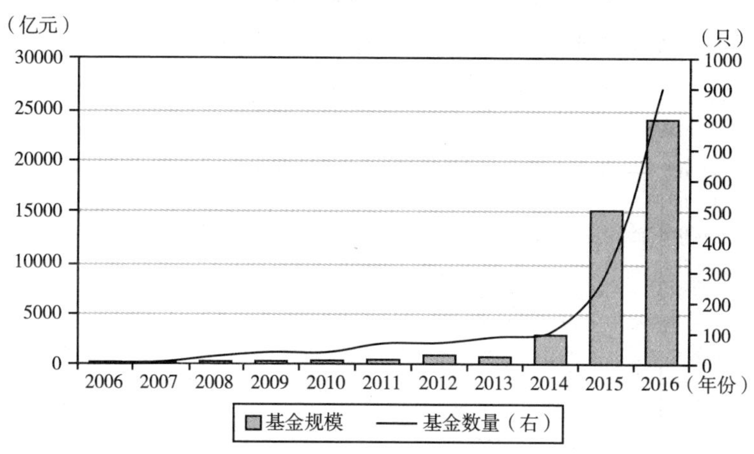


**图 4　政府引导基金扩张速度较快**

数据来源：中国赛迪。

根据国家审计署在 2016 年发布的《国务院关于 2015 年度中央预算执行和其他财政收支的审计工作报告》显示，政府投资基金支持创新创业的作用尚未得到有效发挥。至 2015 年底，中央财政出资设立的 13 项政府投资基金募集资金中，有 1082.51 亿元（占 30%）结存未用。抽查创业投资引导基金发现，通过审批的 206 个子基金中，有 39 个因未吸引到社会资本无法按期设立，财政资金 13.67 亿元滞留在托管账户；已设立的 167 个子基金募集资金中有 148.88 亿元（占 41%）结存未用，其中 14 个从未发生过投资。地方政府投资基金也存在类似现象，抽查地方设立的 6 项基金发现，财政投入 187.5 亿元中，有 124 亿元（占 66%）转作了商业银行定期存款。

3. 政策性银行的类财政问题。

政策性银行适应国家发展需要和经济金融改革要求，紧紧围绕服务国家经济重大中长期发展战略，贯彻落实国家的各项政策，具有很强的类政府职能。在对接国家宏观政策方面，我国政策性银行主要通过信贷投放，确保重点领域和重大项目建设资金需求来服务国家战略、对外战略以及农业政策。2016 年，国开行发放棚户区改造贷款 5435 亿元，积极支持铁路、水利等各国家重大工程建设，发放扶贫贷款 3153

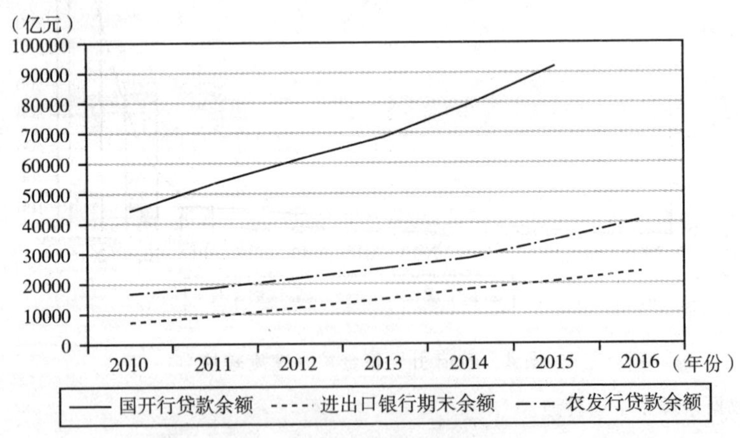


**图 5 政策银行贷款额逐年增加**

资料来源：wind，国开行、进出口和农发行 2015 年年报。

亿元，环保和节能减排贷款2391亿元、战略性新兴产业贷款2368亿元。农业发展银行全年累放精准扶贫贷款4883亿元，余额9012亿元，较年初增加3361亿元。在国家开发银行等政策性银行“软贷款”的推动下，政策性银行贷款已发展成为第二财政，只要有项目、债务能滚动，“开发性金融”就能继续发挥作用。这些执行政府职能的贷款支出并未列入国家财政预算之中，并没有在财政账面和决算报表中记录，造成财政风险加大。

## 三、积极偏松的财政政策或难以持续

自2008年下半年起，总体上我国实施积极的财政政策，2009～2012年明确的积极财政政策，偏宽松，2013～2015年更多强调改革及保持稳定的宏观环境，2016年至今继续实施积极的财政政策。偏松的财政政策基调是否能够延续？

就当前形势来看，既有有利于继续宽松的条件，但更多的是不利于宽松的条件。有利于继续宽松的条件主要是新的政治周期开始，地方政府有继续加快基建投资的需求。但更多的是不利于继续宽松的环境：(1) 中国现在金融周期下半场（即防范金融风险、金融去杠杆），信贷增速将会缓慢回落，积极的财政政策势必受到影响；(2) 我国财政政策也受制于经济长期结构变化，尤其是人口老龄化的影响；(3) 金融工作会议强调“举债终身负责”及二季度的政治局会议提出“要积极稳妥化解累积的地方政府债务风险”，以后将难以出现“新官不理旧账”的情况，对地方政府的行为将产生较大的影响；(4) 即使我国后续仍然维持积极财政政策，宽松方向可能也会由基建投资向税收减免演变。

### （一）金融周期下半场，财政宽松力度将受限制

我们认为中国今年开始进入金融周期下半场，持续时间为3～5年，影子银行的活动将会逐渐纳入日常监管，金融系统资产负债表的

过快扩张将会得到遏制，信贷增速也终将回落。日前召开的国家金融工作会议透露未来五年我国金融工作的主旋律——防范金融风险。在此背景下，我国积极财政政策的宽松力度将可能会被大幅削弱。首先，地方政府新增债务将进入终身负责制。虽然具体如何落实尚不明朗，但是中央金融工作会议所定的方向难以改变，这势必影响地方领导的举债行为；其次，信贷增速的回落，尤其是影子银行的监管，必将影响地方融资平台和 PPP 的融资；再次，房地产投资将会进入一个稳定期，从而使得土地出让金的增速回落，从而影响地方政府加杠杆的能力；最后，金融周期下半场，政策性银行的放贷也将受到影响。

**（二）我国社会保障体系的资金缺口将长期制约我国财政政策**

我国人口老龄化问题已进入快速发展阶段，人口老龄化对财政支出的压力正在逐步加大。西方国家一般都是在进入工业化，社会财富积累到人均大约 1 万 ~2 万美元的程度后才进入老龄社会，有充裕的财力支持建立养老保险制度。而我国，2000 年以后，工业化远未实现，在人均 GDP 3000 多美元时就开始进入老龄化（65 岁以上人口占比 7%以上），现在处于加速阶段（见表 2）。

**表 2　人口年龄结构和总抚养比**　　单位：%

| | 1953 年 | 1964 年 | 1982 年 | 1990 年 | 2000 年 | 2010 年 | 2020 年 | 2030 年 | 2050 年 |
|---|---|---|---|---|---|---|---|---|---|
| 0 ~14 岁 | 36.28 | 40.63 | 33.59 | 27.69 | 22.89 | 18.49 | 18.99 | 16.11 | 15.38 |
| 15 ~64 岁 | 59.31 | 55.75 | 61.50 | 66.74 | 70.15 | 72.28 | 69.00 | 67.42 | 62.96 |
| 65 岁及以上 | 4.41 | 3.56 | 4.91 | 5.57 | 6.96 | 8.59 | 12.04 | 16.23 | 23.07 |
| 从属比 | 68.61 | 79.26 | 62.60 | 49.84 | 42.55 | 37.47 | 44.97 | 47.97 | 61.07 |

资料来源：《中国人口统计年鉴》，田雪原等《老龄化——从“人口盈利”到“人口亏损”》，国泰君安证券研究。

我们测算未来社保项目收支缺口呈不断扩大之势，2020 年达 1.8 万亿元左右，2030 年达 3.2 万亿元左右，意味着后续用财政补贴来弥补这些缺口的需求将会越来越大。随着人口老龄化，社会保险、社会救济和医疗卫生等社会福利的支出将不断增加，支出越来越刚性化。我们对社保主要大项（包括城镇职工养老保险、城乡居民养老保险、城市医疗救助、农村医疗救助、城镇低保、农村低保、五保户补贴和抚恤事业费）收支、收支缺口进行了测算。结果显示，社保收支缺口将会越来越大，2050 年将可能达到 9 万亿元左右（见图 6）。

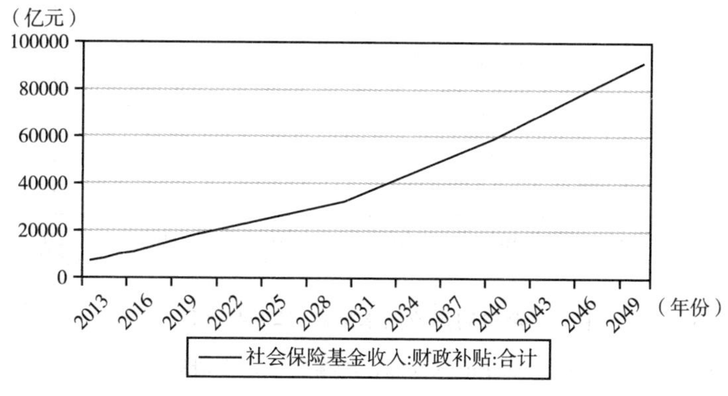


**图 6　社保的财政缺口将持续扩大**

资料来源：《人力资源与社会保障事业发展统计公报》，国泰君安证券研究。

### （三）美国减税给我国税收带来压力，减税成为潮流

若是美国减税能够得以实施，我们认为将会对我国税收政策形成一定的压力。当前，我国制造业竞争力与美国相比，主要还是成本优势，尤其是劳动力方面，尽管这一优势在减弱。我国的制造业成本仍低于美国，但远不如十年前时优势明显（见图 7）。特朗普政府致力于推动美国减税，其方案为未来十年美国个人所得税减税 2 万亿 ~2.5 万亿美元，美国企业所得税减税 9000 亿 ~9500 亿美元，因此未来美国每年将会减税 3000 亿 ~3500 亿美元，中国、欧洲都将逐渐感受到压力。我国企业所得税目前占总税收 22% 左右，占整个财政收入 18% 左右

（见图 8）。若将企业所得税率由目前的 25% 降为 20%，根据 2017 年一般公共收入 4.5% 的同比增长，2017 年企业所得税会减少 4370 亿元，

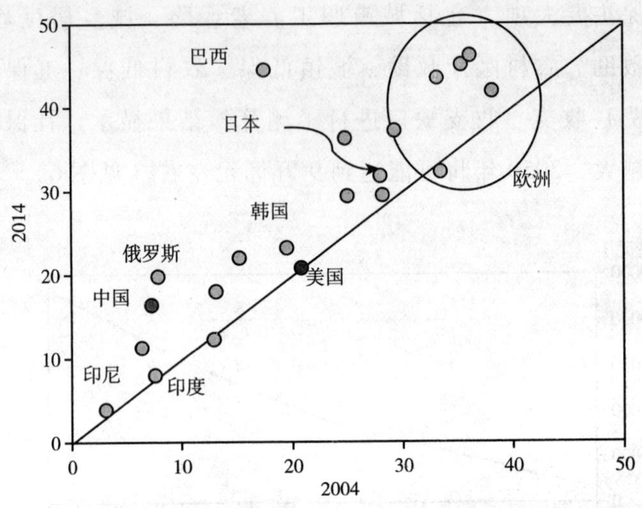


**图 7 全球制造业成本指数（2004 vs 2014）**

资料来源：Boston Consulting Group，国泰君安证券研究。

注：制造业成本指数主要由劳动力，电力和天然气三分项加总而成。

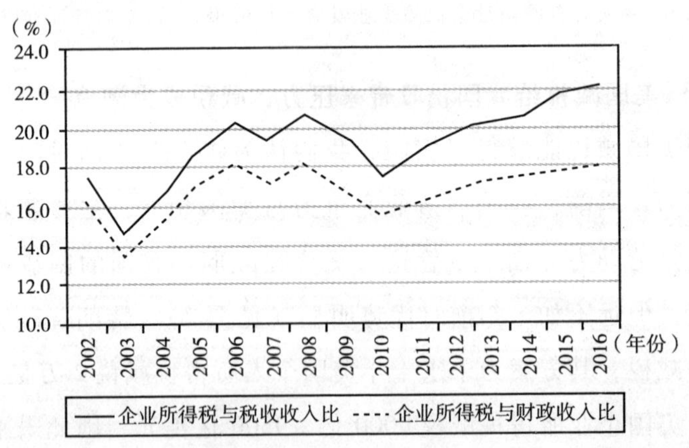


**图 8 我国企业所得税占税收比重上行**

资料来源：wind，国泰君安证券研究。

降低在财政收入中大约3.7%的比重。在社会保障支出越来越刚性的情况下，若对企业所得税进行下调，则势必要削减财政支出弹性部分，如基建部分，否则就需要开发新的税源。

作者简介：花长春，国泰君安证券研究所全球首席经济学家。

# 积极实施地方财政政策<br>助推供给侧结构性改革

◇ 徐阳升

江苏以供给侧结构性改革为主线，重点推进“去产能、去库存、去杠杆、降成本、补短板”五大任务，全省经济运行保持了总体平稳、转型升级的态势，经济增速保持在合理区间，结构优化逐步推进，经济效益有所改善，新旧动能转化不断加速，新动力正在逐步形成，江苏财政在助推供给侧结构性改革中也开展了诸多探索。

近年来，江苏以供给侧结构性改革为主线，重点推进“去产能、去库存、去杠杆、降成本、补短板”五大任务，全省经济运行保持了总体平稳、转型升级的态势，经济增速保持在合理区间，结构优化逐步推进，经济效益有所改善，新旧动能转化不断加速，新动力正在逐步形成，江苏财政在助推供给侧结构性改革中也开展了诸多探索。

## 一、供给侧改革背景下优化地方财政调控的思路

财政是重要的经济调控手段，在供给侧结构性改革实施“三去一

降一补”五大任务中，应进一步转变传统的思维定式，改进工作方式，更好地适应和助推供给侧结构性改革。

一是增加公共服务领域投入，提升财政保障功能。财政的公共属性要求财政资金优先用于公共服务领域，满足社会公共需求，这不仅关系全面建成小康社会，而且有助于推进江苏现代服务业转型升级。政府应逐步退出市场竞争性领域，转变直接投资经济建设的思维模式，将改善民生放在更加重要的位置，提高医疗、教育、社会保障、环保等公共服务的支出力度和服务质量。加大对中小城镇、农村地区、革命老区的基础设施投资（如棚户区改造、城市管道、城际交通、水利、电力与通信设备），以提高公共服务供给水平。配合户籍制度改革，促进以人为核心的城镇化进程。公共服务供给也将对需求侧产生重要作用，如良好的医疗、教育、社会保障能推进人口市民化进程，成为房地产“去库存”的有效途径。支持企业兼并重组，做好劳动力失业保障、转岗培训与再就业等社会政策托底工作，以顺利完成“去产能”过程中清理“僵尸企业”造成的职工分流。

二是推进实施减税清费政策，发挥财政激励功能。降低实体经济税费负担，实现在短期内扩张需求，在长期内激发微观主体生产积极性，优化国民经济总供给。需要采取减税举措，清理不规范的行政收费、基金和加价收入，降低企业运营负担。同时，加大税率优惠落实力度，激发创新活力，加大对企业设备投资与更新改造的税收优惠，鼓励对先进设备的采购置换，加速资本折旧，提高生产效率和全要素生产率。完善对创业、创新等新业态的税收激励，取消对重化工业等旧业态投资的税收优惠。加大对新产品、节能环保等新兴经济模式及其对应消费的税收支持，减免高新技术产业发展各环节税收；按照能耗度、污染度等指标对高耗能、高污染企业实施结构性税率激励，倒逼旧业态加快技术更新与产业转型，确保减税政策在短期内扩大需求，在长期内优化供给结构。

三是创新公共服务供给方式，实现财政杠杆作用。深化政府购买社会服务改革，加大社会组织培育力度，鼓励和引导社会组织参与提供多层次、多样化的社会公益服务。放宽基本公共服务投资的准入限制，创新政府基本公共服务投资体制，通过招标采购、合约出租、特许经营、政府参股等形式，建立基本公共服务多元化供给机制。完善PPP制度是落实积极财政政策、拓宽投融资渠道、缓解财政资金压力、优化公共服务供给机制的重要手段，建立地方政府与企业在PPP项目合作中的利益协同机制和风险共担机制，制定科学、平等的合作计划，并提前做好风险处理预案，确保合作各方均能按合同规章办事，有效规避道德风险等后续问题。

四是调整公共投资支出方向，实现产业引导目标。改造传统产业和培育新兴产业，促进生成“新动能”，发挥财政资金的引导作用，支持现有传统产业转型升级，培育壮大战略性新兴产业，瞄准“中国制造2025”和工业4.0，加大对在国内外市场有竞争力的先进制造业企业的资金支持力度，推进物联网技术、工业机器人、新型智能终端研发制造等新兴产业发展，使江苏新兴企业在新一轮竞争与发展中快速占领科技制高点，重点扶持具有江苏比较优势、地方特色的产业，加快形成产业集聚，培育产业集群竞争优势。同时，解决共性核心技术的“缺能力”问题，提高产业创新创造能力，加大对重大科技创新项目公共投资支出，建立协同式、集群式省级创新系统，由财政出资构建创新性产业集群以整合研发力量，突破微观个体的创新约束，促进企业间优势互补与技术扩散，提高对创新驱动的扶持力度，构建政府、企业和科研机构协同式区域创新体系，加大基于质量与效益的战略性创新投资，抢占新兴科技制高点，确保江苏对前沿技术的掌控力。

## 二、江苏财政多措并举助推供给侧结构性改革

江苏充分发挥财政对供给侧要素投入的调控，优化财政资金投资方向与投资结构，重视财政回归公共服务职能，有效改善财政资金的边际产出效率，通过合理运用财政政策，江苏扩大了有效投资，提升了全要素生产率。

一是支持创新驱动和转型升级。2016 年，省级安排近 180 亿元，对苏南国家自主创新示范区及省产业技术研究院、无锡超算中心等重大项目给予重点支持；安排 23 亿元，支持实施人才重点工程；创新财政支持制造业转型升级的扶持政策，对工业企业技改给予综合奖补，支持战略性新兴产业、现代服务业加快发展；安排 167 亿元，支持现代农业建设，农业“三项补贴”改革在全省范围内顺利实施。“十三五”期间省财政将累计投入“苏南专项”百亿元，省和苏南地区共同设立的投资基金和风险补偿资金总规模 3 年内超过百亿元，支持苏南自主创新示范区打造创新高地。省级科技成果转化基金采用市场化方式投资科技型企业。

二是创新财政资金投入方式。推进财政资金改基金，截至 2017 年 4 月，省级设立省政府投资基金和各类专项基金 17 支，省财政累计投入 251 亿元；省政府投资基金已发起设立 3 支综合区域基金、10 支产业基金，参与 2 支国家级基金，累计完成对外投资 99.65 亿元，基金总规模超过 803.12 亿元，拉动社会投资 1550 亿元。推广运用 PPP 模式，截至 2017 年 3 月底，全省 PPP 入库项目共 512 个，总投资 10042 亿元，涉及交通、城建、养老、医疗等 17 个领域，已有 141 个项目落地实施，总投资达 2426 亿元，吸引社会投资 1951 亿元，民营企业参与的比例近 50%，省 PPP 融资支持基金完成投资 50 亿元，带动项目总投资 737 亿元。创新政银合作融资支持政策，截至 2016 年底，全省科技型中小企业贷款风险补偿资金池总规模近 12 亿元，累计撬动科技贷款超过 400

亿元，以“两无四有”为审贷标准的“小微创业贷”余额超过160亿元，相关做法被推荐为国务院第三次大督查典型经验。

三是优化专项资金使用结构。优先支持重点行业，选择智能制造、互联网、工业机器人、生物医药、现代金融、智慧物流、电子商务、养老、健康、旅游等行业前10位的企业重点扶强，由省级联合市县综合运用财税、金融、土地等手段予以扶持，在江苏形成一批有品牌、有实力、有税收，能抢占未来发展制高点的大企业、大集团。推动优势企业“走出去”，综合运用省级商务发展专项资金、“一带一路”投资基金（现有规模30亿元），重点支持100家江苏制造业、工程建筑业等企业“走出去”，实施产业链整体向境外转移，化解过剩产能。突出对企业实施制造装备升级和互联网化提升计划的奖补，对符合鼓励类的企业技改项目，除继续落实增值税抵扣政策外，还可按技改投入额及新增效益（税收）给予一定比例奖补。

四是降低企业收费负担。近年来，江苏财政会同有关部门对涉及企业负担的行政事业性收费和政府性基金项目持续开展清理。2015年，对列入省行政事业性收费、政府性基金以及经营服务性收费目录清单的项目再次逐项进行了梳理，清理出涉及29个部门的75项收费基金项目，涉及金额约32亿元。报经省政府批准后，公布取消收费40项，暂停征收6项，降低标准17项。进一步明确暂停征收防洪保安资金，取消网络计量检测费、粮油储存品质鉴定检测费等行政事业性收费，停止向水泥生产企业征收散装水泥专项资金，以及对符合条件的小微企业免征教育费附加、地方教育附加、水利建设基金、文化建设事业费、残疾人就业保障金等政府性基金。

五是补齐民生和社会事业“短板”。按照公平性、普惠性、基本性原则，着力保障基本民生，省级民生支出占公共财政支出比例继续稳定在80%以上，支持稳步提高教育、医疗、公共文化、养老等基本公共服务的数量和质量。支持实施脱贫致富奔小康工程，全面实施精准扶贫，聚焦低收入农户、经济薄弱村、集中连片困难地区，对贫困家庭分类采用产业扶持、医疗救助、托底保障等方式，有效解决因病致贫、“造血”功能不足、贫困代际传递等扶贫难点。省财政“十三五”扶贫资金投入将超过60亿元，推动市县财政加大投入，并积极吸引金融资金和社会资本参与扶贫开发，形成加快推进全面脱贫的资金合力。

六是推进区域协调发展。调整2016～2017年省对市县财政保障能力分类分档办法，提高县级基本公共服务保障能力，支持实施苏北发展关键性工程，增强苏北等欠发达地区发展内生动力，不断提升区域协调发展水平。整合有关专项资金，积极支持“一带一路”、长江经济带、沿海开发、苏南国家自主创新示范区、南京江北新区等国家重大战略，争取中央试点示范在江苏落地，推进镇江海绵城市和苏州地下综合管廊等国家试点项目建设。支持新型城镇化建设，推动以人为核心的新型城镇化，实施财政转移支付、城镇建设用地指标、财政预算内投资同农业转移人口市民化数量“三挂钩”政策，推动基本公共服务常住人口全覆盖，加快城乡养老、医保等体系顺畅对接。同时，推动城镇基础设施和交通体系建设，在城市新区、各类园区、成片开发区全面推进海绵城市建设，大力推进地下综合管廊建设，鼓励社会资本参与投资运营，构建完善城际公路、铁路、水路、航空等交通设施，打造便捷高效的现代综合交通运输体系。

虽然江苏财政在支持供给侧结构性改革方面作了一些思考和探索，但与财政部的要求相比，与兄弟省市的先进做法相比，我们还要继续努力开拓创新，积极进取。

作者简介：徐阳升，江苏省财政厅巡视员。

# 供给侧结构性改革中的积极财政政策优化

◇ 蒋金法

我国供给侧结构性改革立足于结构调整，而结构调整的关键在于收入分配的调整。财政政策作为政府收入分配调整的重要政策工具，通过财政支出、收入和相关政策的协同，将促进我国收入分配结构改善，将使供给侧结构性改革更加有效。

经济新常态下，传统的以刺激总需求为目标的宏观管理政策由于面临结构性矛盾的加剧和发展动力的不足而显得越来越力不从心，为了从根本上解决这一问题，以习近平同志为总书记的党中央适时提出了进行供给侧改革的战略性决定。2015 年的中央经济工作会议提出“推进供给侧结构性改革”“去产能、降成本、去库存、补短板、去杠杆，提高供给体系质量和效率”。这其中，“去产能、降成本和去杠杆”都与财政政策有直接关系，而“去库存”和“补短板”也与财政政策有间接关系，因此，财政政策势必将成为供给侧管理的主要调控工具。

然而，一直致力于刺激总需求的财政政策如何才能促进供给侧改革的顺利实现，仍然是我们在实践当中面临的重大问题。财政政策作为影响政府收支的主要规范，与货币政策一起构成一国政府进行总量管理的重要工具，然而，与货币学派所倡导的货币政策的稳定性相比，政府对于财政政策的实施更加主动和灵活，而且其不仅可以通过“逆周期”操作来调节总量平衡，还可以通过一系列财税行为来优化经济结构，更可以通过收入再分配来实现公平和正义，因此，财政政策必将在供给侧改革中扮演十分重要的角色。

## 一、供给侧结构性改革下的财政政策需求理论分析

供给侧改革代表了我国政府宏观政策的新趋向，供给和需求是经济学中相伴而生的一对概念，供给和需求是经济学中相伴而生的一对概念，供需平衡决定了市场微观效率，而总供需平衡则决定了宏观经济稳定。从供给侧来看，总供给取决于资本、劳动力、土地等要素和技术水平，其是长期经济增长的决定因素。相对而言，“供给侧结构性改革”更侧重于结构调整，旨在通过优化要素配置、优化经济结构，在长期中提高生产率和实现经济增长。供给侧结构性改革下的财政政策需求理论分析可以从短期 AD—AS 模型分析、长期 AD—AS 模型分析、产能过剩、库存积压行业、有效供给不足行业等层面进行。

### （一）供给侧结构性改革的短期和长期供求分析

供给侧结构性改革的重要任务是提高供给体系质量和效益，在短期将增加有效供给不足行业的产出。

在短期，供给侧结构性改革有利于资源重新配置，通过鼓励创新、降低企业经营成本等政策促进劳动力、资本等生产要素从产能过剩行业向有效供给不足行业移动，通过积极财政政策和适度宽松货币政策抵消通缩等不利因素，增加有效供给满足现有需求，提高社会总生产

水平，促进经济稳定增长（如图1）。

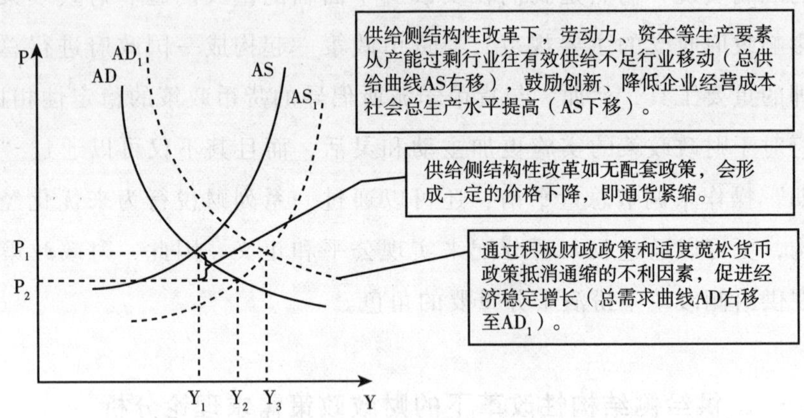


**图1　供给侧结构性改革的短期 AD—AS 模型分析**

### （二）供给侧结构性改革的长期供求分析

供给侧结构性改革的重要任务是提高供给体系质量和效益，在长期同样将增加有效供给不足行业的产出。在长期，供给侧结构性改革通过提高全要素生产率，促进技术进步，使得同样资源禀赋下达到更大产出水平以满足社会需求的升级（如图2）。

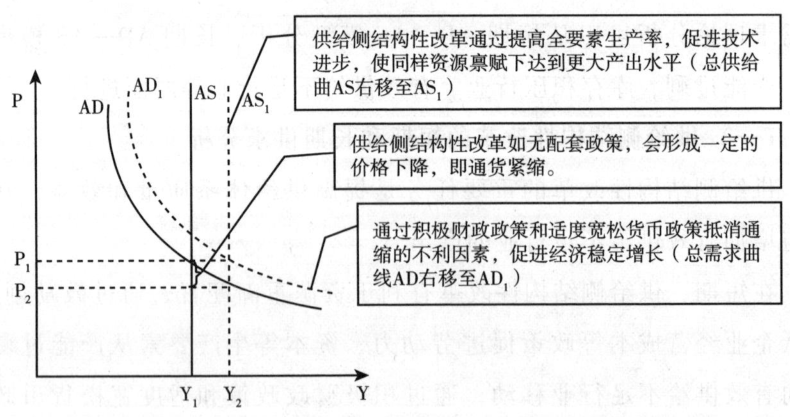


**图2　供给侧结构性改革的长期 AD—AS 模型分析**

### （三）产能过剩、库存积压行业的供求分析

供给侧结构性改革的重要任务是去产能、去库存，消除一些无效供给。对产能过剩、库存积压严重行业而言，供给侧结构性改革需要相关政策配合减少产能过剩行业需求或至少保持需求不变，实现去产能、去库存，消除一些无效供给的政策目标。

对存在一定产能过剩、库存积压现象的行业而言，供给侧结构性改革在实施去产能、去库存的同时通过政策适度扩大需求，调整供需结构，适当提高产品价格水平能够改善这些行业利润大幅下降的局面。值得注意的是，在积极财政政策执行中，应注意区分行业间的产能过剩、库存积压情况差异，实现供给侧结构性改革的精准有效（如图 3）。

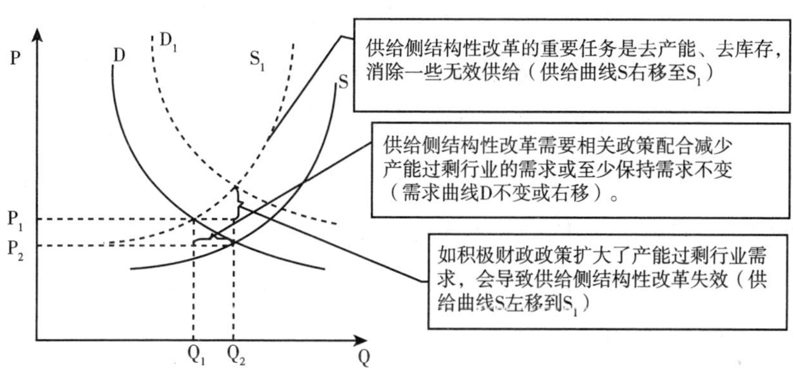


**图 3 产能过剩、库存积压行业的 AD—AS 模型分析**

### （四）有效供给不足行业的供求分析

供给侧结构性改革提高供给体系质量和效率，提高投资有效性，加快培育新的发展动能，改造提升传统比较优势，增强持续增长动力，推动社会生产力水平整体改善。通过积极财政政策和适度宽松货币政策能进一步扩大有效供给不足行业需求，加速供给侧结构性改革的预期目标实现（如图 4）。

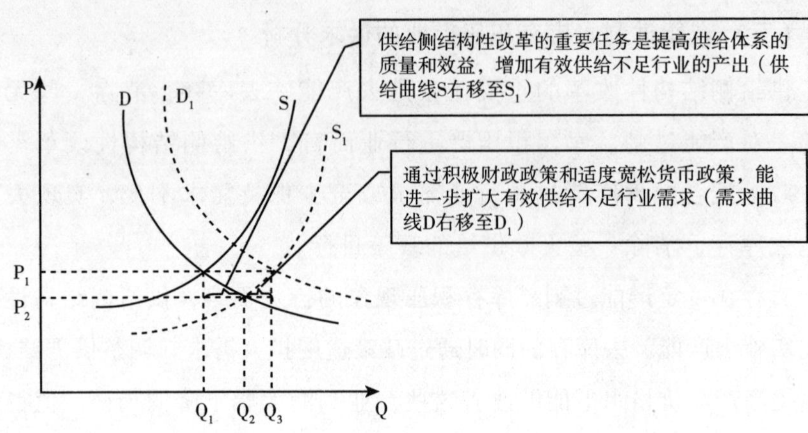


**图 4 有效供给不足行业的 AD—AS 模型分析**

## 二、我国供给侧结构性改革下的财政政策需求现实分析

### （一）实体经济尚未走出低谷，需积极财政政策助力

2016 年中国 GDP 增长率继续下探，除了结构调整因素之外，很大程度上是受到去产能、去库存、内需疲弱、外需拉力不足的影响。2016 年第一产业增加值增长 3.3%，同比下滑 0.6 个百分点；第二产业增加值增长 6.1%，同比增长 0.1 个百分点；第三产业增加值增长 7.8%，同比下滑 0.5 个百分点。

2016 年，工业企业利润增长由负转正，比 2015 年增长 8.5%。分经济类型看，国有控股企业比上年增长 6.7%；集体企业比上年下降 4.2%，股份制企业比上年增长 8.3%；外商及港澳台商投资企业比上年增长 12.1%；私营企业比上年增长 4.8%。全年规模以上工业企业每百元主营业务收入中的成本为比上年下降 0.1 元。年末规模以上工业企业资产负债率为 55.8%，比上年末下降 0.4 个百分点。

### （二）有效需求不足，去产能、去库存压力仍需积极财政政策配合

2016 年以来社会消费品零售总额实际增速 9.6%，比 2015 年下降

1个百分点。按经营地统计，城镇消费品零售额增长10.4%，比2015年下降0.1个百分点；乡村消费品零售额增长10.9%，比2015年下降0.8个百分点；按消费类型统计，商品零售额增长10.4%，比2015年下降0.2个百分点；餐饮收入额增长10.8%，比2015年下降0.9个百分点；从消费者信心、满意和预期指数看，2016年下半年信心、满意和预期指数较上半年均呈现明显的回升，只是还不稳定。总的来说，自2016年年初以来，消费增速有所下降，实际增速下降更明显。

**（三）固定资产投资回暖，仍需积极财政政策推动**

2016年以来，实际固定资产投资累计同比增速延续了自2013年以来的下滑趋势，而随着PPI的连续上涨，名义固定资产投资累计同比则在三季度开始有所回暖。2016年固定资产投资同比实际增长8.6%，比2015年同期下降2.2个百分点。随着PPI回升，制造业润增速较高，制造业投资有望维持温和回暖状况。民间固定资产投资在上半年大幅下滑后，三季度开始温和回升。

从2016年实际固定资产投资累计同比增速延续投资的三大组成部分制造业、房地产和基建投资增速看，在外需拉力不足，制造业结构性产能过剩的背景下，制造业投资低迷；由于房地产销售火爆，库存降低，房地产投资增速比上年有所增加；政府主导的基建投资则继续保持高增长，部分弥补了制造业投资下滑的缺口。

**（四）出口拉动有限且不确定性增大，仍需积极财政政策鼓励**

按照IMF预测：2017年、2018全球经济增长率为3.4%、3.6%；发达经济体整体复苏乏力，2017年、2018年GDP增长率为1.9%、2.0%；新兴市场和发展中经济体2017年、2018年GDP增长率为4.5%、4.8%。

外部经济体不确定性增大，外需拉力有限，中国对外贸易的回暖趋势仍不明朗。2016年货物出口总额比2015年下降0.9%，货物进口总额比 2015 年增长 0.6%；货物进出口顺差比 2015 年减少 3308 亿元。2016 年服务出口比 2015 年增长 2.3%，服务进口比 2015 年增长 21.5%；服务进出口逆差 17097 亿元。

**（五）地方政府债务风险尚存，值得积极财政政策警惕**

政府总负债率方面，2016 年中央政府、地方政府债务合计 29.8 万亿元，预计政府负债率约 41%，总体可控。

地方政府债务方面，2016 年末地方政府债务共计约 17.2 万亿元，超过地方财政预算总收入 2.68 万亿元，部分中西部省份债务率超过 100%，仍存在较大风险。2016 年各地发行地方债券累计规模超过 6 万亿元，同比增加约 60%；加权平均发行利率从年初的 3.022% 升至年末的 3.047%，置换成本上升压力开始显现。随着 2017 年房地产调控政策加码，地方政府对土地财政的过度依赖将成为地方政府债务风险的一个重要来源。

## 三、我国供给侧结构性改革下的财政政策优化建议

我国供给侧结构性改革立足于结构调整，而结构调整的关键在于收入分配的调整。财政政策作为政府收入分配调整的重要政策工具，通过财政支出、收入和相关政策的协同，将促进我国收入分配结构改善，将使供给侧结构性改革更加有效。

**（一）财政支出方面**

具体而言，国际层面和国内政府层面、市场层面的财政支出都将应立足促进我国收入分配结构改善。在国际层面，应立足于提供更多的集中有效的国际公共品，如围绕国家“一带一路”战略提高周边国家的基础设施能力建设，可以为我国中长期的国际贸易环境和稳定的国际投资与政治环境创造有利的条件。在国内政府层面，应完善我国转移支付制度，可以利用基本公共服务标准化等举措，促进中西部基

本公共服务均等化。在国内市场层面，财政支出的重点有赖于创新、结构转型升级和保底，首先应通过财政支出方式创新支持企业创新发展，其次应通过产业引导基金和相关的基金促进产业结构升级，最后财政支出必须立足于保底，建立一个比较完善的社会保障制度，解决去产能、去库存带来的就业减少问题。

### （二）财政收入方面

首先，应进一步完善地方税体系。“营改增”以后，进一步加大中央财政资金的集中力度，从而为全国区域范围内的再分配创造良好的制度环境，实现了收入的再分配，同时，也应考虑到地方的财政收入分配体系必须要加快完善。其次，通过减税降费实施生产性领域市场主体的无差异支持力度，进一步激发市场活力，促进供给侧结构性改革中鼓励行业有效供给的增加。最后，在消费领域应实行有效的增税，包括消费税、个人所得税、财产税等，使得减税与增税并行，逐步解决社会财富分配严重不公平问题，只有这样才能在收入政策的实施方面达到供给侧结构性改革的效果。

### （三）财政收支政策协调方面

无论是创新还是转型升级，还是在基础设施相关领域向市场开放（实行 PPP 模式），还是在农业供给侧结构性改革方面，都需要发挥积极的财政政策与货币政策，以及其他金融政策的协同效应。政府的财政政策与相应的货币政策和其他金融政策应进行有机协调，只有做好政策协调，才能提升财政再分配功能，实现财政公平分配的综合性功能和效应。

作者简介：蒋金法，经济学博士、教授、博士生导师，江西财经大学副校长。

# 积极财政政策如何与供给侧结构性改革对接

◇ 王振宇

地方层面特别是老工业基地省份，新一轮积极财政政策在贯彻落实过程中存在四种倾向。

为应对亚洲金融危机，1998 年国家印发了 12 号文件，开始引入扩张性财政政策进行反周期操作。1998～2004 年连续 7 年累计增发国债 9100 亿元，按 1∶5 的投资带动比例估算，拉动投资总规模达 4.6 万亿元，每年拉动 GDP 1.5～2 个百分点，较好地缓解了亚洲金融危机对中国经济的冲击。此为第一次积极财政政策。

在经历近 4 年的所谓中性财政政策之后，2008 年重启了积极财政政策，即我们熟知的 3 年“四万亿”投资计划，以应对全球金融危机。短期内稳定了经济速度，并带来了短期的中国繁荣。由于种种原因，“四万亿”投资计划，加之近些年来“多万亿”财政扩张，也为中国经济可持续发展带来了隐患。在“经济新常态”普遍共识下，我们不得不进行供给侧结构性改革，形象表述为“三去一降一补”。所以，当下的产能过剩等问题，与 2008 年以来的第二轮积极政策高度强正相关。

在多年的学习研究过程中，本人基于地方视角的具体观察，一直对积极财政政策持保留意见。如短期政策不宜长期化，过多政府主导的“加法”政策不可持续，以增长为目标的政策设计背离了财政“结构”性作用机制等等。这些观点在 2008 年 11 月 28 日《中国经济时报》、2009 年 8 月 28 日海峡两岸财税政策研讨会中均表述过。

地方层面特别是老工业基地省份，新一轮积极财政政策在贯彻落实过程中存在四种倾向，本人称之为“四个悖论”。

悖论之一：积极财政政策如何有效向地方、部门传递，缓解地方流动性短缺的问题，实现积极而有效的目标设计。2014 年 9 月，国家发改委调研组来辽宁调研座谈时，本人提出这一命题，即国家宏观层面所实施的积极财政政策和相对宽松的货币政策，到了地方层面，在各种约束机制作用下，都表现为“双紧缩”。随着时间推移，这一现象有增无减，特别在辽宁这样的老工业基地省份，表现得尤其突出。当下，地方流动性短缺是个客观存在，如果不引起重视会带来增长约束、民生支付等风险问题。同时，还有一个新现象也需要引起重视，即地方政府、预算单位甚至个人对花钱的积极性不高的问题。以前普遍存在的“驻京办”“跑部钱进”等现象已不复存在，不愿意花钱就意味着不愿意做事。近些年“三公经费”大幅度下降固然有其合理性成分，但近乎零支出或零增长，也在一定层面说明过分监督约束影响了积极财政政策的有效落地。

悖论之二：积极财政政策如何作用于制造业等实体经济而非房地产、虚拟经济的问题，如何有效作用于结构调整而非总量扩张的问题。高房价背后隐含的逻辑，需要我们深刻反思。“稳增长、调结构、促改革、惠民生、防风险”的总基调，从积极财政政策而言，应该将“调结构”置于首要选择。

悖论之三：当下一系列减税的积极财政政策如何在现行财政体制下合理分担的问题。对于像辽宁这样的地方而言，支出是刚性的、固化的，而不断地减税降费则深化了地方财政收支矛盾。所以，要加快政府间财政关系的调整，充分考虑地方的承受能力，避免陷入所谓的减税“民粹主义”倾向。

悖论之四：积极财政政策还有多大空间、强度多大的问题。高培勇老师做过一个分析，认为2016年中国实际赤字远超10%。本人也有此担忧，究竟积极财政政策的“窗口期”有多长时间？强度有多大？需要深入分析研究。

作者简介：王振宇，经济学博士，二级研究员，博士生导师。辽宁省财政科学研究所所长、《地方财政研究》主编，兼任中国财政学会常务理事、辽宁省财政学会副会长（秘书长）。长期从事财经应用研究，研究方向为财政制度与政策、地方财政，并在老工业基地、财政管理体制、地方财政、财政“三农”、财政生态资源环境等领域有较深入的研究。近年来，共组织各类研究项目40余项，多项成果得到副省级以上领导批示，多项成果获得省部级二等奖以上奖励。2005年和2010年先后两次入选辽宁省优秀专家，2006年成为“新世纪百千万人才工程”国家级人选，同年享受国务院政府特殊津贴，2015年入选“四个一批”人才，2016年入选国家“万人计划”哲学社会科学领军人才。

# 积极财政政策：有效性与风险

◇ 孙亦军

到底什么样的财政政策是有效的，应该提出标准来。从结构指标来看，财政政策是否有效很大程度上取决于目标，如果你的目标就是经济增长，就看赤字率总量扩大，由2%提高到3%，甚至提高到更高。如果政策目标是惠民生，要考虑对民生的支出情况的效应。我们的政府目标是多元的，这种情况下怎么样有一个比较全面科学的评价体系，综合的评价财政政策效果，这是一个很迫切的问题。

## 一、积极财政政策如何更加有效

2016 年底中央经济工作会议和 2017 年 3 月份的政府工作报告都提出了要实施积极的财政政策，并明确要求财政政策要更加积极有效，因此如何使财政政策更加积极有效，实施什么样的财政政策才能更加有效是必须要考虑的问题。

### （一）宏观经济形势

在积极财政政策和其他宏观经济政策的协同作用下，我国的经济从 2016 年下半年开始呈现了缓增趋稳的态势，具体表现在几个方面：

一是宏观经济数据超预期增长，GDP 同比增长 6.9%，比 2015 年加快了 0.2 个百分点；工业生产加快，规模以上工业增加值增长 6.8%；固定资产投资增长 9.2%，其中民间投资增速回升到 7.7%，销售基本平稳。二是经济发展质量提高。消费对经济增长的贡献率达到了 77.2%，特别是内需增加，经济靠内需拉动；市场活力在不断地增强，2017 年一季度新登记的企业 1.4 万户，特别是 3 月份的时候达到了 1.7 万户，显示了新经济的蓬勃发展。三是财政收入快速增长。2017 年一季度，在 PPI、企业利润、进出口经济指标回升的带动下，一季度的财政收入同比增长了 14.1%，加快了 7.6 个百分点。这个增幅也是 2013 年以来同期较高的增幅。在财政收入增长里，最大的是国内增值税、企业所得税、进口环节税收，这三个税收达到了 18% ~39% 的增长幅度，增长最高的是进口环节税收，有 39.8% 的增长。这三个大的税种的拉动，使得税收增幅达到了 12 个百分点。

虽然 2017 年宏观经济开局良好，但是不确定性因素依然存在，国内外的矛盾依然突出。主要的担心体现在如下几方面：一是经济持续向好的基础不稳固。一季度固定资产投资增长 9.2%，但是投资对经济增长的贡献率仅有 18.6%，降到了 2009 年以来的最低，反映了投资的边际效益在递减，投资对经济增长的拉动作用在下降。在投资结构中，制造业的投资、民间投资增长有所回升，但是增幅还是偏低，反映了实体经济投资意愿不足。2017 年一季度进出口的指标看起来很高，但进出口的绝对量并不是很高，特别是 2017 年 3 月财新的 PMI 与统计局公布的官方 PMI 指标相背离，说明经济仍存在一定下行的压力。二是资源错配加剧，发展不均衡性问题没有得到有效缓解。资源配置扭曲导致中国全要素生产率 TFP 平均下降了 30% ~40%，同时城乡收入差距总体呈现倒 U 型且自东向西逐渐递增，局部地区脱贫困难，贫困的代际传递与基本公共服务费均等供给相互交织，马太效应愈演愈烈，有些地方的贫困还是触目惊心。三是内外部环境不确定性较多。四是财政存在风险隐患，特别是地方政府隐性债务；财政支出刚性大，而一些地区财政收入呈现断崖式下滑，如东北、山西，需要引起高度重视。

### （二）积极财政政策措施

1. 在完善“营改增”政策的基础上进一步出台减税降费的政策。在减税方面，主要包括简化增值税税率结构、扩大享受企业所得税优惠的小型微利企业范围，延长部分税收优惠等政策；在降费方面，主要是出台清理规范一批涉企收费、阶段性降低失业保险费率、推进网络提速降费、降低企业用能成本等政策。通过一系列措施，达到减税降费万亿元人民币的目标。

2. 维持3%赤字率的水平，适度扩大支出规模，确保支出强度不减。2017年一季度全国财政支出增长了21%，高出收入增幅6.9个百分点，从支出的角度看是支持经济稳增长，保证基本民生兜底。在债务方面，较大幅度增加了一般预算债务规模的同时，还增加了地方政府专项债券规模，同时也加大了发行地方政府债券置换层面债务工作的力度。与此同时，一般性的支出按不低于5%的幅度进行压减，在压减一般性支出的同时，保证重点支出的需要。

3. 支持推进供给侧结构性改革，着力解决供需结构性失衡。通过设立了工业企业结构性调整专项资金，用于钢铁、煤炭等行业化解过程中职工分流安置以及结构性调整过程中的“三去一降一补”。在支持扶贫方面，增加中央财政专项资金，用于支持精准扶贫、精准脱贫、支持深化农业供给侧结构性改革、支持节能环保等。

## 二、积极财政政策与风险防范

积极财政政策是中国式的表述，自1998年亚洲金融危机以来，我国已经实施了两轮积极财政政策，我们国家积极财政政策能否持续，财政风险如何判断和防范，是需要认真思考的问题。

**（一）对积极财政政策的界定**

扩张不等于积极，里面还有一些风险问题。如果不能达到预期，行动和预期有差距的时候就是风险。除了这个风险以外，还要考虑到财政政策的副作用，例如会引起通货膨胀的风险。从 1998 年到 2008 年，我国已经实行了两轮积极财政政策，从 2008 年这一轮看，2009 年的财政赤字增加到了 2.7%，GDP 当时是 60 万亿元人民币，如果用 2.7%的赤字就能拉动几十万亿的经济总量的话，宏观经济就好管了。因此，政府融资、家庭融资、企业融资，这三块儿加起来等于总和，这是一个闭环的数据。从这个角度来讲，积极的财政政策并不是一直积极的本质，而是一种积极的做事态度。

**（二）积极财政政策与风险的关系**

积极地财政政策与风险之间不是必然的关系，但如果政策运用不当、政策实施的时间把握不准，就会产生负面的政策效果，造成风险。

1. 债务风险。债务风险既包括中央政府和地方政府的债务风险。例如，因为政府财政赤字、加杠杆，企业和全社会的债务风险都有可能体现出来。总体来说，政府债务风险可控，但增长空间有限。我国的直接债务占 GDP 的 40% 左右，或有债务市场上拿不到实际的数据，只能看地方融资平台的资产负债表，以及政府能够承认的数做一个评判。初步估算的话，最新的数据是 55% 左右，但是有很大的不确定性，只是一个估算而已。

债务风险的另一个担忧是隐形债务和财政货币化。例如，表面看 PPP 虽然拉动了经济，拉动了投资，为后续经济发展打下了很好的基础，但实际上 PPP 项目的收益率能不能满足企业融资的财务成本，这是大家担心的问题。而且 PPP 项目实际上还存在一些制度性的问题，中央需要加强监管。另外，政府引导基金规模急剧扩大，似有之前的融资平台之势。大部分基金引导经济向高新技术发展，做一些孵化器，确实想让积极的财政政策更加积极，但是有一部分基金让人担忧，因为信贷规模扩张很大，成立的基金项目非常多，规模非常大，是不是债务市场也搞不清楚，这里有多少是从预算里面出来的钱，或者是卖地获得的收入，也需要政府去监管。

2. 通货膨胀风险。通货膨胀与积极财政政策没有必然的联系，但积极的财政政策执行得不妥确实会引发通货膨胀的风险。

3. 效率风险。这其中有两层含义，在积极财政政策的影响下，第一，会挤出民间投资，在扩张财政的时候利率有可能是往上走，这样的话就排挤了私人部门的投资，这是挤出效应，挤出效应时段不同，如果货币政策跟财政政策配合的话，基本上挤出效应没有多大，因为那个时候货币政策也在扩张当中。如果说货币政策、金融监管政策收紧的情况下，积极的财政政策很有可能使得利率上升的幅度比较大，挤出效应就比较大。第二，在积极的财政政策当中投向是很大的问题，从 2012 年到现在，这个扩张时期为什么有积极的财政政策是因为经济下行压力不断，主要是因为房地产投资下调引起的，很大一部分钱投在了基建，有利于提高社会效应。但是有一部分钱流向了僵尸企业，导致了经济结构的失衡，实际上是维系了旧的经济结构，在一定程度上扭曲了经济结构进一步的改变，没有让市场自动出清，导致投资效率的下滑。

**（三）规避和防范财政风险**

1. 短期措施长期化。积极的财政政策的有效性体现在其对国家宏观经济政策的支持和配合上，其短期的政策效果非常明显，但要避免短期措施的长期化现象，把短期宏观调控手段长期化的做法，会使造成很多问题的累积效应。

2. 总量政策结构化。总量的政策应该归结于总量调节，不应该把总量政策作为结构性政策来用。

3. 扩张的效果避免过于理想化，我们过于把总需求的调节等同于总供给的调节，前面讲了风险，不要把效果理想化，我们要想得更加复杂一些。

4. 现在因为把扩张性财政政策当成积极的财政政策，常态的中性的财政政策是不是消极的财政政策？如果把中性的财政政策边缘化就会有很大的危险，正常的财政政策就没人敢执行了。积极财政政策因为有积极的态度，就没人敢停止，就一直在执行，这是很大的问题。从目前来看，不是说谈积极财政政策怎么再积极的问题，而是要谈怎样让它回归到中性，回归到常态。

5. 财政赤字扩大化。财政赤字有很大的诱惑力，一旦放开就很难止住，因为财政支出是刚性的，扩大以后要想收回来很难。所以财政赤字扩大要有一个时限，要能够回来，我们不强调每一年的平衡，但是要强调一个周期的平衡。有一个实施点和收回点，如果没有的话，赤字就会无限扩大化。

## 三、积极财政政策如何能更有效

1. 明确财政政策“有效”的标准。到底什么样的财政政策是有效的，应该提出标准来。从结构指标来看，财政政策是否有效很大程度上取决于目标，如果你的目标就是经济增长，就看赤字率总量扩大，由 2% 提高到 3%，甚至提高到更高。如果政策目标是惠民生，要考虑对民生的支出情况的效应。我们的政府目标是多元的，这种情况下怎么样有一个比较全面科学的评价体系，综合的评价财政政策效果，这是一个很迫切的问题。中国特殊的体制决定了政府可以动员的资源远超过一般预算，如果全面分析积极财政政策的力度和效果，需要综合考虑政府动用的所有财政性资源，或者是财政工具。

2. 财政政策要建立瞄准机制，定向发力。目前，积极财政政策的主线是供给侧结构性改革，因此财政政策应找准切入点，支持稳增长、调结构，推进供给侧结构性改革，同时确保民生保障方面的支出。

3. 确保财政政策向地方、部门和实体经济传导的有效途径。首先，积极的财政政策如何能向地方和部门有效的传递，来缓解地方流动性不足的问题，达到实施积极财政政策的目标设计。中国有两大工具，积极的财政政策和积极的货币政策，传递到地方都是紧缩的。其次，积极的财政政策应能有效地作用于实体经济，关键在于落地。

4. 积极财政政策的有效实施，需要相关政策的协调配合。

作者简介：孙亦军，中央财经大学学术期刊社副社长，经济学博士，副研究员，主要研究方向为财税理论与政策。

# 供给侧结构性改革背景下的税收政策

◇ 陈少强

在经济下行压力不容忽视和结构性矛盾近期难以根本解决的前提下，就必须通过减税的政策实现“稳中求进”的政策目标——既推进结构改革，又保持经济健康稳定发展。

2017 年是供给侧结构性改革的深化之年，“三去一降一补”将继续推进。相对于货币政策，财政政策特别是税收政策在推进供给侧结构性改革中的作用更加明显。本文就供给侧结构性改革下的税收政策问题谈两点看法。

## 一、减税是供给侧结构性改革的重要政策手段

从字面来看，供给侧改革的税收政策其实包括增税和减税两类，前者在于让污染排放成本太高的企业退出，后者则是降低企业成本，引导企业按照国家预定的经济、资源、环境和人口目标发展。增税和减税的路径截然不同，但二者的目标都是为了推进结构性改革。

不过，从国外情况来看，结构性改革的税收政策有特定含义。这是因为，国外提出结构性税收政策的经济背景大多是需求不足。例如，针对20世纪七八十年代的经济停滞、失业率高且通胀严重的“滞涨”问题，发达国家普遍推行了结构性的税收政策。无论是“撒伊定律”还是“拉弗曲线”，其实质都是希望通过减税来促进经济增长和结构调整。在经济衰退时，各国普遍使用减税政策来振兴国内经济。自20世纪80年代以来，美国就经历了里根政府、小布什政府和奥巴马政府三个减税政策周期。其中，里根政府时期的减税政策对美国税制结构的调整幅度最大，1986年颁布的《税制改革法案》以“公平、简化、增长”为目标，内容除了减税以外还包括削减税收优惠、合并税基、简化税收征管等。而新当选总统特朗普也宣布以全面减税为核心的经济政策。

我国提出结构侧改革的背景也是在产能过剩和需求结构升级矛盾突出，经济增长内生动力不足，金融风险有所集聚，部分地区困难增多等突出矛盾和问题的背景下开展的。这是周期性、总量性因素和结构性因素叠加的影响，但根源在于重大结构性失衡。2016年以来，在党中央、国务院的正确领导下，经济社会保持平稳健康发展，取得了“十三五”良好开局，经济形势缓中趋稳、稳中向好，经济运行保持在合理区间。但要看到，要解决这些矛盾和问题，周期性总量性的宏观调控政策显然难以奏效，收缩供给侧也只能作为基础，必须依靠供给侧结构性改革。只有深化改革，提高供给质量，才能实现供求关系新的动态均衡。在经济下行压力不容忽视和结构性矛盾近期难以根本解决的前提下，就必须通过减税的政策实现“稳中求进”的政策目标——既推进结构改革，又保持经济健康稳定发展。因此，中央明确提出2017年的财政政策要更加积极有效，预算安排要适应推进供给侧结构性改革、降低企业税费负担、保障民生兜底的需要。

在 2017 年全面深化改革过程中，我国推进以减税为基本特征的税收政策，是基于多方面的考虑。

首先，对企业而言，税收负担是一种供给约束。减税直接减少企业的负担，降低市场运行成本，有利于改善企业的预期，稳定企业家的信心，从微观上激发企业的生产积极性和创新热情，增强经济的供给能力。

其次，虽然就国际比较而言，中国的宏观税负并不高。但是，中国的税收结构性特点使得企业，尤其是制造业企业承担了较重的税收负担，而家庭和个人承担的税收负担较轻。在经济下行期，企业面临产能过剩、附加值降低、利润变薄等诸多困难，承受税负的能力下降。减税能够从边际上改善制造业企业的税收负担，企业的境况改善效果显著。

最后，在供给侧结构性改革的政策组合中，税收政策的重要程度取决于其调整空间。中国的税收结构以流转税和所得税为双主体税种，2016 年 5 月全面推开“营改增”试点后，增值税在优化税率、简并税制、清理税收优惠和提高征管水平等方面还有进一步改革的空间。

## 二、降低企业税收负担应注意的几个问题

推进供给侧结构性改革的税收政策需要从历史的维度、辩证的维度和系统的维度深入分析。

### （一）减税的空间不会太大

2017 年我国进一步降低企业税收负担的空间仍是相对有限的，其理由有：

1. 减税在持续进行。我国自 2010 年实施积极财政政策以来，特别是 2016 年以来，随着“营改增”试点的全面推开，加上前期试点行业和原增值税行业通过“营改增”的减税额，预计全年减税总规模将超

过5000亿元。另外，我国还采取了小微企业免征范围扩大、允许企业追溯研发费用加计扣除、节水及环境保护专用设备企业所得税优惠等措施，减税力度和幅度较大。从某种意义上讲，我国处于“减税”的一种常态。在这种背景下，期望2017年的减税政策的力度突然加大是不现实的。

2. 减税受财政能力的约束。从财政收支角度来看，减税受到的支出刚性约束和财政赤字约束越来越强。我国坚持社会政策要托底，教育、医疗卫生与计划生育、社会保障和就业、住房保障等基本公共服务支出具有相当的刚性，用于脱贫攻坚的各项财政支出必须得到保障，环境保护支出也在逐年增大。在此背景下，一味减税只会影响社会公共服务的提供与改善，增加国家的财政赤字，恶化国家的财政状况。

现阶段，我国的财政赤字已经处于高位，进一步突破面临困难。2016年中国的财政赤字预计将超过3%，央行预计将达到3.5%。各级政府通过PPP和专项建设基金等方式扩张的政府债务规模也不小，财政部门自9月开始加大对财政承诺和政府回购的监管力度。在防风险的政策导向下，2016年的中央经济工作会议并没有对财政赤字做出安排，进一步突破财政赤字的限制面临着相当的障碍。

### （二）减税的视角要扩展至税收制度改革上

当前舆论对减税的讨论过多地关注于税收负担，其实我国的减税政策实质是税制改革，是服务于供给侧结构性改革这一大局的，目的是建立公平统一、调节有力的税收制度。其核心在于调整税负结构，优化税制和国民收入分配格局，培育制度竞争力。例如，“营改增”，降低企业税收负担只是其附属效果，其目的更在于健全增值税的征抵机制，消除重复征税，从而促进社会化分工协作，激发市场活力，提高市场效率，促进经济结构的转型升级。

我国的税收制度仍在影响供给侧结构性改革的问题。例如，税收收入过度依赖间接税，需要逐步向以直接征税为主过渡；增值税的税率有待于简并、优化，税收中性原则贯彻不到位；资源税从价计征改革需要进一步推进；地方税体系仍然存在缺位，房地产税改革有所停滞；综合与分类相结合的个人所得税制有待建立；税收征管的信息化水平还不够，有待提升“信息管税”水平。所以，对我国减税政策关注的视角要更多地扩展至税收制度改革上。

**（三）减税要与其他降低企业成本的措施相配合**

企业成本的构成是多样的，包括税费负担、融资成本、制度性交易成本、人工成本、能源成本和物流成本等。税收负担仅是企业成本的一部分，降低企业成本需要多项措施共同出击、相互配合，形成合力。

单就税费负担而言，企业负担重在不规范的收费。从全国层面看，纳入一般公共预算收入的非税收入有七款，分别为专项收入、行政事业性收费收入、罚没收入、国有资本经营收入、国有资源（资产）有偿使用收入，另外还有各种政府性基金和社会保险。涉企收费的规模本身就巨大，如果政府在政策执行过程中存在不规范现象，企业的压力更大。

降低企业成本是一项系统工程，要清理规范涉企政府性基金和行政事业性收费，还要降低各类交易成本特别是制度性交易成本，减少审批环节，降低各类中介评估费用，降低企业用能成本，降低物流成本。

另外，要认识到企业成本分为市场决定成本和非市场决定成本。在不存在政府的纯市场经济中，一个企业的成本就是另一个企业/个人的收入。从这个意义上讲，降低企业成本是一个资源配置与收入分配的问题。所以降成本的关键在于降低因政府各种制度与管制措施产生并由政府决定的企业成本，让市场在资源配置中起决定性作用。

**（四）要关注减税政策的退出问题**

宏观政策的搭配讲究的是在某种平衡中寻求最有利的发展空间。实施减税政策需要承担社会成本，政策的退出时点应该在社会收益和社会成本出现反转的时间。

在理论上，由降低企业税负产生的企业应对行为将带来产出增加、经济增长，相应会对冲部分因减税导致的财政收入减少。但是，这并不意味着减税政策没有社会成本。减税或是意味着公共服务水平的下降，导致某些公众的福利水平下降；或是带来财政赤字的增长，引发税收负担的代际传递。从根本上来说，减税政策是以一种收入再分配的方式，激发部分社会成员的生产动力和创造激情，以此恢复经济的动力。

另一方面，长期内产出回归自然水平是经济定律，长时间推行减税政策，不断降低企业税收负担的经济效果是相当存疑的。在经济重新走上正轨、达到政策目的后，稳定税负并优化税制结构才是正确的政策选择。就我国的情况而言，就是要妥善处理好减税和中央与地方事权和支出责任划分、中央与地方收入划分和健全地方税体系的关系，把握减税政策的退出时机，统筹各项改革进展，以此推进国家治理能力和治理体系的现代化。

作者简介：陈少强，经济学博士、研究员、研究生导师，中国财政科学研究院资源环境研究中心主任，国务院特许津贴获得者，财政部 PPP 项目入库专家，财政部 PPP 立法小组专家、文化部 PPP 专家。目前研究方向包括 PPP 立法、公共政策和财政预算管理等。

# 全面考量减税空间

◇ 樊轶侠

减税、增加公共福利和控制债务水平三者之间的矛盾关系是显而易见的。任一特定时期，政府在这三个看似都“很必要”的目标之间，其实都在实行精心、审慎的风险控制，也就是通常所说的公共风险与财政风险的权衡。

从理论上讲，减税可以降低由税收带来的价格扭曲，可以刺激企业投资、扩张总需求，指向性强的税收调控政策有利于促进产业结构调整和改善收入分配。那么，减税是否可能成为稳定当前宏观经济、破解实体经济困局的有力工具？凭直觉下结论、做国际比较，或是样本企业税负归宿统计分析，都只是分析问题的一个维度。笔者认为，问题的关键在于分析当前与未来一定条件下，减税是否有效，空间何在？

## 一、正确认识减税的复杂性

宏观税负水平在直观上体现了政府参与国民收入分配的程度，在深层次上集中体现的是政府、市场、社会之间的关系，在本质上关系到市场和社会对税收制度整体的认可和对政府公共服务提供的评价。

减税、增加公共福利和控制债务水平三者之间的矛盾关系是显而易见的。任一特定时期，政府在这三个看似都“很必要”的目标之间，其实都在实行精心、审慎的风险控制，也就是通常所说的公共风险与财政风险的权衡。在政府参与国民分配中，税为收入，福利为支出，两者的水平都必须与一国的经济发展阶段和发展趋势相顺应，否则就会带来财政赤字不断增加、财政风险加速累积。

实行哪种政策组合是政府宏观经济决策的核心内容。若在三目标中实行“减少税收”和“增加公共福利”的政策，那么必须通过提升公共债务及赤字水平来实现；且累积起来的债务是需要未来一代人的税收来偿还，只是税收义务的跨期转移。若实行“减少税收”和“控制债务及赤字水平”的政策，那么必须以减少公共福利支出为前提。进一步，若在包含赤字的政府财力既定情况下，也要对“减少税收”和“增加公共福利”之间的相对权重做好统筹安排。

我国宏观税负问题又具有特定的复杂性。首先，我国从租税费国家向现代税收国家的转型需要一个过程。土地出让金、矿业权价款都体现了政府与市场主体之间的产权关系，体现的是有偿使用，与税收的强制性、无偿性、固定性是不同的。若要把土地出让的产权收益降下来，意味着需把土地开发、住房建设、交易到保有的全链条租税费进行配套改革的优化整合。其次，我国宏观税负的区域性、行业性差异较大，不能一概而论、简单对比。再次，我国间接税占比高、直接税占比低，企业的税负痛感相对较明显。理论上增值税是可以转嫁的，实际上能否转嫁出去还要看企业自身的能力、要看供给弹性，所以实际情况很复杂，不同行业、不同企业的增值税税负归宿差异大。最后，我国政府工具选择中，财政直接补贴运用的相对较多，税式支出不足。如支持创新的激励政策，无论选择税收优惠还是财政补贴，目的都是通过分担创新主体的创新风险以促进其创新活力，两者合理的协调搭配对实现有效的创新激励极为重要；但若实行税收优惠为主要工具，政府集中的税收占 GDP 的比重也会相应低于以财政直接补贴为主的模式。

## 二、全面考量减税的空间

从现实看，减税降费已在路上。2011～2015 年，税收增速分别为 22.58%、12.12%、9.86%、7.8%、-3.57%；其中 2015 年全国税收收入总量下滑，为 90 年代以来首次出现的状况。2016 年中央决算报告显示，2016 全年实现减税 5736 亿元，2017 年“营改增”的减税效应还将进一步显现。调研中多地降费减负有突破，如湖南省 2016 年取消、放开和降低涉企收费 88 项，为企业年减负约 28 亿元；基本养老保险、失业保险单位缴费率小幅下降。

在潜在经济增速下降与周期性放缓并存的宏观背景下，进一步大规模减税是否会带来政府财力的断崖式下降，是否会带来公共福利水平的显著下滑，是否会带来高额赤字、引发财政风险？这一系列问题都是当前财政理论和实践部门关注的热点。制约当前宏观税负水平的因素很多，其中面临的主要压力是“财政支出需求刚性增长”和“财政可持续性”。下面就针对这些方面分析减税的空间。

首先，政府一般性支出压减的空间并不大。尽管 2017 年政府工作报告明确提出，按不低于 5% 的幅度压减一般性支出，挤出更多资金用于减税降费。但从政府一般性支出结构看，当前政府人员规模并不大。国际比较后发现，我国政府规模不论是从全国整体来看，还是从地方政府来看，“窄口径”下我国“公务员占人口的比例”基本控制在 1% 左右；“宽口径”下，我国“公务人员占劳动年龄人口的比例”基本控制在 4% 左右，OECD 国家政府公务人员占劳动年龄人口比例平均约为15%。相比其他国家，这其实已经处于一个非常低的水平了，也符合公务人员配置的一般规律，并非不合理和臃肿。

其次，民生保障扩面提标，支出刚性增长压力不小。近年来，民生政策提标扩面资金需求不断增加，各种改革性成本支出有增无减。如新农合和城镇居民基本医疗保险财政补助标准，从最初启动时的每人每年40元提高到2016年的420元，财政投入资金增长十几倍。再如2011~2015年，中央财政安排农林水支出3.2万亿元，年均增长15.6%，公共财政资源不断向农业农村倾斜。调研发现，中小学生均补助、特困地区营养改善补助提标，困难学生资助扩面等带来政策性增支；在精准扶贫战略下，低保、优抚补助提标扩面在“十三五”时期是大方向；还有城乡居民医保补助、基本公共卫生服务补助提标等。在央地财政收入增速双双放缓、盘活存量资金空间不断缩小的大背景下，各地区中长期收支平衡压力普遍较大。

最后，债务规模总量扩大尚有空间，但防控难度显著加大。虽然2015年开始中央对地方存量债务进行大规模债券置换，有效降低了举债成本；但置换只是把债务期限拉长，其规模受制于债券市场容量，如不能有效提高债务资金使用效率，债务风险的累积在所难免。社保基金隐性债务风险凸显，调研中部分地区养老保险当年入不敷出。各地通过PPP、股权投资基金、政府购买服务等模式产生的财政承诺尚未完全纳入政府债务分析视野。“去产能”职工安置及社会保障，养老方面的社会福利支出上升以及人口老龄化带来的储蓄率下降，都是后续必须考虑到的财政负担。经验分析和模拟实证分析均发现，真实的政府债务负担率越高，运用赤字政策稳增长来抑制公共风险的作用下降，财政风险上升，意味着就越是需要审慎决策。因此，未来一段时期一般公共预算赤字率必须有合理边界。

## 三、拿什么减税：思路与路径

在财政平衡的框架下考虑宏观税负问题是极其重要的。在国际税收竞争浪潮下，在供给侧结构性改革的背景下，我国减税降费必须与支出和赤字政策并行不悖，将积极财政政策与供给侧结构性改革有机衔接。

### （一）总体思路

按照“把握好一个核心、处理好两个关系、做好三个协调”的基本思想，不断创新财政管理，实施有效政府治理。

“一个核心”是恰当的政府和市场关系。一种理想的、好的政府和市场的关系，应当是有效的政府加有效的市场，二者之间不应是此消彼长的关系，而是一种共生互补的关系。

“两个关系”是短期与长期的关系、总量与结构的关系。清晰界定财政政策调控的环境和条件，将经济干预限定在必要的时期和恰当的范围之内，避免短期政策长期化，力戒调控行为日常化、职能化和固定化。财政赤字扩大化有很大的诱惑力，很难止住，因为财政支出增长往往是刚性的，一旦扩大以后很难下降。所以财政赤字的扩大要定一个目标和时点，不必强调年度财政平衡，但要强调周期性的财政平衡，否则赤字就会无限扩大化。

“三个协调”是指宏观政策相协调、财政政策与财政制度相协调、国内财政政策与国际财政政策相协调。

宏观政策之间和政策目标之间要相互协调。强化财税政策与货币政策、产业政策、价格政策等的协调配合，规范政府干预领域、范围、工具、手段、程序和相关操作机制等，对政府干预边界进行必要限制。在财税政策诸目标之间，综合权衡结构调整、环境保护和调节收入分配各方面的改革效果，增强税负与福利保障之间的关联性，避免不切实际地扩面提标。

财政政策的灵活性与财政制度的稳定性形成互补。少搞短期性、补丁式的优惠政策，以现代财政制度建设和宏观制度环境优化为出发点，将“创新、协调、绿色、开放、共享”这五大发展理念真正融入现代财政制度建设中。

国际经济政策协调框架下，国内财政政策和税收竞争向何处走，是我国政府必须高度关注的重要问题。从国内角度来讲，随着经济开放度提高，2016 年中国对全球经济的贡献率已达 39%，已超过发达经济体，中国宏观政策的外溢性显著增强，但对大国财政政策的理论创新有待深化，进一步从大国经济、大国财政的角度，思考国际宏观经济背景下的财政政策制定。

**（二）现实路径：实施有效的积极财政政策**

第一，适当增加政府债务，并确保积极财政政策的净效应是扩张的。未来我国应在合理可控的范围内，通过提高财政赤字率为减税或者增支提供空间、通过适度扩大置换债发行规模置换地方存量到期债务的方式，来直接消化和缓解存量债务风险。同时，要跳出政府一般公共预算，观测积极财政政策的净效应，包括财政政策对存量资金的影响，以及财政政策与货币政策的搭配效应，即高度重视激活财政存量资金，财政金融部门协同完成债务置换和债务监控，避免政策打折扣。

第二，规范新型融资工具运作机制，控制政府债务成本。通过对一般债券、专项债券、政府引导基金债务、PPP 债务等分类管理，打开规范举债的“明渠”，堵住变相举债的“暗道”。通过融资规模上限约束和中期融资规划，对政府债务风险实施“双线”管控，提高政府预算的约束性、前瞻性和可持续性。通过对债务举借与资产形成、当前成本与未来收益的动态反映，促进债务风险与预期收益的匹配，以提高债务资金使用效率。

第三，加大减税降费政策力度。进一步降低民营企业尤其是小微民营企业税费负担。加大融资租赁税收优惠，降低企业固定资产占比。完善“营改增”相关优惠政策，如鼓励企业选择轻资产商业模式。降低高新技术企业认定标准，完善创投和产权交易相关税收优惠政策。完善促进社会积累人力资本的税收激励，教育、培训、医疗服务等方面，除了政府加大投入外，可通过税式补贴激励各种社会组织加快人力资本积累。

第四，进一步盘活存量财政资金。近年来财政部门已通过多种渠道盘活存量资金，目前我国财政存款（以前年度结转结余资金和中央预算稳定调节基金）总额仍然高企，弥补赤字的潜力较大。完善稳增长重大项目落实情况动态监测管理机制，促进各级财政部门尽快形成实际支出，以深化改革提高转移支付支出效率。

第五，建立科学、客观、公正的财税政策评估机制。一方面，建立财政政策出台前的风险评估机制，对决策可能引发的各种风险进行科学预测、综合研判，确定风险等级并制定相应的化解处置预案。另一方面，建立财政重大决策后评估机制，对财税改革的政策方案执行情况跟踪分析，及时反馈，不断完善改革政策方案，提高改革的针对性和有效性。

作者简介：樊轶侠，中国财政科学研究院资源环境研究中心副研究员、经济学博士。主要研究领域为资源环境财税政策、税收理论与政策、科技财政、政府投融资等。

# 财政基础理论与学科建设

# 新市场财政学：旨在增强财政学解释力的新范式

◇ 李俊生

新市场财政学的核心概念体系是以社会公共需要作为财政本源，由市场平台观、市场规则观、公共价值观、政府参与观等这几个概念来构成，但最后的研究结果可能不限于这些概念。

## 一、新市场财政学研究背景

“新市场财政学”这个名称命名的时间比较晚，但是实际上我对新市场财政学理论的问题的研究却早在2002年左右就开始了。我对这个问题的研究起因于对我国主流财政学理论即“公共财政理论”的逻辑前提“市场失灵”以及市场失灵理论的质疑。我首先认为，由于“市场失灵理论”本身存在的致命缺陷导致了“公共财政理论”范式对财政现实的解释力太弱，对未来的预测能力也极度弱化，因此需要从根本上对“公共财政理论”进行重新梳理和反思，乃至批判——这是其中一个原因。还有一个重要的原因是，习近平总书记在全国哲学社会科学工作座谈会上强调，我国要基于中国的实践，在哲学社会科学领域要有所创新，必须创建中国特色的哲学社会科学理论。财政学尤其需要创新。后来，我在教育部一次座谈会上，就基于中国的财政实践，就我们国家如何基于中国的丰富的财政改革实践在财政科学理论创新、创建中国学派等问题谈了一点想法，题目大概是“立足中国，建立财政学的中国学派”。中国教育报和中国财经报等报纸杂志把我这次讲话的主要内容发表了。我认为，我国确实很有必要建立财政学的中国学派，因为我国的财政实践确实是太丰富了，我们不能对我国丰富的财政实践宝库视而不见。但是，目前的主流财政学派的理论即“公共财政理论”却难以对我国丰富的财政实践做出令人信服的解释，这实际上是我国学者照搬西方财政理论所造成的后果，西方“公共财政学”的基本范式是基于美国等西方国家的财政实践而形成的。就像美国著名财政学家、美国佐治亚州立大学经济系主任 Roy Bahl 教授 2016 年 11 月在我们学校新市场财政学研究所成立大会上说到的，他很理解我为什么要研究新市场财政学。他说，实际上现在不仅西方学者，而且连中国学者都是在用西方的范式讲中国的故事，这里面会存在很多的问题，因此有必要基于中国的实践建立中国的财政理论与研究范式。当然，他也说到，这确实太艰难了。同时他也提到，西方学者也有人在做这样的尝试，“公共财政理论”范式不仅无力解释中国的财政问题，而且在解释西方国家的财政实践方面也力不从心，因此 2009 年诺贝尔经济学奖的获得者埃莉诺·奥斯特罗姆教授，也基于她对新自由主义经济学或凯恩斯主义经济学的哲学假设片面性问题的深刻认识，重新探索解释和研究财政问题的新范式。Roy Bahl 教授觉得她的思想和我的想法很接近。非常遗憾的是，埃莉诺·奥斯特罗姆教授在 2012 年就过世了。坦白地说，我的近期的一些研究成果确实在很大程度上是从埃莉诺·奥斯特罗姆教授那里得到了启发。这就是“新市场财政学”

理论“出炉”的大背景。

迄今为止，我和我的新市场财政学研究团队已经在刊物上发表了一些论文，并且还有一些工作论文有待发表。其中，2016 年 8 月在《管理世界》上发表的“互联网搜索服务的性质与其市场供给方式的初探——基于新市场财政学的分析”这篇论文的初衷不是为了探索互联搜索服务性质的问题，而是想以此为案例求证运用新市场财政学的范式解释这个问题是否可行，在逻辑体系上是否合理，这是我们做的一个尝试。我也邀请大家一起来研究这样一个问题。因为一个理论的形成，不是靠一两个人能够完成的，需要我们学术界的共同努力，可能还需要经过几代人的共同努力才能够完成。所以，我今天确实就是抛个砖，希望能够引玉。这是我们前期的工作和初步的成果，主要的目的就是打造中国学派，提升财政学的解释力和预测力。

## 二、新市场财政学范式探索的轨迹

我从 2010 年就正式着手研究这个问题。一方面，当时我认为，在逻辑上，现代的公共财政学将市场失灵理论作为起点的理论范式造成的问题是很多的。我把现代主流财政理论命名为市场财政学，因为“公共财政理论”实际上是以市场失灵作为理论分析的逻辑起点，同时也是以市场失灵理论为基础的，所以这个理论实际上就是以市场经济条件下的财政为研究对象的“市场财政学”，我们因此也从市场失灵理论的渊源进行探索，如福利经济学、垄断对经济的促进作用、政府干预、市场失灵理论模型本身存在缺陷等问题。当时形成了一篇 5 万多字的工作论文，非常遗憾的是，这篇论文至今还没有发表。没发表的原因是，学术界特别是经济学界对这篇论文争议特别大，他们认为我把经济学的老根给挖断了，很多人甚至不说理由，就是不同意发表这篇论文。其中有一家杂志社非常希望发表我们这篇论文，还希望跟学术界进行深入的探讨，今年年内，无论如何我们想把这篇论文发表出来。从 2010 年到现在，已经历经很多年的时间，我们与经济学界也进行过多次探讨，这是对市场失灵理论的一次反思。

另一方面，我们对盎格鲁－撒克逊学派、欧洲大陆学派和国家分配论学派、社会公共需要论学派等又做了理论上的分析。这部分研究成果已经发表了一部分，其中主要的是我在 2012 年《财贸经济》第 6 期发表的“以‘社会共同需要’为核心概念构建财政学理论框架体系——关于社会共同需要财政理论的文献研究”和 2014 年我在《经济学动态》第 4 期上发表的另一篇论文“盎格鲁－撒克逊学派财政理论的破产与科学财政理论的重建——反思当代‘主流’财政理论”，很荣幸这项研究得到了财政学会的鼓励。在探索过程中，我把这些学派的特征做了一些梳理，最核心的问题就是盎格鲁－撒克逊学派，即公共财政学的源头，它把政府和市场对立起来，我认为这是该理论根本的缺陷。

### 三、新市场财政学的核心概念体系

我认为，核心概念体系是财政学理论体系的基本架构和解释元素，也是财政学解释力与预测力的能量所在，特别是理论型的核心概念体系更是属于开启一门科学或者理论范式革命的基础性质的核心概念体系。因此，我们对新市场财政学的核心概念体系做了初步梳理，首先是关于财政学的源头问题，这是建立财政学核心概念体系的起点。我们回顾了国内财政学界老一辈学者对财政起源问题进行的探讨，最后选定以“社会共同需要”作为财政本源概念体系中的核心概念，进而解决了财政活动的动因问题。

以此为核心我们大体梳理出以下几个方面的核心概念，一是社会共同需要；二是市场的本质；三是关于对需要的分类。新市场财政学的核心概念体系是以社会共同需要作为财政本源，由市场平台观、市场规则观、公共价值观、政府参与观等这几个概念来构成，但最后的研究结果可能不限于这些概念。

首先是市场平台观。市场是一个平台，政府和市场不是对立的关系，政府、企业和私人部门一样，都在市场这个平台之上活动，按照共同的法律和制度服务于各自的组织目标。例如，政府的组织目标就是满足社会共同需要，企业的组织目标就是满足企业自己的个别需要。前者要实现公共价值，后面要实现私人价值，也就是企业价值。通过“市场平台观”这样一个概念，可以解释一个问题，如新公共管理运动。实际上“公共财政学”理论不能解释新公共管理运动在理论上究竟有什么意义，政府为什么要把新公共管理这样一个方式引进来，以及它的理念是什么等问题。

对现在的 PPP 模式，我认为现有的、主流的公共财政理论也是解释不了的。既然政府和市场是对立的，那么政府为什么能够在市场上和企业一道构建所谓的基础设施、建设公共资产，他们是怎么进行合作的呢？所以这个从理论上是解释不通的，当然还有其他的一些问题。

再说“政府参与观”概念，这个概念是从欧洲大陆学派得到的启示并建立起来的。因为欧洲大陆学派和盎格鲁－撒克逊学派两者之间的根本性的区别就是，盎格鲁－撒克逊学派认为政府就像上帝一样，监督这个市场、控制这个市场，而欧洲大陆学派认为政府实际上跟市场上其他的行为者一样，参与市场，因此我们建立了政府参与观的概念。这样的话，就需要重新定位政府和市场的角色与关系，市场与企业作为平等的主体，实现市场在资源配置起决定性的作用。怎么样起决定性作用？首先要重新定义政府和市场的关系。如果市场不是一个平台，如果市场和政府是对立的，是此消彼长的关系，那么市场在资源配置中是不可能起到决定性作用的。

市场规则观主要是来解释：政府和企业在市场当中都具有平等地位的一个重要概念，这种地位平等主要体现在他们在“市场平台”上必须得按照同样的规则来做事。实际上，政府功能是多重的，政府与企业不同的是它同时掌握公权力，这也是许多同行怀疑新市场财政学的“市场平台观”在实践中能否行得通的主要原因。其实这就是财政理论的解释力问题。按照市场规则观，可以从两个方面解释政府的公权如何在市场中受到约束的问题：一是规则约束。例如，政府在跟企业的博弈过程中，现在PPP双方要谈判，要形成合同，那么这个合同就是一个市场规则。如果再进一步讲，那就要经过立法程序，由人民代表大会及其常务委员会来制定规则，政府和企业必须共同遵循。更高层次的是宪法。我们认为，这可以解决目前存在的很多问题。如果有相应的规则进行约束，那么政府就不会滥用公权力。另一方面就是通过提高财政决策透明度解决政府滥用公权的问题。

最后一个是公共价值观。我们说市场是一个平台，政府和企业一样都在市场当中平等运行，他们的行动结果都要有一种市场表现形式。这个市场表现形式，对于政府而言，就是公共价值。为此，我们力图建立一个统一同质的衡量政府预算支出效果的市场化工具。从目前实践尝试的几个案例分析来看，这个理论工具的运用性很强。例如，我们在中期预算当中，就运用了公共价值工具来进行分析，得出了比较满意的结论。

## 四、关于新市场财政学的理论渊源问题

简单地说，一是马克思的社会再生产理论与社会总产品分配理论，这两个理论我们认为具有超经济形态的解释力，在市场经济条件下，它们依然可以作为新市场财政学的重要理论渊源。二是盎格鲁 - 撒克逊学派和欧洲大陆学派，我已经在发表的论文当中阐述过了。三是国

家分配理论与社会公共需要论，这两个理论对于新市场财政学理论的构建也很重要，我将在今年第五期中央财经大学学报发表的论文当中对这个理论做出阐述。

除上述这三大理论模块之外，我们还借鉴了其他跨学科的理论，如营销学、社会学，政治学等。

新公共管理运动也是财政学界必须予以关注和研究的，西方财政理论以及我国当代主流财政学界对新公共管理运动及其结果不闻不问，在理论当中不作任何解释，这是一个很奇怪的事情，这也说明财政理论自身存在问题，逻辑上不能自洽，所以选择不解释该问题。

还有公共选择理论、公共价值理论、行政管理学、政治科学的思想与方法，这些我们都作为新市场财政学理论渊源的重要组成部分。

## 五、关于新市场财政学的解释力、预测力问题

按照新市场财政学的“政府参与观”和“市场平台观”，我们需要重新定义政府和市场的关系。关于政府和市场的边界问题，我们一直在讲要界定这个边界，其实我认为这实际上是一个伪命题。政府和市场不存在边界问题，政府和企业、私人部门双方其实是在博弈，问题只在于哪些事情应当由私人部门做，哪些事情应当由政府来做，而不是什么政府跟市场怎么划定边界的问题。想象一下，市场怎么跟政府划定边界呢？对于这个问题我认为学术界缺乏深入的思考。

新市场财政学的公共价值理论不是公共管理的公共价值理论。财政学有广义财政学和狭义财政学之分，新市场财政学属于狭义财政学，是研究市场经济条件下财政范畴问题的科学，需要在市场经济环境下，描述财政活动结果的市场表现形式。因此，建立财政学的公共价值理论可以解决市场经济条件下财政活动的表现形式问题，可以解决财政绩效评价的标准问题。

此外，我们对新市场财政学广义的交易模式也做了设计与分析，主要是 PPP 问题、寻租问题、公共服务与政府的采购问题等。我们认为这些问题新市场财政学是可以解释的，理论上，完全具备逻辑自洽的能力。

作者简介：李俊生，中央财经大学原副校长，校学术委员会主任，中国财政发展协同创新中心主任和新市场财政学研究所所长，同时还兼任中国财政学会副会长、中国国际税收研究会副会长等学术职务。

利”，诱使携带资本的商人及其顽强的生命力嵌入市场。在资本和商人这两大新兴要素强力介入以物易物的市场后，劳动交换演化为价值交换，市场逐渐演化为商品价值实现的平台和资本逐利场所一并形成了市场机制，伴随着积累的，人类社会逐渐步入市场经济社会。自此市场本质的本意就发生了变化，形成了市场机制，即“自由竞争”“丛林法则”等一系列围绕“追逐私利”保护个人利益的规则。这可视为第一次演进——市场向市场经济的演进。

在资本主义生产资料私有制为基础的社会化大生产中，市场经济机制的核心被定义为“自由竞争”。现在很多人谈到市场经济，津津乐道的是它的“自由竞争”“丛林法则”。事实上，“丛林法则”动物界必然产生“占山为王”现象，在动物界其事例屡见不鲜。资本和商人这两大新兴要素强力介入市场，劳动交换就演化为价值交换，市场开始演化为商品价值实现的平台和资本逐利的场所。自由竞争与“丛林法则”结伴而行的实质就是自由的完成无任何约束、不择手段的“大鱼吃小鱼”，而最终必然走向垄断。在《资本论》第三卷中马克思曾一针见血指出：“斯密所忽视的，正是他对与市场经济发展阶段紧密相关的商业资本性质的考察，只要商业资本是对不发达的共同体的产品交换起中介作用，商业利润就不仅表现为侵占和欺诈，而且大部分是从侵占和欺诈中产生的。”

市场经济的第二次演化是信用制度的产生。“走向垄断”这种演进的进程被市场经济的第二次演化得以加速。从商业信用到银行信用，以及银行信用的拓展，特别是银行衍生金融工具的出现，其对市场经济的发展演进的作用甚巨。资本主义的信用制度、杠杆与资本属性紧密地配合，可以说相得益彰。自 1870 年产生了资本主义信用制度，信用杠杆与资本的搭配可谓一拍即合，资本的积聚、扩张取得了新的途径，并催生了新的经营模式：卡特尔、辛迪加、托拉斯、康采恩等各类的股份公司依次得到迅速发展。有人称股份公司的发展势必促进资本的社会化。其实，公众股份公司的所谓的社会化仅仅是外在表现，垄断竞争逐步替代自由竞争后，是竞争方式的演进，是竞争惨烈程度的提升，社会公众利益并没有得到保护。1870 年新的信用制度产生，1873 年第一次经济危机爆发，这绝不是一种巧合，而是制度演进的必然结果。垄断竞争代替了自由竞争，加速企业的破产和企业的兼并，形成金融寡头。

我们普遍认为，市场机制是一把“双刃剑”。在它调动了人的最大潜能的同时，也激活了人性中埋藏最深的丑恶。自发、自由竞争能够最大限度地激发市场主体的能动性，实现社会资源最有效的配置，社会产出极大地扩张，同时富有天然魔兽性的资本会激发其人格化的市场主体不择手段的疯狂牟利；被充分的激活资本魔兽性会像病毒一样快速传染，使整个市场充斥唯利是图、尔虞我诈。市场经济发展的历史表明，“流着血和肮脏东西”的资本在攫取超额利润和占有剩余价值本性的驱使下，不择手段扭曲公平竞争的事例俯拾即是。

改革开放以后，特别是自 21 世纪以来，我们目睹的国内市场经济成长和国际市场竞争，使我们更加清晰地认识到了市场经济的内在缺陷。

从市场经济的演变历史来看，无论是初期的商品经济还是马克思所描述的最高等级的资本主义市场经济，均存在内生性的缺陷——“基因缺陷”，即资本天然的魔兽属性，表现为唯利是图、不择手段牟利、道德沦丧。现在我们很多人力主亚当·斯密描述的市场机制，认为亚当·斯密时期的市场经济是多么完美，即便有那么回事，那也许只是一个短暂时期。随着市场经济的发展，市场自身产生了诸如“行业公会”等自我约束组织，市场外部的法律约束也不断完善和强化，但我们看到的是：市场经济的相关制度越来越多、越来越成熟、越来越完善，出现的问题却越来越多，造成的破坏也越来越大。其根本原因就在于市场经济的基因缺陷不可能被自我修复，反而会在实践中不断被放大。

与此同时，市场经济还存在着“机制缺陷”：对资本疯狂追逐利润没有相应的遏制阀门，就像一辆没有刹车的机车，运行时间越长，速度也越快，破坏力也越强，灾难不可避免，不仅会造成两极分化，也必将导致周期性生产过剩危机。

以物易物的市场在货币、商人、信用等外在因素的依次介入中不断演化，同时，资本也依次被武装得空前的强大，市场则蜕变为现实生活中的垄断市场经济。在这一过程中，市场经济的“基因缺陷”和“机制缺陷”不仅没有得到修复，反而被进一步固化和放大。20 世纪 30 年代的大危机后，市场经济有过一段“温和时期”，不少人以为资本主义制度经过自我调整可以避免经济危机的爆发，然而，1997 的亚洲金融危机和 2008 年美国的次贷危机引起的国际金融危机表明，资本并没有失去其天然魔兽性，在经济危机中被充分激活的资本兽性，还会像病毒一样快速地传染。资本力量能够达致何处，市场竞争能够扩展到的范围，均会被传染。

20 世纪 30 年代的大危机与政府干预促成了市场经济的第三次演化。

垄断并没有带来市场的公平竞争和持续繁荣，取而代之的是资本以更加疯狂的、更加血腥的方式集中起来。具有核心垄断利益的市场竞争表现得比以往更有冲击力、更具破坏性、范围更广，从而酿成了 20 世纪 30 年代的大危机。我们讲财政，一般都逃不过对这个问题的分析和认识。在罗斯福新政和凯恩斯革命中，政府开始主动地干预经济，直至全面地介入经济生活，从而加速了自由竞争理论的破产。

权力带来利益，资本希望得到权力的庇护，这一点在中国五千年的文明史中随处可见。同时，我们看到资本与权力具有天然的融合关系。其实，权力本身就是在财力的基础上形成的，权力和财力具有血缘关系，政府只不过是实现处理权力和财力血缘关系规范化的产物。在今天我们仍然能够看到，号称自由竞争的美国，其政府与资本的血缘关系非常清楚，没有强大财团的支持，不能为大财团服务，奥巴马是不可能当选美国总统；特朗普本身就是一个大资本家，他没有强大的经济实力，不依靠其背后的财团，也上不了美国总统的位置。

我认为，政府干预经济就等于权力与资本联姻，一拍即合。权力和资本的姻亲关系产生的结果就犹如近亲结婚。从罗斯福新政到现在，政府的干预不但没有降服资本的魔兽性，反而给市场经济戴上了枷锁，导致效率损失，直到 20 世纪 70 年代的滞胀危机。冷战结束以后，西方国家输出危机，打压别国的发展，更加重视政府干预，尤其是 2008 年以来，西方国家全面介入宏观经济，大规模控制企业的行为。像奥巴马政府、日本政府，直接对民营企业进行巨资干预，这在资本主义历史上是罕见的，这就意味着政府干预经济的理论与实践在广度和深度上都进入新的阶段。这是不可避免的，刚才李俊生校长讲到，政府和市场这两者之间的关系没有一个明确的边界。马克思主义理论认为，政治权力凌驾于财产权力之上，经济基础决定上层建筑，这是人类社会的真理。

基于这样一种事实的判断，我们看到政府介入了市场后，我们市场的性质就发生了深刻的变化。国家的性质决定了国家意志、国家战略、意识形态等势必挟带于政府干预，形成国家经济霸权。特别是 2005 年到现在，中国的企业进入国际市场中遭到一系列的不公平待遇。我查阅了一些资料，发现中国加入了 WTO 以后遭受了种种不公平待遇。例如反倾销调查，整个世界反倾销调查的六七成都是针对中国。其中有人认为这是有关国际贸易顺差、逆差问题。日本对美国的贸易逆差也是很显著的，但是由于和美国特殊的意识形态、政治关系，日本很少受到制裁，而中国企业却经常受到制裁。

政府介入市场后，市场不再是一个完全以经济目的为引导的东西，而是带有意识形态的东西。所以国家干预经济活动的目的、方式多种多样，介入经济领域的力度和广度也在不断增强，致使市场机制急剧扭曲。在市场经济的发展过程中，由于外在因素强力介入，其基因缺陷和机制缺陷具有逐步放大的趋势。

讲到这里我可以做出一个明确的判断，我们现在的市场经济与亚当·斯密时期的市场经济相比，已经是面目全非。如果现在还有人在讲自由充分竞争的市场，我认为有一点痴人说梦，这不是糊涂就是忽悠大家！

而且我们还应该进一步看到，市场经济突破狭小区域走向全球化，所谓的自由竞争必定演化为国家实力的角逐，这是非常清楚的。在这样一种事态下，受到威胁的不仅仅是一个国家的经济发展，还有国家安全。

我们的国门已经打开，也不可能再关上，中国作为追赶型的发展中大国，在被西方长期操控的国际市场竞争中，必然会与高度发展的国际霸权主义产生全方位的碰撞。最近十多年来，这种例子俯拾即是。令人感慨的是，如果说亚当·斯密时期的市场经济是多么完美，犹如欧洲中世纪的决斗那么公平，根本不会殃及无辜，但是我们再也无法回到那个时代；100 多年前，中国人用长矛大刀对抗坚船利炮留下的惨痛教训记忆犹新，而今，面对西方国家挟带武力的国际市场竞争，我们只能依靠自己，发展壮大自己的经济实力。审视中国现实，不到 40 年发展历程的民营经济很难与西方有数百年成长史的国际垄断集团在国际竞争中抗衡。唯一可供选择只能是“做强、做优、做大”国有企业，也就是说必须走中国特色的社会主义市场经济道路。

正如习近平总书记所说，我们必须牢记“道路决定命运”，中国特色社会主义市场经济必须以中国的社会生产力发展水平和生产资料所有制性质为基础，坚持“市场在资源配置中起决定性作用和更好发挥政府作用”，这是第一点。第二点是“毫不动摇巩固和发展公有制经济，坚持公有制为主体，发挥国有经济的主导作用，不断增强国有经济的活力、控制力、影响力”。这是一种全新的市场经济发展道路——有中国特色的社会主义市场经济发展之路。

有了这样的基本判断，或者说有了这样的重要理论指导，才能导出“财政是国家治理的基础和重要支柱”的财政学基础理论，以这一理论构建我们的财政学，是中国财政学界必须认识的基点和核心。

作者简介：叶子荣，西南交通大学经济管理学院教授、博士生导师、四川省人民政府参事；四川省有突出贡献的优秀专家；中国财政学会理事、四川省财政学会常务理事、四川省税务学会常务理事。

# 关于财政基础理论研究和学科建设的问题与思考

◇张　馨

如果从收入和支出这个基本的角度出发，国家治理的基础和重要支柱就非常容易解释了。为什么呢？何谓“基础”？国家所有的活动都要花钱。市场活动没有钱不行，所有国家的活动、政府的活动没有钱也不行。为什么要财政？财政收入一旦下降，经济马上就紧张了，这是“基础”，这是最基本的经济基础，也是“支柱”。我们讲的重要支柱，就是财政要参与到国家的各种管理里面去，什么都是财政做的事情，这是对的。

第一，我们探讨的财政基础理论和学科建设，尤其是财政学现在到底属于什么范式，什么学科的问题，是一个似曾相识的问题。好像很熟悉，但是好像又不是。什么问题呢？为什么？我们年轻的时候，从我们刚刚走进校门一直到我们读研究生，甚至读博士的时候，都一直在探讨这样一个问题，就是财政的本质问题。再延伸下去是财政的属性问题，到底是上层建筑还是经济基础的问题。

当然现在讲这些跟当时讲的环境完全不同了，高度也完全不同了，尤其是用词、思维方式都不同了，但是我想说根本上还是相同的。原来我们热热闹闹地在吵，50 年代吵、60 年代吵、70 年代改革开放又吵，吵财政本质问题，然后吵财政属性问题。后来到 80 年代中期以后就不让吵了，也没人吵了，到现在又来吵，将近 40 年又回来了。所以，现在讨论的财政到底是属于什么学科、属于什么范畴的问题，它根本的问题要追究到什么是财政，然后才能进一步解答到底财政应该属于什么学科。刚才子荣教授一直在讲马克思这些东西，我们学的资本论那些都是在讲这个螺旋上升，原来的否定再否定再回到原点，又不是原点，而是一个更高点。所以现在问题实际上是对原来的否定再否定，然后又到更高点来讨论。

我在想，实际上我们原来讲的是什么呢？原来为什么争财政是上层建筑还是经济基础，在当时绝大部分都是中间派，还有一部分是讲经济基础，主张财政就是绝对的经济基础，没有一点上层建筑。还有少数几个人，非常少的两三个人讲是上层建筑。但是绝大部分都讲说有两重属性，又有经济基础又有上层建筑。当然这里面又有区分，有的讲就是经济基础，但是上层建筑的属性与之交叉。到现在来看，如果再回到原来的命题，谁也不会讲绝对的经济基础了，肯定有上层建筑。这有两重属性，有各种各样的东西交叉进来，其最根本的问题是什么，到底你是经济基础还是上层建筑，这里面有根本属性的问题。

假如说财政现在是属于经济学，那可以，但是经济学里面有大量的各种各样的政治的、社会的、管理的、法律的，种种的因素全部交叉到里面，这个大家都会同意的。还是说财政就不是经济的，而是经济的、社会的、政治的、法律的、管理的，交叉在一起形成了自己的东西。讲的都很有道理，但是最终的结论怎么去判断？人家都变成一级学科，财政还是二级学科，其他上升了财政也要上升，所以说财政也要变一级学科。那如果按照我们现在讲的一级学科上升为二级学科，如果财政还是经济学里面的一级学科，那财政还是经济学。为什么能由二级学科上升到一级学科呢？就是因为一级学科里面大家都是经济学，但是也有法律的、有管理的、有政治的、有社会的各种各样的，或者说甚至连范式也都进来了，那加在一起，财政变成一个有着相对独立于其他经济学科的、非常明显的一个自己的领域，然后变成了一级学科。如果这样讲，从根本上来说，财政还是经济学，其根本的范式、根本的逻辑、根本的体系、根本的范畴等还是从经济学的角度出发。但是如果把经济学弄掉的话，好像又不是财政学，所以说财政去申请一级学科，要像统计一样变成一个学科门类，就不是经济学了，而是财政门类。

第二，针对财政是国家治理的基础和重要支柱这个问题，我本来很想听听大家到底如何理解，但是听完之后我也没听清楚到底讲的是什么，怎么去理解这个问题。

如何理解这个问题，跟我们的学科属性直接相关。十八届三中全会决定里面就提到了，把财政提的很高，地位一下上升了，大家都非常高兴，而且这是一个权威的肯定。但是现在的问题是，权威的命题出来了却没有权威的解释。我们理论界提出这么一个命题，还有各种各样的文章，到底这个应该怎么解释，怎么理解，我现在搞不清楚了。不过后来想想，好像这几十年来讲的东西实际上也是很自然就能够得出这个结论的。为什么这么讲？就我个人的理解，财政是国家治理的基础和重要支柱是非常符合逻辑的，也是按照我们以往的理论体系以及逻辑思维得出的一个非常自然的结论，原因在哪里？回顾以前，讲财政是什么东西，争论财政本质的问题，当时也是非常痛苦，最后这个全部是玄学，本质深入又深入，潜到水里面去都透不过气来。什么是财政，这是一个非常简单的事情。像西方财政学也就是几百字就讲完了，我们为什么讲那么多，想想过去，什么是财政非常简单。有国家、有政府，就要花钱，我们做什么事情都在花钱，那就要去收钱。这里一个收、那里一个支，国家政府的收支，这就是财政！

国家政府的收入和支出，大家都叫它财政就是财政。如果从收入和支出这个基本的角度出发，国家治理的基础和重要支柱就非常容易解释了。为什么呢？何谓“基础”？国家所有的活动都要花钱。市场活动没有钱不行，所有国家的活动、政府的活动没有钱也不行。为什么要财政？财政收入一旦下降，经济马上就紧张了，这是“基础”，这是最基本的经济基础，也是“支柱”。我们讲的重要支柱，就是财政要参与到国家的各种管理里面去，什么都是财政做的事情，这是对的。实际上，讲财政为什么是基础和重要支柱，财政在收入和支出的过程当中，它直接地决定、约束、规范、监督着国家的活动，整个活动不是由财政来决定，是政府自己决定，并通过财政这个工具来实现的。

第三，什么叫市场机制起决定性作用？对于财政，应该怎么理解？刚刚李俊生校长讲不要把市场跟政府对立起来，当然不能对立起来，现在社会哪里有对立起来？但是它有一个根本点，两个不是一样的东西，两个不能放在一起。那它为什么能够起决定性作用？在市场活动中，市场跟政府的交接点就是财政，钱从市场来，又用到整个市场，用到整个社会，这是里面互相交接的地方。市场怎么去决定？起决定作用不是说政府不管，政府要凌驾到市场之上，政府还是要去决定市场，那怎么决定？

作者简介：张馨，厦门大学教授。

# 财政学学科属性：资源配置为起点的观察

◇ 焦建国

财政学是经济学，这是肯定的，也是毫无疑问的，同时，它也具有政治学、社会学的属性，当然也可以说它还有其他什么学的属性。

最近一段时间，特别是十八届三中全会以后，有关财政学学科属性的争论又大了起来。这个问题其实从财政学产生那一天起就有争论。十八届三中全会决定提出财政是国家治理的基础和重要支柱，所以现在这个问题的讨论又热烈起来。

第一个问题，我们现在争论的是什么。财政学是研究财政的，就得说清楚财政是什么。财政本身肯定不是一个纯粹的经济问题，以财行政，以政治财，今天楼继伟部长也讲到，说财政一半是财、一半是政。一方面，“无财难以行政”，财政是政权运转或者行政的经济基础，没有钱，没有财力支持什么事也办不成。国外的政府经常有关门的，就是因为财政的问题。另一方面，“无政难以治财”，财政活动是政府或者公务人员用别人的钱给别人办事，这里面是通过一套政治程序来操纵的，所以说它是政。另外，财政牵扯到社会的方方面面，所以财政是社会性的东西。

财政学从产生的那一天起，到现在为止，研究财政问题的有经济学研究、有政治学研究、有社会学研究，还有其他学科的研究。经济学研究就是经济学，政治学研究就是政治学，社会学研究就是社会学。所以我认为，从这个意义上看，财政学肯定不是纯粹的经济学，它是经济学，也是政治学，也是社会学，或是其他的什么学。这就是目前我对这个争论总体的想法。

第二个问题，从资源配置方式及其背后的支配力量看，财政到底是什么？或者从资源配置方式的角度定义财政。财政有很多不同的定义，不同的界定。

人类社会最基础的活动无疑是经济活动，从最一般的意义来说，就是配置稀缺资源，稀缺资源的配置就是经济。所以说人类一切活动都可以归结于经济活动，人类活动要解决稀缺的资源如何配置的问题，怎么解决生存和发展的问题。人类社会从产生以来，资源配置无非就是三种方式。

一是以家庭和亲族为主体的，以情感伦理和道德作为支配力量的资源配置，它主要在家庭内部进行。当然也有家庭外部、社会亲族之间的往来，甚至有社会不同成员之间的往来。例如，《圣经》说，种地不要都收了，在边边角角要留一点给乞讨的人，给吃不上饭的人，这些是要基于情感道德的。

二是基于强制力量。国家产生以后，就是以国家作为主体的资源配置，国家通过公共权力配置资源，这就是财政。当然，公共权力是合法暴力，还有非法暴力，就是现在制度经济学里面讲的“流寇”。

三是市场配置资源。市场配置资源是私人之间、企业之间基于财产权力配置资源，依托价格机制，价格引导资源。在市场、在价格机制占主导地位以后，也就是近现代社会以后，市场配置资源成为一个主导的配置方式。当然，在产权里面，除了私人产权还有公共产权，就是国有企业。世界上很多国家都多多少少地存在着国有企业，只是到目前为止我们国有企业的比重很大，数量很多，而且国有企业垄断主要资源。

从资源配置的不同方式来看什么是财政？财政就是政府作为主体以公共权力进行的资源配置，这就是财政。因为国有企业是公共产权配置资源，也涉及公共权力，所以财政学中也有“双元结构财政”的观点。把国有企业作为财政里面的一部分，涉及公共产权和公共权力两种力量共同配置资源。

应该说，这三种资源配置方式是从人类社会产生的“初期”就存在的，不是说市场是到近现代才出现，只是近现代社会以后，市场成为一种主导方式而已。家庭是人类社会最古老的组织形态，现在也是社会的基本细胞。政治以公共权力配置资源，也是很古老的。恩格斯考察过家庭、私有制和国家的起源。市场是交换，是价格机制配置资源，也非常古老。马克思说，最初的商品交换发生在原始公社的尽头，可能就是原始部落群体之间的交换，商品交换、商品经济后来才渗透到氏族公社的内部。这三种资源配置方式不是有先有后，而是从人类社会有了家庭、有了私有制、有了国家的那天起，这三种资源配置方式就一直存在，一直发展到今天。

按照日本财政学家的说法，社会系统下面分为三个子系统，就是以资源配置方式作为一个基本标准来进行分解的。现在按照“经济学帝国主义”的眼光看，基于情感纽带、以家庭为主体的资源配置是共同体经济；基于公共权力配置资源是政治经济，政治经济就是为了克服共同体经济缺陷而产生的。市场社会产生后，意味着经济体系从政治体系和社会体系中分离出来。

我认为，目前这三种资源配置方式是把整个社会系统再细分为社会、政治、经济这三个小系统的基本依据。财政就是以公共权力进行的资源配置，这里面包括以公共产权配置资源的国有企业。这就是我要讲的第二个问题，研究这个学科要从社会、政治和经济等视角来看。

第三个问题，从财政思想史或者学说史的角度看财政学的分界。按照日本经济学家神野直彦的观点，财政学是德国官房经济学与英国古典经济学“奇妙婚姻的产物”。他说财政学的形成主要有两条线索，一是英国的古典经济学——财政之母，二是德国的官房经济学——财政学之父。

我做了一个财政学形成与发展的脉络图。左边是以英国古典经济学为传统，从亚当·斯密开始，一直到现在的福利经济学。右边是官房经济学，一直到现在的财政社会学。在官房经济学和英国的古典经济学之前，也就是前古典经济学时期，色诺芬的名著《雅典的收入》，讲的就是财政学的问题，可以看作财政学的奠基之作。

财政学发展到今天形成了三个流派：公共经济学派、公共选择学派和新财政社会学派。公共经济学派是以福利经济学为基础的。现在所谓的西方财政学，流行的都是以纯粹经济学的视角研究财政，形成公共经济学。公共选择学派，研究政权运行和财政资源配置。新财政社会学，强调财政学不应该仅从经济学、政治学、社会学各自个别的领域来研究，而应该是一门交叉的“综合社会科学”，主张在经济、政治与社会的相互联系中宏观地考察“作为社会现象的财政”。在社会转型和变革时期，财政社会学的方法更有效。

目前，财政学这三大流派，一是纯粹经济学的、以福利经济学为基础的流派；二是新政治经济学、以公共选择为基础的流派；三是财政社会学的流派。这里要思考一个问题是，这三个流派是都归为经济学学科，还是要把它们分属于经济学、政治学和社会学三个不同的学科？这是我们思考关于财政学学科属性问题的一个依据，或者一个角度，或者可不可以从这个角度来思考财政学到底有怎样的学科属性。

如果说财政学是政府作为主体、以公共权力进行的资源配置，那么所有配置资源的活动都是经济，财政学肯定首先是经济学。关于财政学的政治属性，它到底是经济基础还是上层建筑？其实公共权力配置资源就是财政，那配置资源的活动是经济，公共权力肯定是政治，财政学不能只研究活动，不研究主体、机制和关系。其实我们原来20世纪80年代之前“国家分配论”的基础是马克思、恩格斯的国家观和财政思想，本质上就是政治学的。税赋是喂养政府的奶娘，税赋是政府机器的经济基础等。恩格斯早就说过，强有力的政府和繁重的赋税是同一个概念。这是马克思、恩格斯的国家观和财政思想，显然，这里面更重要的是政治学的属性。

当然，现在有很多非马克思主义的国家观和财政观，其实也是政治学的。例如，我们现在一般说，政府拥有强制权力，重要的是征税权。税收是为保证基本公民权而缴纳的费用，政府追求的不是经济利益，是公共利益最大化，政府有服务全体社会成员的义务。从这个意义上来看，现代政治学也从不同的角度理解政治，例如，作为权力和资源分配的政治，作为公共事务的政治，作为政府艺术的政治，作为妥协和同意的政治。这是目前政治学里面对政治的不同理解，可能前两个是说政治学在研究什么，后两个是说政治是怎么运行的。

政治学里面的核心概念，包括国家、权力、权威、市民、社会、共识、政府与治理、政策等，这些恐怕也都是财政学要研究的。也就是说，财政要研究公共权力，要研究国家或者政府，要研究公共事务，财政是最大的公共事务。

经济学追求的是利益最大化，其研究方法是成本与效益的比较。但是，财政从产生的那一天起，财政配置资源的目标从来就不是单纯地追求效率，而是讲公平与效率的权衡，或者发展、改革和稳定。我们经常说财政配置资源除了经济目标，还有社会目标、政治目标，这是从社会学的角度来看财政学的社会属性。原来由家庭体系负担的如教育、医疗、养老，近现代以后这一类职责很多就由社会来负担。关于财政社会学的产生，有很多的文献，最早是1917年奥地利的社会主义学者葛德谢德提出来的，到现在正好是100年。也就是说，从社会学的角度来研究财政的问题也有100年历史了，而不是现在才开始争论的。当然，它的创始人里面还有熊彼特。

财政社会学的核心观点为，财政制度是社会演进的动力，财政制度决定了现代国家的成长方式和路径。也就是说，研究财政是要研究政府与人民的关系，研究政府与企业、社会的关系。其实，财政表明了政府和人民的一个基本关系，或者说一个基本的联系，就是金钱关系，也就是税收。进一步讲，财政学是经济学，还是政治学，还是社会学？现在都在研究财政学问题。经济学家在研究财政学，我们这些人大部分属于经济学领域。政治学家也在研究。预算是什么？预算就是财政问题，包括复旦大学、清华大学的一些教授等，他们也都在研究公共政策、公共服务，这些人都是政治学家的身份。所以说，争论财政学到底是经济学、政治学还是社会学，那还要看哪些学者、哪些行当的人在研究。是以政治学的方法来研究，还是以社会学的方法来研究，还是以经济学的方法来研究。

归结起来说有三条，研究财政是不是单纯的经济学问题，要看是哪些人在研究这些问题、是以哪个学科的方法来研究这个问题。党的十八届三中全会讲到财政是国家治理的基础和重要支柱，现在研究这个问题的人又多了。我想一方面，财政作为治理的手段，它要实现经济的、社会的、政治的三重目标，需要研究财政与经济层面、政治层面和社会层面的多重联系。另一方面，作为一个手段，财政本身应该是一个好的工具，“工欲善其事必先利其器”，所以先要把这个手段、工具打造好，而只有经济系统、政治系统、社会系统共同努力才能打造好。打造财政本身需要政治手段，所以这肯定是需要政治学研究的；现在谈治理，治理就是一个社会共同参与的问题，这肯定也是一个社会问题。

财科院的刘尚希院长多次讲，改革开放以来，政府与企业的关系改革进步很大，政府与社会的关系改革进步不大。根据2016年的财政数据，全部政府收入24万亿，占GDP总数（74万亿元）的33%。但是税收收入占整个的政府收入只有53.45%，到现在为止，勉强可以说我们是一个税收国家，因为我国整个政府收入当中税收所占的比重只是一半多一点，还有47%是非税收入。按照财政作为治理手段、治理工具这样的要求，作为现代税收国家和现代财政制度要求的国家，这样的收入结构是不是合适的呢？中国现在还是一个政府或者是国家垄断土地、资本和高端人力资源等基本生产要素的国家，资源配置的支配力量不仅仅是产权，公有产权配置资源一定不是单纯的产权作用，一定有公共权力参与其中，或者是直接控制的，或者是间接控制的。公有企业就是政府机构的延伸或者附属机构，可以说中国目前还是一个产权国家，不是一个现代意义上的税收国家，至少不是现在西方经济学或者政治学里面讲的税收国家。政府垄断土地、资本、人力资源，所以，我们目前财政的实际状况与目标、与公共财政还有很大的距离。

我的核心观点是：财政学是经济学，这是肯定的，也是毫无疑问的，同时，它也具有政治学、社会学的属性，当然也可以说它还有其他什么学的属性。

作者简介：焦建国，天津财经大学财政与公共管理学院教授、博士生导师。兼任中国财政学会理事、中国财税法学研究会理事、中国财政史学会理事、中国行政管理学会理事、天津市行政管理学会常务理事等。研究方向为财政税收，研究范围涉及宏观经济、金融、公共管理、法治理论等。

# 对财政学学科属性的思考

◇ 刘小兵

关于财政学科属性，我的一个基本观点是，从目前以经济学为主进行的财政学研究来看，所构造的这套理论体系无法支撑或者无法回答这些问题，由此推导出，财政学的学科属性我认为不应该仅仅局限于经济学，它应该打造自己独特的一套学科体系。

现在大家都非常关注十八届三中全会的那句话——财政是国家治理的基础和重要支柱。财政是基础和重要支柱，但怎么发挥这个作用呢？一定要有理论解释，要有行动准则，要有评价标准。这些恰恰是财政学需要回答的问题。作为一门科学的财政学，它应该能够为政府发挥财政的基础和支柱作用，提供一套科学的行为准则。

问题是目前的财政学科有没有做到这一点？刚刚李校长说了，现在的财政学没有什么解释力，所以希望能够构造一个新市场财政学来提升这种解释力。也就是说，现在的财政学学科并没有为如何更好地、充分地发挥财政的基础和重要支柱的作用提供一套理论支撑，提供一个科学合理的评价标准，我想就这一点来展开。

关于财政学科属性，我的一个基本观点是，从目前以经济学为主进行的财政学研究来看，所构造的这套理论体系无法支撑或者无法回答这些问题，由此推导出，财政学的学科属性我认为不应该仅仅局限于经济学，它应该打造自己独特的一套学科体系。

现在理解的财政学，它实际上是以经济学的研究方法来研究政府如何运用财政收支手段来改进市场效率和促进社会公平。它判断政府行为好坏的标准，就是效率和公平，制定政府收支范围的依据是市场与最佳效率之间的差距，也就是所谓的市场缺陷，这就是目前财政学科的一个基本框架。它的内容大致上包含这几个部分，财政职能、财政政策目标、财政支出、财政收入、财政体制、财政管理等内容。经过这么多年的教学研究，我个人深深地感觉到以经济学方法建立起来的上述财政理论仍然存在很多问题。实际上，它对财政的基础和重要支柱的作用，支撑力度还不够。

我这里提出几个问题。

问题一：关于财政职能。

目前关于财政职能的定义是资源配置、收入分配、经济稳定增长等。关于财政职能的定位，实际上就是财政应该做什么的问题。我们会发现按照市场缺陷理论来定义这个职能存在两个问题。

第一个问题，市场做不好的让政府来做，政府是不是一定做得好？好像福利经济学也没回答这个问题，它就说市场存在缺陷，所以政府就应该干预。不过政府干预的结果是不是一定比市场好，不清楚！

第二个问题，财政学理论关于财政职能的理论，说的都是政府应该做什么，但问题是把这个权力给了政府，政府实际上会去做这些东西吗？说财政是国家治理的基础和重要支柱，但给了财政权力，它是不是会做呢？所以，应该做什么和实际上会做什么完全是两个概念。

问题二：关于财政政策目标。

关于财政政策目标，现在一般都设定了效率、公平标准。但问题是，不管效率还是公平，它是没有唯一标准的。最终的效率在哪里？取决于收入分配的结果，这一结果根据构造的社会无差异曲线来决定。关键是构造出来的社会无差异曲线到底是什么形状，对此，不同的理论有不同的结果。所以我们可以看到，这些好像看起来有一个绝对的指标，但仔细一思考会发现没有一个绝对的衡量标准，这是一个问题。

还有一个问题，不管是效率还是公平，都是一种给定的最佳结果，都是理想当中最优的状态。但问题是，假设这个目标、这个最优的东西根本就是达不到的，那么我们怎么来评价政府的行为，怎么用这个标准指导政府的行为？很可能的结果就是，政府最后做的结果怎么样，符不符合这个目标，根本无法做出评价，这是对于财政政策目标的思考。

问题三：关于财政收入。

现在财政学关于政府应该怎么取得收入有很多原则，不过仔细思考，这些原则还是很难指导政府的实践。如公平原则、效率原则，按照效率原则，我们说要征税，要贯彻中性原则。但是你会发现根据中性原则构造的一些税收存在一定问题，这就会违背公平原则。如果按照公平原则来设计税收，就要强调遵循受益原则或者是能力原则，如果按照能力原则来构造一套税收的话，你会发现它有替代效应，它又会导致税收超额负担，这就违背了效率原则。所以一种税收制度的设计，它总是在这两个原则之间进行平衡，对于政府怎么构造一套实际的税收制度，还是缺乏一个理论的指导。

问题四：关于财政支出指导政府行为的理论。

这个理论好像要告诉我们一套非常严密的体系，政府财政支出应该按照什么规则、政府应该在哪里花钱，要么是购买支出，要么是转移支付。一是提供公共品，二是解决地区间的差异。但实际上，经过仔细思考，这套理论用于指导政府的行为还是缺乏理论的基石。例如第一个问题，政府要提供公共品，但问题是什么是公共品。如果严格地按照理论学说讲，公共品具有非排斥性、非竞争性，符合这个特性的消费品少之又少。而且即使符合这两个消费品的特性，它就一定是公共品吗?

经济学经常会用一个例子来解释，例如坦克是公共品，但有的时候我们会发现，公共品不一定尊敬人民的福利，有可能损害人民的福利，有可能是公害品，公害品也符合非竞争性、非排斥性，这是一个问题。也就是说，真正的公共品很少，所以政府能干的事情，如果说是提供公共品，那政府就没什么好干的。

第二个问题是，如果政府响应民意，尽量多地满足公共需求，也就是提供一些准公共品。这个时候我们发现，现代的财政学已经缺乏非常有效的原则来指导。这样就会使得政府的行为失去了一个标准、失去了一个行动的准则。

关于这个问题，我们还可以展开，对现有财政的公共品理论，有很多问题都还没有解决。例如，公共品跟私人品的自由配置，实际上它并没有告诉我们怎么来实现这个目标。它不像经济学，告诉你市场是可以达到最优的。它提供了最优目标，也提供了一个路径来实现这个目标。但是，财政学告诉你最优的公共品资源配置是什么，但是它没有告诉你以什么路径来实现这个自由配置。

每年开两会就会碰到的一个问题。有的人说要多投入教育，有的人说要多投入医疗，有的人说要多投入社会保障……大家都说政府应该多干这个多干那个，这就是问到财政学的一个问题了，不同的公共品之间的资源配置标准是什么？财政学几乎没探讨过这个话题。像这些问题，都是关于财政支出中政府应该做什么的，它缺乏一个非常有效的、能够指导政府行为的行为原则。

问题五：关于财政体制。

目前，所有经典的财政学当中的财政体制理论，都解释了西方体制下的一个政府行为，并没有解释不同政治体制下的政府行为。例如，在中国单一制的体制下，财政体制应该怎么构建才是最优的，现有的财政理论是无法解释的。而我们现在去做的就是，根据西方体制下的所谓联邦主义这种原则，来构造我们的财政体制，那显然是无效的。所以搞到现在，关于财权跟支出责任怎么相匹配，讨论到现在仍没有结果。这也是我们现在财政体制的一个非常大的缺陷，它只有一个理论解释了在西方体制下面，中央跟地方怎么来构造它的财政体制，并没有解释其他政治体制下的状况，这也是缺乏解释力的。

至于财政管理的一些问题，它本来就是一些非经济学的话题，是管理的问题。像刚刚焦建国教授说到的那个预算，我更倾向于不把它看作一个纯财政问题。实际上，它就是政府应该做什么，确定了之后如何把它做好，这是一个管理的问题，不是一个纯理论的问题。我们讲这门课讲了这么多年，但是仔细思考发现，这套理论根本没办法对政府的行为提供有效的指导。由此，引发我们对财政学科属性的思考，我是基于这样一种思考来讨论这个话题的。

作者简介：刘小兵，上海财经大学公共经济与管理学院院长，教授。

# 关于财政学学科属性的几点思考*

◇ 杨志勇

我们讨论的学科属性问题，很多是关于学科分类的问题，因为科学研究需要资源配置，那么科学研究的资源配置如何进行，与学科划分很有关系。我们以前总是在说经济学学科分支太细。其实看看工科，他们分的可能比我们知道的还要细。如果说没有这种学术资源的配置方式，那么分析学科属性分类还有什么意义，就需要另作思考。我觉得这方面可以作一些拓展研究。

刚才5位演讲嘉宾谈了许多对我来说很有启发的内容。

李俊生教授讲新市场财政学，致力于财政学中国学派的建立，这是非常有探索精神的。刚才他提到了很多问题，也都是我所困惑的问题。这些问题或者有启发，或者确实亟待解决。刚才提到的市场与政府的边界界定的问题，这也是我们现在一直在研究的。它到底是一个动态的市场与政府的关系，还是说本来就不应该存在的那样一种界限。

* 本文系杨志勇研究员对论坛发言的点评。

我想这里的很多探索，特别是对增强财政学解释力，对新范式的探索，很有启发。讲市场失灵，我看到很多政府和市场老是在一起，以市场经济为背景的财政学教材的框架是很简单的，一开始就说市场失灵，尔后讲政府干预。但是，当我们阐述政府收税问题的时候，税收跟市场也都是合在一起的，政府征税活动和市场有效运作是在一起的，所以有很多矛盾的地方。我觉得李教授如果再往后面做的话，可以给财政学界带来更多的启发。

叶子荣教授讲的市场经济的演化，也引发了我很多思考。特别是关于市场是怎么演化的，探索性很强。

张馨老师提到了财政本质问题。为什么要花那么多时间研究财政本质？我已经做了一些研究工作，很快就会完成一篇文章，我希望能够回答这个问题。现在来看，财政本质问题研究可能更像一种玄学，但其中演变的过程挺有意思的，有很多故事在里面。因为张老师是我老师，他前面已经讲了很多，我也曾经听到过很多，当然，我还有一些问题需要进一步消化，以后再向张老师请教。

焦建国教授谈财政学科属性，题目是以资源配置为起点的观察。我认为以资源配置为起点，通常的理解就是从经济学的角度来讲，但是后来焦教授涉及经济学、政治学和社会学，我就不知道这应该怎么理解，其实再延伸出去可能还有法学，还有公共管理学，很多学科都可以延伸到。我想这些应该是公认的一些东西。我觉得可以在后面再作进一步的探索。

刘小兵教授对财政学学科属性的思考的题目我很有兴趣。他提出基于经济学方法建立起来的理论有很多问题，特别是效率和公平，因为缺少确定性。缺少确定性，是不是说一定会有问题呢？有的时候，效率和公平关系是动态的，这是引发我思考的问题。他也提到现实的很多问题，我们需要深入财政理论中去回答，我觉得这非常重要。

这是前面一点感想，后面简单说一下我自己的想法，大概有这么四点。

第一，财政学不管属于什么学科，财政研究总是要进行的，因为财政问题是一直存在的。我们要做的任务可能是非常艰巨的，包括财政问题是什么，有数据的问题，也有别的问题。

第二，我们讨论的学科属性问题，很多是关于学科分类的问题，因为科学研究需要资源配置，那么科学研究的资源配置如何进行，与学科划分很有关系。我们以前总是在说经济学学科分支太细。其实看看工科，他们分的可能比我们知道的还要细。如果说没有这种学术资源的配置方式，那么分析学科属性分类还有什么意义，就需要另作思考。我觉得这方面可以作一些拓展研究。

第三，关于税收与财政收入的关系。刚才前面有专家也都提到了税收与财政收入的关系，谈到赋税是政府机器运转的经济基础。在这个问题上，我前一段时间在研究税收思想史时，发现税收成为财政收入的主要来源，主要是土地私有制之后的产物。也就是说，国家和税收的关系，好像跟我们原来教材学的不太一样。这方面的成果即将发表在《税务研究》2017 年第 5 期上。

第四，财政学能做什么？每个人的研究重点不一样。我最近在做一些很基础的研究工作，主要是向历史学习，记录中国财政学的贡献者，包括像昨天的终身成就奖获得者，当然还有很多已经去逝的学者。他们对财政学的贡献需要整理。

作者简介：杨志勇，中国社会科学院财经战略研究院研究员，中国财政学会副秘书长、理事。主要研究方向为财税理论与政策。

# 关于财政本质的几点思考*

◇ 马洪范

我们对财政工作者的称呼从古至今变化非常多，古代曾经叫大司农、转运使、户部尚书等，现在叫财政部长，企业财务管理领域叫 CFO、财务总监……但你无论叫什么，用老百姓的话讲的最清楚，说到最根子上就是管账先生。用马克思的话讲，财政干的事就是分配活动，我想这是一个非常明确的答案。

我认真学习听讲，总结了 5 位老师都涉及的三个关键词：市场、国家、财政。他们都在做一件事：思考财政是什么，回归财政的本源。

李俊生校长留给我的印象是世界眼光、中国心，立足于市场平台观，他提出创立新市场财政学，其实这也正适应了我们改革开放 30 多年至今出现的一些新情况，对我们做好财政工作很有启发。

叶子荣教授总结了市场经济演化的历史，揭示了国家干预力量变迁的轨迹，也是为了把财政的职能作用在新阶段发挥得更好。

---

* 本文系马洪范研究员对论坛发言的点评。

张馨老师谈了市场的决定性作用和财政在国家治理当中的基础与重要支柱这种关系，更明确地提出，无论财政穿什么衣服都要回归自己的本源，不能忘本。

焦建国老师关于财政的资源配置职能，其中蕴含着社会、政治、经济三个子系统，作了一个详细的解剖。焦教授运用马克思写资本论的方法，从商品这个细胞开始揭示人类经济体的一系列组成元素。从资源配置最简单、最基础的活动当中，剖析出了它的政治、经济、社会多重属性。

刘小兵院长对财政学科的属性，围绕着市场、社会、国家三个关键词提出了诸多发人深思的论点。我也一直在思考，特别是张馨老师提出来财政是什么这个问题。

我想把我个人的三点体会简单地报告一下，也是受5位老师发言的启发，在学习过程当中萌发了一点感想。

体会一：财政是什么？

我们对财政工作者的称呼从古至今变化非常多，古代曾经叫大司农、转运使、户部尚书等，现在叫财政部长，企业财务管理领域叫CFO、财务总监……但你无论叫什么，用老百姓的话讲得最清楚，说到最根子上就是管账先生。用马克思的话讲，财政干的事就是分配活动，我想这是一个非常明确的答案。

体会二：账房先生要干什么？

我记得广西刘铭达教授曾写过一本书，书名叫《巧妇难为无米之炊》。这个账房先生最重要的事就是要找米下锅，资金、资产、资源是理财的对象，我们要干的事其实就是找米下锅，这是最本质的工作。

体会三：怎么干？

其实张馨老师在发言的时候已经讲清楚了，财政干的事就是钱从何来、流向何方，收入和支出，这本身就是资源配置的过程，是经济学的范畴。我认为这是财政重要的主干。围绕着钱从何来、流向何方，衍生出来很多具体的、可以细化的学科领域。比方说，权力的配置、资金流经环节当中的利益博弈、相关的法律制度、技术工具的运用、组织效能的发挥、文化价值观念的弘扬，还有资金流过后留下来的信息流，是把权力关进制度笼子里面最好的工具。依托于钱从何来、流向何方，其实财政需要从信息学、政治学、法学，乃至于组织行为学、文化学多个学科去做好工作。

最后总结一句话，财政学科建设应该坚持固本强干，最终才能枝繁叶茂！

作者简介：马洪范，经济学博士，研究员，硕士研究生导师，中国财政科学研究院外国财政研究中心主任。长期以来，致力于财政制度现代化、国际财政比较、政府预算管理与改革、财政金融关系协调等研究。

# 以“四个自信”推动财政学理论创新发展*

◇ 郭庆旺

> 而现在的中国，共产党领导建设社会主义已经近70年了，尤其改革开放这40年来，整个经济社会的发展是突飞猛进的，很多的思想家也开始出现了。当然，这个物质的基础要能够培育出思想的参天大树，可能需要一个很长的时间，这个时间可能是半个世纪，也许是一个世纪。但是我们已经走上这条光明的大道了。

到目前为止，7位学者精彩的发言就到此结束了，我来做一个简要总结。

这个单元是基础理论、学科建设，应当说是一个永远需要争论、争论永不会休止的话题。因为我们如果说到某一阶段结束了，就说明我们的思想没有创新了，所以这是一个普遍的长期话题。只不过在不

* 本文系郭庆旺教授对论坛发言的总结。

同时代，要求我们尽早形成一个初步或者基本的体系和框架，这是迫在眉睫的问题。刚才大家都谈了很多非常好的观点，我想说我的启发很大，我简单地补充几点。

第一，通过大家的讨论，给我印象最深的就是响应习近平总书记讲的“四个自信”。我们在财政学上现在已经有理论自信了。因为过去我们都是在翻译、引进、借鉴国外的一些理论，现在可以独立地思考，尝试建立理论体系。我想说，理论体系的创新和构建，与国家的发展是密切相关的。我们从所谓的经济学大师的情况或者说从整个经济学思想家的来源地也可以看出，200 多年前经济学大家主要产生于英国，那时候是大英帝国最强大。进入 20 世纪后，众多经济学大师诞生于美国，因为美国成为世界最强国。

而现在的中国，共产党领导建设社会主义已经近 70 年了，尤其改革开放这 40 年来，整个经济社会的发展是突飞猛进的，很多的思想家也开始出现了。当然，这个物质的基础要能够培育出思想的参天大树，可能需要一个很长的时间，这个时间可能是半个世纪，也许是一个世纪。但是我们已经走上这条光明的大道了。

第二，所谓的思想家或者理论家，在很大程度上，尤其是在社会科学领域，就是对你生活过的或对之前的实践经验的总结。亚当·斯密的《国富论》，也许正是对当时将近 100 年的资本主义的生产方式逐渐兴盛的总结。凯恩斯也可能是在西方 1825 年经济危机第一次在英国爆发之后，对英美经济周期的总结，特别是经过了罗斯福总统的新政实践之后，才写出了不朽之作《通论》。

中国改革开放是一个经济大发展、大跨越的实验场，有很多丰富的经验，在中国共产党的领导下，建设中国特色社会主义市场经济，取得了很多的成就。尽管有人说，这也有问题，那也有毛病，但是我们必须要看到一点——结果。你要的是结果还是过程，这其实需要我们反思很多事情。理论自信，我觉得就是要总结我们中国最近的伟大实践。

第三，过去20余年来，“公共财政学”“公共经济学”成为我国财政学界的热门话题，主要是借鉴西方财政学思想，而现在李俊生教授提出了“新市场财政学”。在我看来，他的新市场财政学至少有三大理论来源、四大关键假说、五大学科融合，有可能会极大地推动我国财政理论的创新。这同时让我联想到另外一个问题，那就是财政理论、财政学和财政学科之间的关系。像李俊生教授提出的“新市场财政学”是放在财政理论里理解，还是放在财政学里理解，抑或放在财政学科体系里来理解，可能需要我们进一步思考。

作者简介：郭庆旺，中国人民大学财政金融学院院长，教育部“长江学者特聘教授”，兼任中国财政学会副会长、中国税务学会副会长、教育部高等学校财政学类专业教学指导委员会副主任委员、全国税务专业学位研究生教育指导委员会副主任委员，主要从事宏观经济理论与政策、财政理论与政策的教学与研究。

# 关于财政理论的三个基本问题

◇ 吴俊培

现代财政学被称为公共经济学。我主要对主流公共经济理论的假设前提、分析方法和“公共”的基本单位三个基本问题提出质疑。在质疑过程中隐含了要重新认识财政职能和重新建构财政理论的思想。

现代财政学被称为公共经济学。我主要对主流公共经济理论的假设前提、分析方法和“公共”的基本单位三个基本问题提出质疑。在质疑过程中隐含了要重新认识财政职能和重新建构财政理论的思想。

第一个问题：关于“公共经济学”的假设前提。

公共经济学被认为是经济学的分支学科，是研究公共经济问题的。但财政学似乎并没有讨论该学科的假设前提问题。可能认为假设前提和经济学一样，因此没有必要讨论。

现代主流经济理论的假设前提被认为是“个人理性”。个人理性不是你什么都懂，而是在你的认知范围之内做出一种有利于自己的选择。简单地说，实际上就是利己主义假设。

在公共经济理论中，把“公共”理解为“个人的集合”。公共并没有改变个人的行为准则。公共是个人行为准则的集合。因此公共的假设前提本质上和个人的假设前提是一样的。或者说公共经济学的假设前提和经济学的假设前提是一样的。这种流行观点很成问题。

其实，“个人”和“公共”是一个问题的两个方面。公共是一个大写的“人”，是社会的含义。离开社会理解不了个人，同样，离开个人也理解不了社会。马克思曾经说过，人是一切社会关系的总和，指明了两者之间的辩证关系。这说明，经济学不是“个人”的经济学；财政学也不是“个人集合”的公共经济学。

实际上要理解“人”，就必须抽象出两个基本准则：道德和价值。可以说道德和价值是理解“人”的两个绝对理性，是研究经济学和财政学必须要有的假设前提。

道德是人与人之间的情感交换关系；价值是人与人之间的分工交换关系。社会的公平正义就是由道德和价值的相互关系决定的。

上述说明，把经济学的假设前提说成是个人利己主义是完全错误的，把公共经济学的假设前提看作个人理性集合的观点同样是错误的。后人把经济学的利己假设说成是斯密的观点是天大的历史误解。如果说对主流理论的假设前提的质疑是成立的，那么意味着经济理论和财政理论将有根本性的变革。

第二个问题：关于公共经济学的分析方法。

现代财政学的研究方法存在两个主要问题：一是采用价值一把尺子衡量政府的行为；二是对财政的经济分析缺乏财政制度安排的中间变量，即缺乏公共商品对经济影响的中介环节。

先谈第一个问题：采用价值一把尺子衡量政府行为的问题。

每个人都处于道德和价值的关系之中，“组织”是道德和价值关系的有形表达。家庭是社会的细胞。社会组织可以区分为三类：营利性组织、非营利性组织和国家组织。国家是代表社会的公平正义的，从这个意义上说属于上层建筑，高于具体表达道德、价值关系的其他社会组织，或者说“凌驾”于其他社会组织之上。但国家作为一个有形组织，也要像其他社会组织一样占用资源。在经济分析中，通常是家庭、企业、国家的三部门分析法。因此，国家组织具有两重性，既有社会组织的性质，又有上层建筑的性质。

在上述背景下，政府的所有活动都可以作经济分析，都可以被纳入资源配置、收入分配和经济稳定的框架之中。这就有问题了，因为政府是处理一切社会关系的，都用货币财富一把尺子去分析政府的行为，合适吗？

上述表明，如何用价值和道德两个维度来看待财政的功能是需要深刻反思的问题。

再谈第二个问题：缺乏中间变量的财政分析方法。

目前在财政研究中通常直接根据财政收支来分析对经济的影响，缺乏对财政制度和提供的公共商品这样重要的中间变量进行分析，财政学的特色就看不见了。

市场经济体制可以理解为市场经济和公共经济并存的混合经济，但两者并不处于完全并列的地位。我们已经说过，政府具有两重性。从有形的政府来说，具有社会组织的性质，似乎与市场经济处于同一层次；从公平正义的政府来说，是凌驾于社会之上的上层建筑。公平正义是个历史范畴，因此在不同的历史阶段，政府处理与市场经济的关系和方式是不同的。

在现象上，财政是通过收支对经济发生影响的。但从收入方面看，财政收入要经过税制、分税和转移支付制度之后才形成中央和地方各级政府的支出。这一制度安排在市场经济体制中处于核心地位。这表明财政收入对经济的影响并不是直接的，决不能忽视制度中介影响。

而且，财政主要提供公共商品，因此财政对经济的影响是通过公共商品这个中间产品发生作用的。但在财政学的分析中看不到这个中间环节，实际上忽视了财政学的本质特征。

在经济学中有 CPI 指数的研究，在财政学中缺乏公共商品对消费水平影响的研究；在经济学中有所谓的市场经济全要素生产力的研究，但在财政学中缺乏公共商品对全要素生产力影响的研究；在经济研究中似乎片面强调竞争出效率，不重视甚至完全忽视合作出效率的问题在财政学中同样存在，等等。

财政这一中间环节实际上是宏观和微观连接的桥梁。财政宏观政策之所以能起作用，就是通过财政这一中间环节发挥作用的。可能增加财政支出能够提高规模经济，也可能改善居民的实际生活水平。如果不进行这种中间环节的分析，就很难判断财政政策的成效。目前对宏观政策的评估主要依赖于市场经济的潜力，完全忽视了财政这一中间环节的重要影响。

形成公共经济独特的分析范畴和分析方法是建构公共经济学科的必要条件。

第三个问题：关于“公共”的基础单位。

从社会角度来理解公共，那么公共由“政府”代表。这里的政府是广义的概念，和国家的政治制度安排是一致的。国家通常由中央政府和地方各级政府组成，因此，公共的最大外延被理解为整个国家的辖区，最低一级的地方基层政府辖区为公共的基础单位。财政学怕这种流行观点是有疑问的。从公共经济的角度看，我们讨论的公共的基础单位是指“市民社会”的基本单位。政府是市民社会的上层建筑，因此用现成的政治制度安排来认定公共基础单位的做法恐怕不是正确研究的思维方式。

我们认为，从“市民社会”的角度看，公共的基础单位应该是社区。所谓社区是指具有相同地方公共商品需求的居民生活圈。个人的生活圈是由以家庭为中心的上下班工作圈和以家庭为中心的依靠市场的生活圈组成的。上述个人和家庭有共同的公共需求，也有共同的日常生活的市场需求，这就形成社区。社区居民的公共需求是最贴近民众的，也是公共经济和市场经济结合最紧密的地方。社区的公共服务才可能是真正的“地方公共商品”。如果每个社区安定了，地方就安定了；每个地方安定了，国家就安定了。因此，社区是公共的基本单位。

把地方基层政权的辖区作为公共的基本单位是有问题的。我国在农村的基层政权是乡镇，在设区的市级政府中，区是基层政权。应该说辖区都很大，可以说不存在这么大辖区中人人都受益的地方公共商品，也不符合居民安定生活圈的要求。

对于农村来说，社区大体上就是居民共同生活形成的村落，城市大体和居民委员会的治理区相当。显然，对于社区来说，人人都受益的公共商品是确实存在的。而且以社区为基本单位才有利于政府更好地为人民服务。

社区并不是不变的，随政治、经济、文化的发展而变化。随着市场化的进程不断深入，农村必将发生农业劳动力向非农产业转移，必将形成新的城镇，原来村社也必然发生变化。随着现代科学技术的发展和信息交流的便利，城乡的区别越来越小，社区的范围扩大可能是一种趋势，也就是说跨区合作的需求越来越大。

社区是公共的基本单位，社区商品在目前财政学的教科书中是没有这样的概念的。但我们并不主张把社区“升格”为政权的基本单位。农村行政村的治理模式有推广的普遍意义。

农村的行政村是一种自治性质的管理组织，是政府接触的最基层的“公共”团体。目前，政府对行政村也有财政补助。因此，行政村有点像“混合组织”，即既有政权职能延伸的性质，又有民间自治的性质。但对行政村财政补助的问题并没有根据收支两条线的原则标准化，这是需要完善的地方。城镇类似的是居民委员会，管辖的范围大体和社区相当。

社区在主流财政理论中不被重视，因此也谈不上形成社区的专门分析范畴。如果承认社区是公共经济学中的基本单位，那么必将对财政理论产生根本性的影响。

我们对现代财政理论的三个基本问题提出了质疑。希望能引起重视，深入讨论，为重构经济理论和财政理论做出应有的贡献。

作者简介：吴俊培，武汉大学教授、博士生导师。

# 集体物品、财政场域与财政学知识体系的新综合

◇ 王雍君

论文的题目是“集体物品、财政场域与财政学知识体系的新综合”，这篇论文的一个任务是为公共财政创建一个共同的解释基础，针对现在的财政学无根基和碎片化状态这一棘手的现实问题，能够提供切实可行的、系统的解决方案。

一门学科的成熟取决于两点，一点是研究对象的成熟。财政学的研究对象是非常成熟的，那就是公共物品，尽管含义有不同的解释，但基本含义大家都是认同的：共享而非独享。人类社会自有史以来就需要有一些共享的东西，我们就把它叫作公共物品。常规集体物品有两类：公共政策与公共服务。

公共物品历久弥新，贯穿了整个人类文明史，作为财政学的研究对象是非常成熟的，但问题在于：财政学的研究体系很不成熟。财政学经常被表述为经济学、社会学、管理学、史学等的分支。其实我

的看法是：如果我们能够把它表述得很好，形成一个搭建共识性的体系，财政学就有资格成为一门独立于其他任何学科的财政学。现在财政学与其他学科的边界紊乱问题，在其他学科领域很少见，例如，物理学就是物理学，化学就是化学，经济学就是经济学，但财政学的定位一直发生着身份认同危机，一直扯了很多年还没扯清楚。原因不是因为研究对象的不成熟，而是因为研究体系的不完善。而研究体系的不完善，又跟最基础的概念没能准确地建构直接相关。换句话说，我们该说什么和没有必要说什么，在这个问题上我们一直缺少最基本的共识。所以现在的财政学，整体上看就是三国时代，不过这是好事。今后总归大家要统一一下，不能完全统一，也得有个大致统一。

这是我对财政学现状一个大致的评价。目前，主流的财政学话语比较凌乱，比较嘈杂，深度也不够。另外，沟通也很难，虽然有庞大的财税队伍，但即使是专家之间，也难以有共同的话语体系进行沟通，这样的状况在其他学科里面是很罕见的，但是在财政学里面却是非常普遍的。另一个问题是财政学的边缘化，或者说被经济学等学科“肢解”。此外还有过度碎片化和过度对策化问题。学者给相关部门提供对策建议无可厚非，但财政学与财政学基础理论不能画等号。

所以今天我们面临的挑战是准确构建财政学的概念框架。我们如果沿着大家有共识的概念框架往前去调理、延伸，就容易得出我们共识比较多的结论。我们为什么要寻求共识呢？是因为每一个人的观点不同，我们提出的对策建议也可能存在很大的差异。人们有一种普遍性的心理就是寻求共识，就像会计的语言是全球的语言，会计用资产负债表、用利润表把一切的问题说得清清楚楚，明明白白，那就是我心目中的概念框架！再如资产负债表用三个要素，即资产、负债、净资产，把这三个概念说得清清楚楚、明明白白，这是我心目中追求的一种准确的概念框架。因为对资产、负债、净资产和基本的会计要素有很多的认同，所以我们交流起来非常方便，这个基本观点的差异是很小的。但是我们现在的问题，在会计报告的要素这个层面缺乏统一的认知，我认为这个问题非同小可。所以，我有一篇论文就想在这方面作一些表达。

论文的题目是“集体物品、财政场域与财政学知识体系的新综合”，这篇论文的一个任务是为公共财政创建一个共同的解释基础，针对现在的财政学无根基和碎片化状态这一棘手的现实问题，能够提供切实可行的、系统的解决方案。这样的诉求，实际上是这个概念框架的结构。我认为创新最大的含义在这儿，如果能做到基础概念的建构，那才是大的创新。整个要求应该是非常大的尺度，并且有一个没有重复的建构，这样才能在逻辑上自洽，概念上更清晰，就像大家如果能够用会计的语言去沟通表达一样。

我个人持这样一种原则，我认为基础理论的创新，第一，一定要坚持起点正确、逻辑正确。如果第一步错了，那第二步、第三步就不要去谈了。第二，要尽量求同，我们可以存异，不过大家尽量要寻求共识，在共识上有最小的分歧。因为我们知道最终需要的是一个认同的体系，稍微往前延伸一下就是一种理论。一种观点如果要有价值的话，它一定是流传的价值。它能够经得起时间的考验，不是一代人，是很多代人。不能流传的东西是没有价值的，这是我的一种信念！要有流传价值，那肯定需要得到最广泛的认同。所以我经常讲我们整个学科领域大家要多求同，少存异。

怎样求同呢？把财政学看作是最简单的一个问题，就是抓住其中最本质的东西。最简单的东西就是定位，就是研究政府花纳税人的钱，其实就是这么一门学科。在这一点上，我们可能很难真的去合理地反驳。

我们知道，管理他人钱财是一个沉重的负担，管理公款尤其如此。世上最开心的事莫过于花别人的钱，世上最困难的事莫过于花好别人的钱，财政恰好就是这么一门学问，研究世上最开心的事，也要研究世上最困难的事。自古以来，个人花好自己的钱易，政府花好纳税人的钱难，没有例外，因为你是花别人的钱。

我们现在一年花纳税人的钱有多少呢？按照今年两会的报告，我们现在一年是花了 28 万多亿元，超过了经济总量的 1/3。其实财政没有必要搞得那么复杂，它其实是一个脚踏实地的、回归本源的问题。如果我们有一套规则、一套组织架构、一套技能、一套系统，我们能够保证这笔钱花好，这是财政学的原则性任务。把这句话再延伸一下，财政学是一个什么定位呢？我想有可能得到最大共识的是这样一个定位，它就是研究一个社会的共同体，运用财政权力和财政资源提供公共物品来促进普遍利益，是这样一种交汇性的社会科学。

这里财政学研究的基本要素是两个：一是财政权力，现在从这个角度谈财政学研究的并不多；二是财政资源，这是两个最基本的元素。要转换为公共物品，公共物品在任何时代都具有普遍意义，攸关现代性起源。从这个起源讲，如果说用几个最基本的概念来表达，基本要求就是一个不能多、一个不能少。首先肯定是共同体概念。共同体理论源远流长，但是我们现在从财政这个角度整理不够。另外一个就是财政权力、财政资源、公共品、普遍利益，这几个术语不能少，少了以后就不是财政学了。

关于财政权力我想特别强调一下，中国历史上一直强调减税，西方历史上一直强调课税权。这是 1215 年的大宪章在英国发展起来的一种思想体系，到后来权力法案出来以后，议会就要求政府报告支出。

人家是从财政权力这个角度去发展它的学科体系，我们现在大体是从财政资源这个角度去说财政学。

所以，起点正确的财政学大致是这样：把财政权力和财政资源放在一个真实世界里，看看它们究竟如何转换为公共物品。大千世界从宇宙演化以前，就是几个最基本的元素，这些元素的部分组合发生化学反应，然后形成了丰富多彩的真实世界。对应在财政世界里，基本元素一个是财政权力、一个是财政资源，问题是它能不能转化成满足公众需求的公共物品呢？如何转化呢？这是财政学的一个任务，这是三个核心概念。

如何转换呢？这就涉及分析范式。

我们要把财政权力和财政资源转换成公共物品促进普遍利益，这个范式只有三个。

第一，我们必须有一个共同体，人类有一个根深蒂固的偏好就是我们同你们要区分开来。在一个民族国家这个共同体框架下，我们有中央政府、地方政府，他们有联邦政府、州政府，其实就是一个共同体的区别。财政联邦制、地方财政、国际财政，其实延伸的是共同经济理论的一小部分，不是全部。

共同体基本理论面对的有三个问题，第一个问题是财政共同体是怎么形成的，人类历史上为什么需要一个政治权力中心去交税，进而从整个政治权力中心提供的公共物品中受益，这样就形成财政学研究的一个共同体。内部和彼此之间是一个共同的理论。

另外，我们知道公共问题还可以拓展到国际财政这个层面。我们讲好多种共同体，在财政制度方面有不同的含义，我想这些问题不应该在共同理论中去归纳。共同理论概括起来，面对着三个问题，就是共同体如何构成、共同体彼此之间和共同体内部个体与整体之间，我们建立的财政关系应该如何去建构。还有就是演化问题，中国历史上讲合久必分、分久分合，讲中央与地方关系几千年以来纠缠不清，这些就是共同理论的问题，只是我们理论整体上还不够。

第二个问题就是共同池。共同体必须把个人的钱财变成共同体的资源，叫财政资源，这是必须要做的一步。另外一步是你不能让大家都去处理这个财政资源，你必须把政府跟纳税人的关系进一步委托代理，由代理人来代表那么多委托人去处理公共权力和公共资源，这样一来才能提高公共物品，所以财政学其实从研究范式来讲三个就够了，其他的都是二级、三级范式。

再概括一下，一个其实非常难以合理反驳的概念。公共物品是中心，没有公共物品就没有财政学。但是公共物品怎么来的？它一定是三个方面的基本建构，一是必须有一个共同体，二是这个共同体必须把私人的资源转化成共同的资源，三是你必须把处理财政权力和资源的权力委托给一批代理人，这样纳税人就退场，由委托人来处理。这就是在一个广阔的经济社会背景下，我们财政学大概的概念。

财政学六个概念可能就全部说清了，第一块是三个要素，把权力和资源转化为公共物品。公共物品最佳的定义是政策和服务，怎么做这件事？正确地做事必须有一个共同体，而一旦有共同体，我们又会出现一个危机，叫共同体涣散的危机。另外一个就是必须要有共同资源。第二块是共同池，第三块就是委托代理。

我思考一个问题，财政学就是财政学，不要再纠结财政学是经济学还是管理学，是法学还是史学。要做到这一点，我们必须要有一个类似于国际标准的会计体系，大家能够沟通认同的一个概念框架，能够达到最大限度的共识，同时又避免重复，然后二级概念、三级概念都从这里延伸出来，这就是我设想的层级体系。如果我们能够在这个方面形成一致的共识，最终我讲的这个体系还是有可能达成的。

作者简介：王雍君，中央财经大学教授、博士生导师，中央财经大学政府预算研究中心主任。中国财政学会理事，中国财政学会外国财政理事，北京市财政学会理事。北京市党外高级知识分子联谊会理事、监事。2004 年入选中央财经大学首批教育部跨世纪优秀人才。自 2008 年起享受国务院特殊贡献专家津贴。2013 年获聘“审计署特约审计员”和“国家审计指南专家委员会委员”，2013 年获聘国家开发银行高级财务评审专家。2013 年被全国公共管理专业学位研究生教育指导委员会聘为“全国 MPA 培养院校公共经济学师资培训班”授课专家。主要学术研究领域为公共财政管理、政府预算、公共财务管理和公司财务管理。

# 创新公共经济学理论的几点思考

◇ 冯俏彬

公共经济学的主体我认为有三个，即政府、市场和志愿部门。志愿部门也可以叫第三部门，也可以叫非政府组织，比较多的表达是志愿部门。用这三个主体来看现代公共经济学，不管是中国版本的公共经济学，还是西方版本的公共经济学，它有一个基本的逻辑是建立在市场失灵基础上的，这是西方公共经济学的理论出发点。

财政领域通常把财政学和公共经济学画等号。近两年我在国家行政学院给博士生上公共经济学课，学生大多没有财政学背景，所以上课时不能讲财政学自身的内容，要往后端延伸，就是更加注重理解、说明财政收支行为的经济和社会影响。从这个角度来说，我认为公共经济学和财政学还是有差别的。

围绕着这个问题，我整理了这个提纲，类似于经济学的基本逻辑：一是主体是谁？二是生产什么？三是怎么生产？

第一个先谈谈公共经济学的主体问题。

公共经济学的主体我认为有三个，即政府、市场和志愿部门。志愿部门也可以叫第三部门，也可以叫非政府组织，比较多的表达是志愿部门。用这三个主体来看现代公共经济学，不管是中国版本的公共经济学，还是西方版本的公共经济学，它有一个基本的逻辑是建立在市场失灵基础上的，这是西方公共经济学的理论出发点。

从这个角度出发形成一套理论逻辑体系。概括来说，这个理论逻辑是从“失灵”到“替代”的一种逻辑。因为市场失灵，所以需要引入政府干预。因为政府干预，又引出了政府失灵。在引入政府失灵这个概念之后就又产生了一个问题，怎么应对政府失灵？于是接着往下衍生，引入志愿部门。就我看到的文献而言，后面又引出一个问题，就是志愿部门本身也是会有很多问题的，即志愿失灵。上述逻辑的主线是一个主体不行，于是引入另外一个主体去代替它，以此循环。但这种逻辑确实不能解释当代在实践和政策层面出现的新情况、新现象、新实践。

我们在 2012 年写了一篇题为“从替代到合作，论政府、市场和志愿部门在提供公共产品方面的新型关系”的文章，当时提出了要有一个从“替代”到“合作”这样一个理论跳升。即以前是看哪个主体失灵了就考虑用另一主体去替代，现在要换一个角度，看某一主体在哪些方面“有效”，进而寻求不同主体之间基于优势的“合作”。“有效”的意思是多考虑各个主体擅长做什么事情，然后寻求三个主体之间的合作。这个观点在一些社会学的论述当中对此有过深入讨论，他们认为现代社会是一个复杂社会，复杂社会的任何问题是复杂问题，靠单一学科、靠单一概念实际上是无从解决的。任何一个现代社会的复杂问题，涉及若干个公共政策方面的问题，都不可能靠一个主体去解决，而是要靠合力，在这个合力的基础上衍生出来的就是合作。现在我们所做的事情，实际上只是换一个角度，从着眼于看它的“失灵”转到着眼于它的“有效”。在此基础上，我们将政府、市场、志愿部门之间的这种新型关系总结为八个字——“权力共享、共同治理”。

权力共享，是在提供公共产品方面的权力要分享，以前由单一的、垄断的、由政府把持的权力，转变为现在要由三个主体来分享，而这种分享可以在各个不同的层面展开。只有一个权力必须要掌握在政府的手里，那就是公共产品的决策权，因为这是政府之所以为政府的一个本源所在。所以，除了决策权之外，围绕着公共产品的各个环节都可以委托出去。从这个角度出发，可以增进对 PPP 的认知。大家经常问一个问题，即哪些公共产品和公共服务中可以用 PPP，哪些不能用 PPP？我对这个问题的看法是，除了决策权以外，可以在提供任何公共产品、任何环节上用 PPP 模式，但是核心问题在于你有没有这种管理能力。如果管理能力比较强，监狱也可以外包出去，甚至军队也可以雇用。但如果能力不强，可能就连一般的电脑维修、城市的绿化管养等普通事务也委托不出去。

从这个角度再往下延伸，就是共同治理了。在公共产品的提供中，政府在这当中的位置是掌舵而不是划桨，这是新公共管理的一个核心观点。在各方共享公共产品和公共服务所形成的这样一个复杂的网络关系当中，政府是起掌舵作用而不是划桨作用。面对复杂社会、面对复杂问题，公共产品的提供是一个巨大的网络，而非一个单向性的东西，这是一个合作的网络。当然，运作这样一个网络，可能比政府独自提供公共产品的难度要大得多，但是好像也没有别的选择。所以从这个角度，可以引出“共同治理”这一命题，即如何形成、维护和调整各个主体之间的平等合作关系。

第二个问题是提供什么样的公共产品？

现有公共经济学的教科书对于公共产品的定义主要还是从经济维度展开的，即所谓的“非竞争性”和“非排他性”，并在此基础上所形成的对于准公共产品、纯公共产品、私人产品的分类等，这是整个经典公共经济学的理论基石。

从经济维度展开有一个好处，因为它提供了一个非常重要的思路，就是公共产品的提供要有赖于市场主体的参与而不能只是政府一个主体在工作（主要体现在准公共产品的提供与生产上）。但是它解释不了另外一个问题，那就是在近现代政府广泛提供的诸如义务教育、基本医疗服务、公共住房等的理论适当性问题。因为如果按“非竞争性”和“非排他性”进行性质比对，以上产品一个都不具备，相反，它们倒既有竞争性，也有排他性，因此它们是不折不扣的私人产品。大家可以查阅无数关于公共经济学教材，经济学原理教材，涉及这类产品的时候通常都会非常明确地指出，义务教育、基本医疗服务、公共住房等是确定无疑的私人产品。这就引出了一个悖论：为什么这些私人产品要由政府来提供？

所以如果只是从经济维度来讨论公共产品的话，是解释不了这个事的，反而成为一个悖论。前几年，我们带着这个问题对“公共产品的定义”进行了梳理，发现还有另外一种定义是从政治维度展开的，即大家所熟知的公共选择理论、公共政策理论等。在这里，所谓公共产品就是任何集团或者社会团体为了任何原因，通过集体组织提供的物品或者劳务。这是公共产品从政治维度展开的非常重要的一极。我认为，公共经济学家长期是从经济学的角度来思考，所以说从政治这方面、这个维度对公共产品这个概念的挖掘不够，但实际上它是存在的。

从这个角度，我们曾经提炼出过一个概念，那就是“权益—伦理型公共产品”。刚才我们提到了教育、医疗、住房保障，还有最低生活保障，之所以要由政府提供，实际上都是从政治维度展开的。一是从公民权利，我们不能让任何一个人饿死、没有学上、无家可归；二是作为政府，从自己的行政伦理、政治伦理来讲也必须做这个事。“权益—伦理型公共产品”的基本内涵就是：由政府提供的私人产品。

从政治、经济两个维度同时出发，就可以对公共产品的定义进行扩展。我们做过一个公共产品的新光谱图，从最左端纯粹的公共产品一直到最右端纯粹的私人产品，之间是种类庞大的准公共产品领域，即只具备“非竞争性”和“非排他性”两个特征中的一个的那些产品。但是“权益—伦理型公共产品”是这两个特征都不具备的产品，既不具备非竞争性，也不具备非排他性，但是由政府提供。

在公共产品的新光谱中加入“权益—伦理型公共产品”，就好比是往公共产品的大池子里面加入了一滴水、加入一粒米。当然，围绕着公共产品、特别是准公共产品，如何进一步细化、如何根据形势发展的需要再提炼出一些新的概念来，那是一个永无止境的事情。

第三个问题是关于公共产品的提供方式问题。

从政府、市场和社会组织之间的合作出发，自然会衍生出 PPP（公私合作伙伴关系）这一公共产品提供方式。今天各方面所说的 PPP 概念，大多时候是指政府和市场的合作，但是广义的 PPP 是包括社会这一极的。我们最初讨论这个问题，也是从“权益—伦理型公共产品”出发的。这一类公共产品的提供既要注重它的公益性、公平性，又必须要考虑经济效率的问题，基本原则是既要兼顾效率，又要兼顾公平，所以在提供方式上就要由政府、公共部门和私人部门以合作的方式进行，以发挥各自的优势和长处。

但是现在遇到的问题是什么呢？就是大量的 PPP 不只限于“权益—伦理型公共产品”，还涉及很多准公共产品，如海绵城市、地下管廊等。对这些问题在理论上怎么梳理，是下一步努力的方向。这也是这次会议给我最大的一个启示，即下一步怎么样继续沿着这个问题进行深化和扩展。

在此特别想强调 PPP 关系当中政府的作用问题。我认为这是当前一个比较大的问题，大家比较关注政府怎么样和市场一起去提供公共产品，甚至政府在这个过程中如何和企业一起去分利。我认为这里有很大的思想误区。简单地说，PPP 是为公共产品、为公共服务提供而生的，其中政府应当有两个身份，一是公共事务的管理者，二是公共产品和公共服务的购买者。但是我们看到，在现实操作当中，很多地方政府已经忘了他们的“公共”身份，更多的是从很功利的目的出发做 PPP。所以，有很多问题需要展开研究。

作者简介：冯俏彬，国家行政学院经济学部教授、博士生导师，经济学博士、博士后。新供给经济学 50 人论坛成员、副秘书长。中国行政体制改革研究会副秘书长、执行局副主席。北京师范大学、山东大学兼职教授。中国财政学会常务理事。第三届黄达—蒙代尔经济学奖获得者。2005～2006 年美国哈佛大学肯尼迪政府学院访问学者。

# 财政以强国为第一要务

◇ 刘晓路

我最核心的观点如下：第一，财政是以国家为主体的活动，这个国家是一个组织，而不是抽象难以琢磨的东西。第二，财政的根本职能是增强国力，增强国力的目的是控制暴力，这是国家的本质特征所决定的。为了实现这样的目的，财政介入经济领域的时候要学习利用经济规律，同样，财政还会介入政治，会介入国家的治理，介入社会的管理中。它也要服从社会规律、服从政治规律，所以我觉得从这个意义上来说，财政学肯定不能是一种经济学，必须把三方面的规律都掌握在手中以后，才可能最有效地为国家服务，这就是我这个标题所说的“财政以强国为第一要务”。

财政以强国为第一要务。这句话对不对呢？我觉得按照西方的主流理论来说这句话肯定是不对的。从西方主流经济学的几个派别来看，基本上都不支持这样一个论断。目前的西方教材里面，对财政职能的认识基本有三种路径。

第一，以亚当·斯密为代表的古典学说。市场是最优的资源配置机制，财政只要提供国防、治安及一些最基本的基础设施就可以了。从这个角度看，财政并不是和国家紧密关联的。

第二，凯恩斯主义强调市场失灵，认为市场失灵是市场经济的本质属性，需要财政去弥补市场失灵造成的扭曲，可以称之为新古典主义。

第三，新自由主义，除了市场失灵之外，还有政府失灵。两害相权取其轻，看哪一个造成的损害最小。财政要不要干预，取决于最终的结果到底是政府干预造成的损失大，还是市场失灵造成的损失大。

所以从这三种基本的认识来看，在财政性质问题上，他们有一个地方是具有共性的，就是认为财政基本上是一个经济现象。他们三者之间的差别是对市场性质认知的差异造成的。完美的市场是古典主义的观点，不完美的市场是新古典主义的观点，需要权衡谁造成损失更大的是新自由主义的观点。但是从共性来看，都是在讨论市场，以市场经济作为衡量财政是否应该采取行动的一个基本理由。

我觉得，这样的一个理论基础有很大的问题。

问题一：既然财政理论是从西方国家发展起来的，自然应该能够最好地解释西方的现实。但是从事实来看，西方发达国家全部财政支出中的60%以上基本上都是社会性的支出。他们的收入主要来源于个人所得税，个人所得税相较于流转税，最主要的优势就是有一个社会功能，能够改善收入分配。既然收入和支出两方面都与社会密切相关，在刚才对财政理论的描述中，我们却没有看见对于社会的探讨。这个理论在解释社会现实，解释西方国家的现实方面显然有很大的问题。

问题二：在这个分析里面，我们没有看到国家，我们一直在分析市场经济的特性，国家的地位我们却没有看到。按照西方经济学的基本理论，先得有一个对行为者目标函数的设定，然后对它的行为设定一个限制条件，我们才可以判断出它的最优行为应该是如何。但是在财政行为里面，我们却没有去探讨它的行为主体即国家以及它的目标函数是什么样子的。这样的话，我认为去判断财政行为的优劣，就丧失了一个最基本的、从经济学角度出发的基础。所以，目前的主流财政学理论，它不谈社会，也不谈国家，这是一个很大的问题。这个问题在主流的财政学理论框架里面得不到解决，能够对它进行弥补的是另外一种理论，也就是财政社会学。

刚才在第一单元的老师们也提到了财政社会学，关于财政社会学的起源，一个最主要的特色大概就是财政社会学对于财政问题的探讨，是把国家、经济与社会放在一个三维体系里面加以统一的认知，而不单单地把财政看作一种经济现象。我想最典型的一个论断就是来自熊彼特。熊彼特曾经有这样一句话，税收是一个门把手，只要政府握住了这个门把手，它就能够加入千家万户。在这样一个表述里面，我们看到国家、经济、社会三者实际上全都点到了，财政社会学，相较于财政经济学，一个突出的地方就是涉及三个方面，从三个方面共同对财政行为加以探讨。

在这种探讨方式的背景下，我们可以看到国家、经济、社会三者共同决定了财政。而三者共同决定了财政，是不是它们地位都相等呢？这是我要说的第二个问题。

在国家、经济和社会对财政的影响方面，国家无疑是第一位的。国家透过财政，能够对经济产生影响，不管是公共经济部门还是税收。我们现在所说的发达国家目前都是混合经济，财政支持的公共部门在其中起决定作用。国家还会通过大量的社会性、福利性的支出，对社会秩序加以维持建设，西方福利国家的建设，基本上都是循着这个思路。

在这三者之间，至少从现代的人类生活来看，国家的地位要比经济和社会更加突出，它对财政的影响恐怕也是更突出的。

为什么要把国家放在一个比社会和经济更高的位置上，我认为从历史上可以找到一些线索。

从国家、经济和社会三者的范畴来看，它们从传统到现代经历过一个非常巨大的变化。这个变化的关键点不在于神权国家、王权国家变成民权国家，共同体经济变成市场经济，等级社会变成扁平社会，这是我们在现实中已经发现到的变化。但从社会学的结构主义学派来看，最重要的变化不是来自任何一个点的变迁，而是来自彼此之间的关系，也就是结构，结构变了，一个事物才会真正地改变。如果只是点上的变化，这个事物仍然处在变化之中，并没有完全地转型。历史上，我们可以看到一个重大的国家和经济关系的变化，像财政国家理论所指出的，在原本的传统社会里面，国家依靠自己的领地收入来维持自己的生存；在现代国家里面，财政是依靠税收。这就意味着现代国家对整个经济的渗透比传统时代要强得多。在现代国家里面，每一个人的生活都与国家的财政行为密切相关。

第二个是来自国家与社会的关系，这个关系是诺斯在《暴力与社会秩序》一书里面提出的一种理论。传统社会叫有限准入社会，社会中只有少数具有比较高等级的成员才能够参与国家治理，但是在现代社会，所有的人都有机会参与国家治理。

第三个就是社会与经济之间的关系，按照波兰尼的大转型理论，它的区分叫作嵌入式经济和非嵌入式经济。也就是在传统社会里面，生产资料的分配，经济收益的归属取决于你在社会中的等级高低。但是在现代社会里面，经济收益的分配和你的社会地位、社会秩序没有必然的相关性，波兰尼称之为“脱嵌”，也就是经济不再嵌入社会了。

这三种关系的变迁，整理一下可以看到，在传统时代，国家、社会、经济三者之间最核心的要素就是社会。社会的等级决定了哪些人可以参加国家治理，社会的等级决定了什么样的经济收益应该分配给哪一个阶层的人。国家和经济之间的关系实际上是疏离的，国家只会涉及经济中比较少的一部分。在现代社会，由于“脱嵌”的存在，经济和社会之间的关联性变得疏离了，但是国家却成了连接这两者的核心，就像我刚才所说的，国家透过财政形成了混合经济，国家透过社会福利项目影响社会秩序。从历史上看，这个变迁使整个人类生活的重心从社会转向国家。

在这个背景之下，我认为财政作为国家的一种行为，它的地位比传统时代有了极大的提升。

按照刚才这个思路来说，如果是要把财政建立在经济的基础上，我们需要探讨财政经济学理论，需要去了解市场的性质。类似的，在财政社会学的背景下，要想去了解财政的性质，我们需要去了解国家的性质。国家的性质到底是什么，我们有两种理论，第一种认为国家的形成是来自于契约，当然从历史上来看，从来没有一个国家是真正依靠契约组建而成的。第二种认为国家是依靠暴力而形成的。这里有非常长的学术传统，韦伯、吉登斯和诺斯分别是社会学、政治经济学方面的代表人物。韦伯强调了国家是一个暴力的垄断者。吉登斯强调了国家是一个政治组织。诺斯强调了暴力是一个根本无法消除的问题，只能被控制，而人类所发明的国家，是我们所见到唯一能够对暴力进行有效控制的组织。这从文献思路上对于国家的性质作了一个界定，国家最核心的特点与暴力相关，它是一个专门处理暴力的组织。

诺斯说得更明白，国家就是一个暴力专家。那么国家、经济、社会三者之间的关系，我认为可以创建出一种暴力平衡。对于暴力活动来说，在现代市场经济或者资本主义条件下，经济活动是暴力的源泉。对欧洲的经济史有点了解，或者说对于马克思的著作有较多了解的人，都可以看到这一点。随着资本主义的发展，整个的暴力活动只有增加没有减少。特别是吉登斯谈到的，暴力的形成在现代社会比在以往战争时代更加强烈。经济基本上是创造暴力的一极。另外两极，国家和社会实际上都以自己的方式来抑制暴力，社会是通过它所创造的社会秩序来抑制暴力，而国家以垄断暴力的方式去抑制暴力，这是三者之间形成的平衡。

人类生活要想能够稳定发展下去的话，那么三者之间必定要保证一定的平衡。限制经济活动的发展，显然不能使人类社会进步。但如果经济活动蓬勃发展，使得国内外的暴力不断地膨胀，最后无法抑制，那么整个人类生活也无法继续。这样来看，国家在现代社会里还有另外两种特殊的职能。

一是国家对于经济的职能，通过税收、支出、改善分配的方式减少经济创造暴力的可能性。二是国家通过从经济中抽取经济资源，转而形成对社会秩序的维持，也就是那些社会性、福利性支出，促成社会能够更有效地抑制暴力。这是两条通过财政所形成的比较间接的路径。

这就是我对于现代财政的认识，财政是国家的行为，这个行为的主要目的是与国家的本质相联系的，即它要对暴力形成有效的抑制。但凡提到的公共产品的问题，还有一些准公共产品的问题，我觉得都可以转化成这个问题，他们都在有意无意地对暴力产生影响。例如义务教育，按照财政经济学的分析，它可能被认为是一种准公共品。但从西方历史来看，它实际上是军事现代化引发的对于士兵、军官的质量提升的要求，这使教育的职能从教会转向了军事组织。

我最核心的观点如下。

第一，财政是以国家为主体的活动，这个国家是一个组织，而不是抽象难以琢磨的东西。

第二，财政的根本职能是增强国力，增强国力的目的是控制暴力，这是国家的本质特征所决定的。

为了实现这样的目的，财政介入经济领域的时候要学习利用经济规律，同样，财政还会介入政治，会介入国家的治理，介入社会的管理中。它也要服从社会规律、服从政治规律，所以我觉得从这个意义上来说，财政学肯定不能是一种经济学，必须把三方面的规律都掌握在手中以后，才可能最有效地为国家服务，这就是我这个标题所说的“财政以强国为第一要务”。

作者简介：刘晓路，中国人民大学财政金融学院财政系副主任，副教授，硕士生导师，经济学博士。研究领域为财税理论与政策。

# 财政本质与学科属性

◇ 陈　龙

财政学能不能成为一个独立的学科？这取决于财政学是不是具有自己独特的研究对象和研究方法。我在此提出了“广义财政”的概念。为什么提出广义财政呢？首先是财政本质的二重性，即对人与人、人与物这种关系的研究，必然要求财政不能只关注它的经济属性，还要分析其他的属性。其次是现实的一些问题。再次是现象的发展与变化，这个现象既包括历史的，也包括当前的。当前的财政现象，就是财政实践的变化，我觉得有三个方面特别值得重视。

第一个问题，财政理论和实践中面临诸多亟待解决的问题。

刚才一些专家提到了十八届三中全会做出的一个重要论断——财政是国家治理的基础和重要支柱。从历史上看，中外的一些思想家把财政看作国家治理或统治的一个重要支柱。例如，英国的思想家培根就将财政与宗教、议会、法律等看作政府存在的四大柱石。我们虽然做出了“财政是国家治理的基础和重要支柱”这个论断，但无论在理论上还是在实践中，我们都面临着一些困惑和亟待解决的问题。例如，在理论上，在国家治理的视角下，财政的作用与之前有何不同？其作用的机理和维度又有哪些？在这种情况下，财政的职能应该作何调整和变化？还有大家都在讨论的，财政学科的属性问题，我想在座的都会认同财政的交叉学科属性，而不是将其作为一个纯粹的经济现象。但财政作为一门独立的学科，是从经济学开始的。巴斯塔布尔曾言，"从最初意义上看，财政科学是经济研究的产物。"那么我们到底该怎么认识财政学的学科属性？没有财政学家否认财政的其他属性，巴斯塔布尔也只是说从最初的意义上来看的，并且财政作为经济学是立足于当时的现实和理论的背景。在我们提出财政在国家治理中的新定位之后，财政是作为一种交叉学科是留在经济学范畴之内，还是成为一门独立的学科？如果要作为一门独立的学科，那么它的研究对象和研究方法又是什么呢？

从实践上来看，我们也同样存在着一些困惑和亟待解决的问题。例如，财政如何在实践中真正成为"国家治理的基础和重要支柱"，而不是只停留在文字表述层面？企业反映的社保缴费高与财政支付能力不足的矛盾该如何解决？在财政政策中，是不是还存在减税空间？如何认识当前的赤字？或许我们换一个视角，这些问题就有一个新的认识和解决办法。

第二个问题，财政本质的"二重性"。

要解决这些理论和实践问题，就必须回到财政最基本的问题——财政本质。可以说，财政本质是解决当前理论与现实困境的一把钥匙。大家都知道，财政运行在不同时期呈现出不同的形态和具体模式。随着社会形态的演进和经济、社会的发展，财政的形态和具体模式处于不断发展演变之中。我们要科学的认识这些财政形态和模式，必须回到财政本质上。

财政本质是对各种财政现象一般或共同特征的抽象，这个抽象必然要涵盖和解释各种财政现象和财政形态。例如，从社会形态的发展和变化的角度，应涵盖奴隶社会财政、封建社会财政、资本主义财政和社会主义财政等一般特征。还有按照财政收支性质和管理形式的财政形态，包括大家说的家计财政、皇室财政和公共财政；按照市场形态和管理机制形成的财政形态，如计划型财政、市场型财政等。财政本质要包括这些不同财政形态中的一般特征。

在中西财政实践中，形成了丰富的财政本质理论。在我国，出现了国家分配论、货币关系论、社会再生产论、剩余产品论、社会公共需要论、公共财政论、双元财政论等诸多财政本质理论。西方虽然没有明确提出财政本质理论，但一些财政学家的研究范围比较广泛，观点也比较丰富，涉及财政的不同层面。例如，葛德雪、熊彼特、布坎南等从社会学、政治学等不同角度解释、分析财政问题。

那么我们如何看待上述的财政本质理论？实际上财政本质理论的形成取决于两个方面：一是如何对财政现象进行概括、抽象。财政现象是不断发展变化的，我们既要对历史进行概括，也要对现实进行概括。二是财政本质理论本身必须依赖于一个理论基点。上述的几种本质理论都有其自身的理论基点。

客观事物不仅包括本质和现象两个方面，而且本质也具有层次性，既有知性层次的本质，也有理性层次的本质。财政本质也具有知性层次的本质和理性层次的本质，即初级本质和二级本质之分。财政的知性层次的本质，即初级本质，是在公共资源配置基础上产生的人与物之间的关系，它更多地体现了财政的经济属性；而在公共资源配置基础上产生的人与人之间的关系是财政的理性层次的本质，涉及政治、社会和文化及伦理道德属性。这两重本质，实质上是一个“货币”的两面。利益的分配和调节是财政本质的集中体现。由于个人需要、群体需要和社会共同需要的矛盾运动是财政起源和发展的动因与财政分配的实质内容，因此，财政活动必然涉及多种利益的分配和调节。从财政本质示意图上可以看出，财政在国家治理中的作用不仅体现在经济层面，而且还体现在政治、社会、文化以及道德伦理等层面。

第三个问题，广义财政与大财政学科的建设问题。

财政学能不能成为一个独立的学科？我刚才也说了，这取决于财政学是不是具有自己独特的研究对象和研究方法。我在此提出了“广义财政”的概念。为什么提出广义财政呢？

首先是财政本质的二重性，即对人与人、人与物这种关系的研究，必然要求财政不能只关注它的经济属性，还要分析其他的属性。

其次是现实的一些问题，刚才我提到了现实面临的问题，在此我不再解释了。

再次是现象的发展与变化，这个现象既包括历史的，也包括当前的。当前的财政现象，就是财政实践的变化，我觉得有三个方面特别值得重视。

其一，计划型财政向市场型转变。这个转变并非仅仅是管理模式的变化，更重要的是制度转换之后反映出来的实质问题的变化。例如社保问题，如果我们把前面历史的东西抛弃了，单单从当前去解决，这也是一种不公平、不公正，或者说很难去解决的问题，所以必须关注转型下财政运行的实质性特征。第二方面，在我国公有制为主体多种所有制结构下呈现出公有和私有两种经济运行规律，这决定着我国财政基础和运行环境在许多方面不同于其他国家，包括宏观调控。由于我国市场主体存在“自主性悖论”，即一方面表现为自主性欠缺，另一方面则具有超然自主性，因此西方的财政政策理论在中国就会出现“水土不服”。第三方面，我国独特的政治和社会特征。

广义财政在许多方面区别于狭义财政，其中较为重要的一个方面是关于公共资源的存量和流量的配置问题。我们不能单纯地在财政收支这种狭隘的概念中讨论这个问题，也不能把财政仅仅当作是政府的出纳和会计，只从财政收支流量账目上去看问题。我们更要关注的是公共资源存量的问题，这涉及整个国有经济资源配置的问题。广义财政的行为是包含分配在内的“配置”，而不仅仅是“分配”，（我国传统财政理论大都是在马克思社会再生产理论框架下讨论财政问题，应将马克思的其他理论吸收到新的财政框架中来）。同时，此处所指的“配置”也不同于西方经济学中单纯经济视角的“配置”。

我们要在“广义财政”的范畴下去认识“国家治理的基础和重要支柱”以及赤字、债务、减税等财政政策空间。财政职能是抽象财政本质的外化。在“广义财政”下，需要打破仅从经济层面界定财政职能的思维定式、打破仅从单一层次分析财政职能的思维定式。

从财政知性层次本质而言，公共资源配置中的人与物的关系，讲的是公共资源配置的效率问题。研究的方法从亚当·斯密开始的历史制度的分析方法，到如今的现代经济研究方法。我在此所指的效率问题，不仅是公共产品的供给问题，而是一个包含经济稳定在内的宏观整体的效率问题。

从财政理性层次的本质而言，公共资源配置中人与人的关系，注重的是社会经济利益分配和调节，讲的是社会公平与正义。在方法上必然是涉及政治、社会和伦理道德等属性，更注重利益分配的分析方法。此外，还需从财政起源与发展的基本动因、财政的基本假设、财政理性等诸多方面来考虑财政学科建设。

基于以上分析，我认为一方面要进行财政基础理论的研究，包括财政经济理论、财政社会理论、财政政治理论、财政哲学、财政伦理理论等，另一方面，要把这些基础理论融入一些具体的财政应用中去，具体包括税收、预算、公共支出、财政政策、财政体制等各个方面，让财政在实践中担负起国家治理的基础和支柱这一重任，并服务于我们的国家治理现代化这个目标。

作者简介：陈龙，中国财政科学研究院研究员，经济学博士、财政学博士后。

# 财政学发展的机遇与挑战*

◇ 韩凤芹

长期以来，传统财政理论自身的创新性不够、故步自封，一定程度上还是计划体制下的产物，某些领域有创新，但还难以成系统。这是学界的共同认识。这一困境产生的原因，我个人认为，在于我们只是就财政论财政，在新时期这一思维方式是无解的。

几位专家从不同角度对自己的观点、理论进行了阐述。下面我谈三点体会。

第一，财政学的机遇与挑战。机遇是什么，十八届三中全会明确了“财政是国家治理的基础和重要支柱”，这一战略定位对中国财政理论体系的完善和财政学科建设带来了重大机遇，这本身给我们也带来了很多新的命题和讨论空间。但是，到目前为止，我认为我们还只是处于刚破题的阶段，这对于未来财政学科体系的重新构建既是机遇，也是一个极大的挑战。挑战是什么，是财政学科整体的研究思维、研

---

* 本文系韩凤芹研究员对论坛发言的点评。

究理念应有一个根本的转变，一定程度上是财政学科体系的重塑。这需要众多学者的共同努力。

第二，如何应对机遇与挑战。长期以来，传统财政理论自身的创新性不够、故步自封，一定程度上还是计划体制下的产物，某些领域有创新，但还难以成系统。这是学界的共同认识。这一困境产生的原因，我个人认为，在于我们只是就财政论财政，在新时期这一思维方式是无解的。这样的说法缘于目前的财政学对许多现实问题解释力不够强。现在对所有的财政现象，财政学没有能提供一定的理论支撑，也没有提供足够的解释，甚至出现了政策、改革走在了理论前面，出现这些现象的原因是什么？我们一直在解释“应该是什么”的问题，但是“应该”与现实差距太大了，它们之间是脱节的。这让我们反思，财政学科的定位，它既是理论的，但理论之树常青，需要用理论解释现实，找出方向性的办法。

应从整体看财政，财政不是孤立的，它与政治学、社会学紧密联系，那么财政学的发展与制度环境紧密相关。例如，当前财政的改革思路及改革措施都非常好，但是单向推进，忽略了制度环境，容易导致制度与社会行为的脱节。一位财政系统的老领导曾谈到有关脱节的问题，他说财政改革中的中期预算、绩效评价等都是好东西，为什么改革不到位。在决策部门，财政与政治紧密相关，而决定改革的，有的是个体，有的是集体，这在一定程度上左右了政府执政理财的行为，致使它没有很好地履行或是被遵循。所以在脱节的背后，谈收支、谈效率是无解的。

应从宏观角度看财政，昨天刘院长在讲风险和成本理论的时候，他从微观角度已经形成了一个比较成熟的理论，这很让我受启发。我就在想，既然降成本本身是市场行为，是企业行为，为什么政府要大动干戈？我个人认为是不是可以再延伸到社会，大量财政支出的效果不理想，其实是因为社会成本过高。那社会成本背后又是什么？从社会风险或者从公共风险的角度是不是可以再去演化？当然这只是我一个不成熟的想法。

第三，构建现代财政学体系的科研组织模式。我现在做科技教育方面的财政研究，这其中如何配置资源，更好地提高财政资金的使用效率，是财政研究的出发点和落脚点。在科技政策中，科研管理模式的创新是关键。即用什么样的体制机制和模式创新组织科研，效率才会更高。具体到财政学科，未来如何实现财政科研体系的重构，去更好地支持整个财政学科的建设呢？刚才几位专家提到，从各个层面、不同的平台在交流财政学的重点问题。从个体的角度都很好，但是从整体看，从长远的发展目标，财政学要晋升为一级学科，还是有较大的差距的。根据联合国教科文组织的一个调查，现在整个学科体系建设中有 8500 多个学科，它们都属于不同层面，很多跨界的研究都提出了多个一级学科的诉求。由此可见，财政学的重构任重道远。一个前提条件是要有国际、国内同行认可的重要教材，当然，目前财政学教材不少，但是反映新理念，与“基础和支柱说”（即治理基础和重要支柱）相适应的新财政学科教材还是缺乏的。为此，我们应当系统地理清财政学知识体系的结构与逻辑，并使科学知识和应用技术的结构与逻辑及其相互之间的关系体系化、整体化，这是未来学科发展的基础和支柱。所以，一级学科建设不是那么容易的。需要重新组建团队、协同机构、构建平台，共同揭示整个领域的关键问题和共性技术。

最后，受自然科学科研组织形式的影响和启发，我认为在财政大学科的构建问题上，需要每一个财政学人在创新平台上整体地、系统地去推进。

作者简介：韩凤芹，中国财政科学研究院教科文研究中心主任、研究员、博士生导师。

# 在人类文明发展的视角下探讨财政学*

◇ 刘尚希

我认为财政学应当放在人类文明发展的视角下讨论，否则，财政学是很难说清楚的，而人类文明包含的内容非常之多。中国的发展就是人类文明发展中非常重要的一个事件，它甚至有可能改变人类文明发展的进程和方向，我认为要从这个角度来看待中国的发展，再从中国发展的视角下看财政理论的发展。

刚才韩凤芹研究员提供了一个信息，整个学科体系建设中涉及8500多个学科。看来人类社会发展至今，知识体系枝繁叶茂，越来越庞杂，知识的分工越来越细，分枝越来越多。在不断细化的情况下，存在一个怎么去综合的问题。因为现在学科不断地分化，同时又不断地整合、综合。财政实际上是一门综合性的学科，财政的综合跟其他

* 本文系刘尚希院长对论坛发言的总结。

学科的综合是不一样的。

从一个国家的角度来看，唯一真正的综合部门是财政部门。其他的所谓综合部门，让它管这个、管那个，一个司局对应一个部委，这都是设计出来的。而唯独财政不是设计出来的，因为钱来自各个领域、各个阶层、各个主体，钱要花到各个地方去。它像人体的血液一样，渗透在整个社会脉络里面。这个综合是天生的、天然的，所以它是先天的。从实际的角度来看，国家的真正综合部门只有一个，就是财政部，其他的都谈不上！货币也谈不上综合，它是另外一个概念。

我觉得今天上午下半段的讨论是富有成效的，大家的讨论其实还是有很多的共识。例如吴教授讲的，财政学的起点应该从哪里开始，从个体出发、从整体出发还是从集体出发，这是一个很重要的问题。经济学是从个体出发的，即经济人假设。财政学是不是能沿着这么一个角度从个体出发呢？我认为这确实是值得讨论的一个问题。王雍君教授也谈到了这个问题。讲到公共产品这个概念的时候大家都谈到，公共产品到底是一个经济学的概念，还是可以扩展到一个政治学和公共学的概念？公共产品到底是什么？它在什么背景下产生？它是对市场的一种模仿，还是一个独立的具有逻辑基础的概念？

我认为财政学应当放在人类文明发展的视角下讨论，否则，财政学是很难说清楚的，而人类文明包含的内容非常之多。中国的发展就是人类文明发展中非常重要的一个事件，它甚至有可能改变人类文明发展的进程和方向，我认为要从这个角度来看待中国的发展，再从中国发展的视角看财政理论的发展。这样一来，我们看财政的实践，再回到财政的理论，当前存在着理论的贫困。1847 年，马克思针对普鲁东《贫困的哲学》写过《哲学的贫困》，当前的财政理论发展恐怕也是如此。我们整个的社会科学理论，现在还难以支撑财政理论的发展。

所以从某种意义上说，我们要承担的不仅仅是发展财政理论，更多的是要从思想上拓展，从大处着眼，从小处着手。这样，我想财政学才可能成为有解释力的财政学。

作者简介：刘尚希，中国财政科学研究院党委书记兼院长，经济学博士，研究员、博士生导师。

图书在版编目（CIP）数据

供给侧结构性改革视角下的中国财税改革：中国财政学会学术文库／刘尚希主编．—北京：中国财政经济出版社，2018.12

（中国财政学会学术文库）

ISBN 978－7－5095－8726－3

Ⅰ．①供…　Ⅱ．①刘…　Ⅲ．①财税－财税改革－中国－文集　Ⅳ．①F812.2－53

中国版本图书馆 CIP 数据核字（2018）第 281815 号

责任编辑：胡　博　闫　娟

责任印制：刘春年　　　　责任校对：胡永立

中国财政经济出版社 出版

**URL**：http：//www.cfeph.cn

E－mail：cfeph @ cfeph.cn



社址：北京市海淀区阜成路甲 28 号　邮政编码：100142

营销中心电话：010－88191537　北京财经书店电话：64033436　84041336

北京财经印刷厂印装　各地新华书店经销

787×1092 毫米　16 开　27.75 印张　329 000 字

2018 年 12 月第 1 版　2018 年 12 月北京第 1 次印刷

定价：96.00 元

ISBN 978－7－5095－8726－3

（图书出现印装问题，本社负责调换）

本社质量投诉电话：010－88190744

**打击盗版举报热线：010－88191661、QQ：2242791300**